Tle ST2S

NOUVEAU PROGRAMME

Biologie et Physiopathologie Humaines

Suzy HERTZOG
Christophe BRUN-PICARD

DELAGRAVE

Suivez-nous
https://twitter.com/Ed_Delagrave

Sommaire

Partie 6 Milieu intérieur et homéostasie

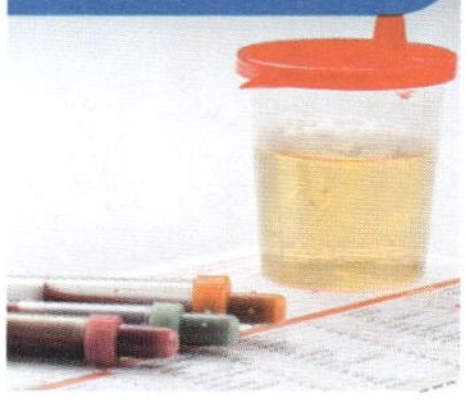

→ Comment l'équilibre du milieu intérieur est-il maintenu ?
→ Quelles peuvent être les causes et les conséquences d'un déséquilibre du milieu intérieur ?

1 Le milieu intérieur et sa régulation par le rein 9
L'ESSENTIEL DU COURS 18
2 La glycémie et sa régulation par le pancréas 19
L'ESSENTIEL DU COURS 28
3 Le milieu intérieur : perturbations et pathologies 29
L'ESSENTIEL DU COURS 40
ENTRAÎNEMENTS 41

Partie 7 Gènes et transmission de l'information génétique

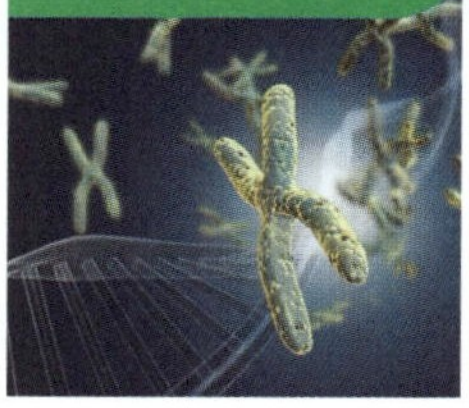

→ Comment un caractère est-il déterminé par un gène ?
→ Qu'est-ce qu'une mutation génétique et quelles sont ses conséquences ?

1 La cellule et l'information génétique 47
L'ESSENTIEL DU COURS 54
2 Du gène à la protéine 55
L'ESSENTIEL DU COURS 64
3 La transmission des caractères héréditaires 65
L'ESSENTIEL DU COURS 74
4 Le cancer, une conséquence de mutations génétiques 75
L'ESSENTIEL DU COURS 82
ENTRAÎNEMENTS 83

ISBN : 978-2-206-10449-2

www.editions-delagrave.fr

Partie 8 Appareil reproducteur et transmission de la vie

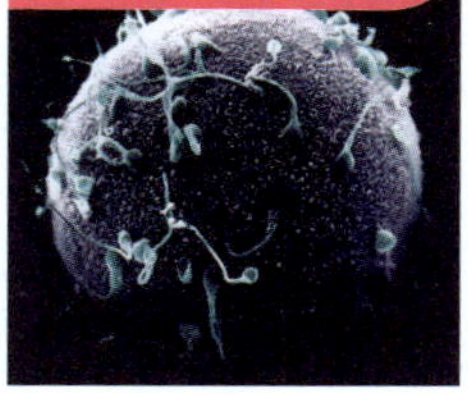

→ Comment est assurée la transmission de la vie ?
→ Quels sont les moyens utilisés pour la maîtrise de la procréation ?

1 L'anatomie et la physiologie des appareils reproducteurs 89
L'ESSENTIEL DU COURS 98
2 La régulation de la fonction reproductrice 99
L'ESSENTIEL DU COURS 110
3 La grossesse 111
L'ESSENTIEL DU COURS 122
4 La maîtrise de la reproduction 123
L'ESSENTIEL DU COURS 132
ENTRAÎNEMENTS 133

Partie 9 Système immunitaire et défense de l'organisme

→ Comment le système immunitaire distingue-t-il le soi et le non-soi ?
→ Comment l'organisme se défend-il contre le non-soi ?
→ Quelle prévention et quels traitements peut-on envisager contre les maladies infectieuses ?

1 Les maladies infectieuses, l'antibiothérapie 141
L'ESSENTIEL DU COURS 150
2 Le système immunitaire, le soi et le non soi 151
L'ESSENTIEL DU COURS 162
3 Les réponses immunitaires non spécifiques : l'exemple du virus grippal 163
L'ESSENTIEL DU COURS 172
4 Les défenses immunitaires spécifiques : l'exemple du virus grippal 173
L'ESSENTIEL DU COURS 184
ENTRAÎNEMENTS 185

Boîte à outils

FICHES MÉTHODES 191
LEXIQUE 204

Découvrez les ressources numériques intégrées
▶ voir page 4

Découvrez les ressources numériques intégrées en accès gratuit pour tous

Tout au long du manuel, des **liens** ou des **codes à flasher** vous donnent accès aux ressources numériques.

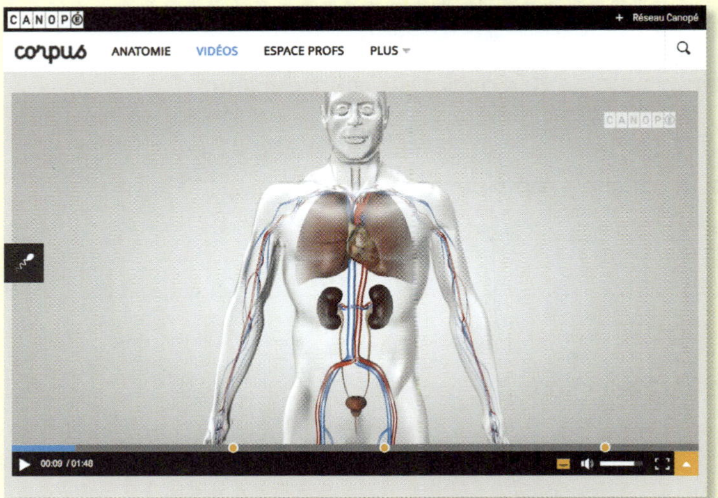

VIDÉO

L'excrétion urinaire

lienmini.fr/10449-02

38 vidéos de **documentaires**, **reportages**, **animations** ou **présentations** pour animer votre classe.

WEB

Un spermatozoïde

lienmini.fr/10449-22

Des sites en lien avec le programme pour diversifier les sources d'informations et s'exercer autrement.

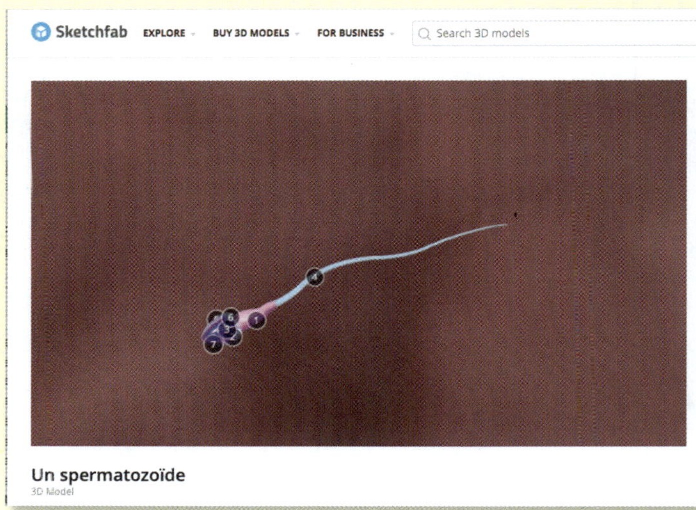

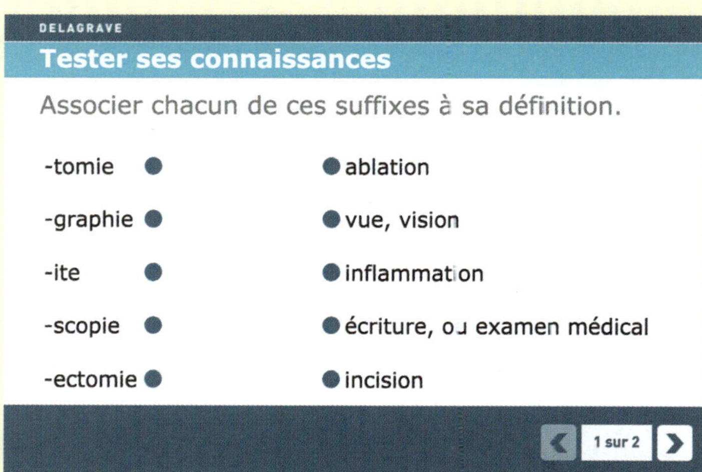

+ DE TESTS EN LIGNE

lienmini.fr/10449-10

Des exercices supplémentaires dans chaque partie pour tester ses connaissances.

Biologie et Physiopathologie Humaines

un enseignement de spécialité Chimie – Biologie et Physiopathologie Humaines (C-BPH) de la série ST2S

NOUVEAU PROGRAMME

D'après les BO spéciaux n° 1 du 22 janvier 2019, n° 8 du 25 juillet 2019 et n° 2 du 13 février 2020.

■ OBJECTIFS

L'enseignement de **Biologie et Physiopathologie Humaines** (BPH) donne au lycéen ayant choisi la série « Sciences et Technologies de la Santé et du Social » (ST2S) les connaissances permettant de comprendre l'organisation générale de l'être humain et d'appréhender son fonctionnement intégré.
L'apprentissage des grandes fonctions, caractéristique de la formation en biologie humaine de cette série, ancre sa spécificité dans une approche contextualisée de l'enseignement passant par l'étude de certaines pathologies. Cet enseignement permet ainsi de conduire une analyse des interactions de l'organisme avec l'environnement dans ses dimensions biologiques et médico-sociales, mais aussi de faire émerger des savoirs et compétences en BPH, déterminants notamment pour la poursuite d'études supérieures dans les secteurs paramédical et social.

■ COMPÉTENCES VISÉES

La formation en BPH repose sur une **approche technologique** alliant une **démarche expérimentale** et une **analyse du fonctionnement** normal et pathologique de l'individu. Cette pédagogie permet de construire une démarche d'analyse ; de développer l'esprit critique et le raisonnement scientifique ; de conforter et renforcer les capacités d'expression écrite et orale ; d'acquérir un vocabulaire scientifique et médical et le mobiliser ; d'appréhender le fonctionnement de l'organisme humain dans son environnement, échangeant matière et information ; de comprendre les mécanismes d'apparition de pathologies majeures et aborder des éléments de leur diagnostic et de leurs traitements.

■ PRÉSENTATION DU PROGRAMME

Les objectifs du programme

Les programmes des classes de Première et Terminale traitent de grandes fonctions physiologiques et permettent d'aborder des problèmes actuels de santé publique. **Chaque partie est introduite par un questionnement** ; le développement permet de replacer la biologie dans ses aspects fondamentaux afin de mieux appréhender les problèmes de santé. Certaines des pathologies étudiées représentent un enjeu de santé publique : ainsi chaque partie offre des possibilités de réflexion en association avec l'enseignement de spécialité « Sciences et Techniques Sanitaires et Sociales » [STSS].

La démarche médicale

Dans chaque partie, la démarche médicale (étude clinique et paraclinique aboutissant au diagnostic, traitement, suivi) sert de trame à l'étude de la pathologie. Celle-ci s'effectue notamment grâce aux techniques actuelles d'**imagerie médicale** et d'exploration fonctionnelle permettant des liens avec l'enseignement de Physique Chimie pour la Santé (PCS).

La terminologie

Pour chaque partie, des éléments de terminologie sont recensés : leur étude et leur utilisation favorisent l'appropriation des termes essentiels du vocabulaire médical et scientifique relatif à chaque fonction physiologique ou pathologie. Au terme de chaque partie, figurent les racines liées à la terminologie relative aux organes, fonctions ou pathologies associés. L'étude de la terminologie intègre l'analyse de la construction des termes médicaux à partir de leurs racines. Elle ne se limite pas à la seule connaissance de la signification d'une liste de termes, mais vise à faire comprendre le mécanisme de leur construction. L'étude de la terminologie s'appuie sur une liste de préfixes et suffixes répertoriés dans la fiche méthode n° 2. Des termes médicaux supplémentaires exigibles figurent à la fin de chaque partie.

Activités technologiques

Au sein des différentes parties, une approche technologique est privilégiée : observation et analyse de faits concrets, conduisant à l'émergence de savoirs et savoir-faire : dissections, analyses biochimiques, observations microscopiques, analyse de clichés d'imagerie médicale, utilisation de ressources numériques, expérimentation assistée par ordinateur (EXAO). Ces activités se déroulent en laboratoire spécialisé en tenant compte de sa capacité d'accueil et du respect des règles de sécurité.

■ ÉPREUVE DU BACCALAURÉAT

L'épreuve de la spécialité C-BPH, évaluée à l'écrit, comporte deux parties indépendantes :
– une partie Chimie, d'une durée indicative de 1 h notée par un professeur de Chimie sur 20 points, au coeff. 3
– une partie BPH, d'une durée indicative de 3 h, notée par un professeur de BPH sur 20 points, au coeff. 13.

Présentation de l'ouvrage

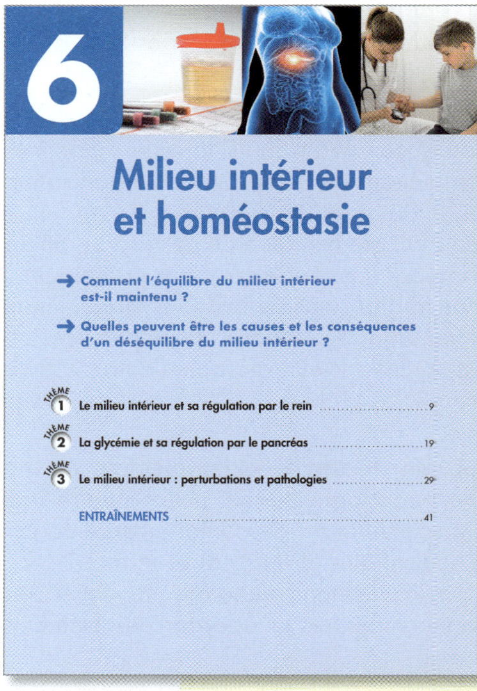

L'ouvrage est découpé selon les **4 parties** du programme officiel ; elles-mêmes articulées en thèmes.

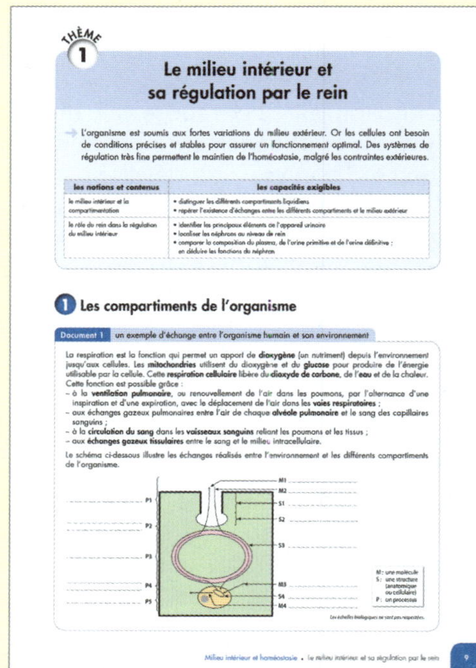

En ouverture de chaque thème, un tableau récapitule les exigences du programme :

- **Notions et contenus :** les connaissances et les principales notions à acquérir par l'élève ;
- **Capacités exigibles :** les savoirs et savoir-faire à maîtriser et à mobiliser en fin de cycle.

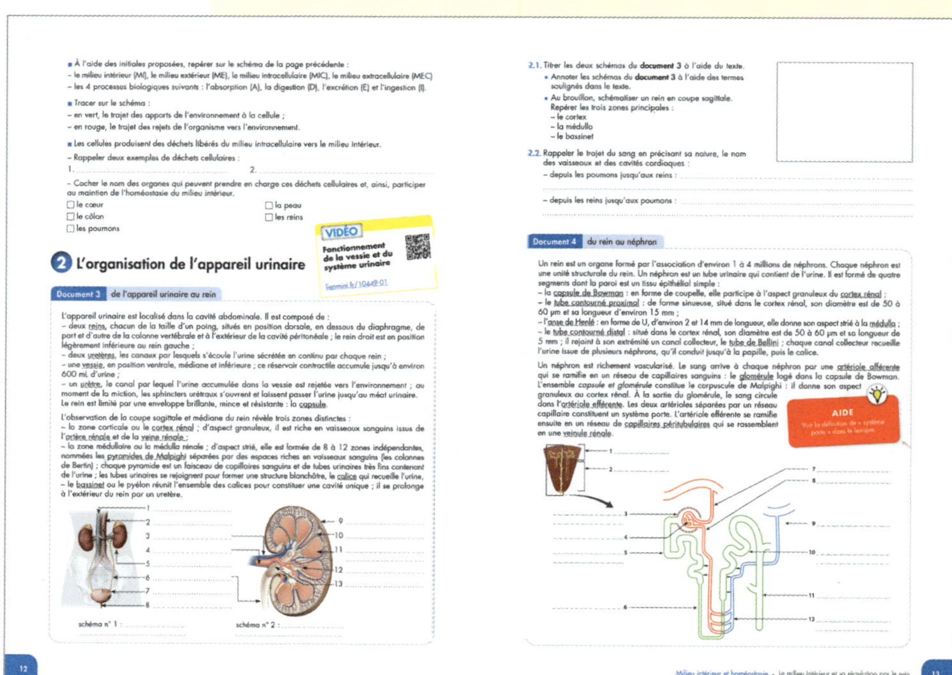

Dans chaque thème, des activités variées avec des **schémas** à annoter, des **documents** à analyser, des **questions** de connaissances…

À la fin de chaque thème, une **fiche de synthèse** reprenant l'**essentiel du cours** sous forme de schémas, organigrammes, tableaux…

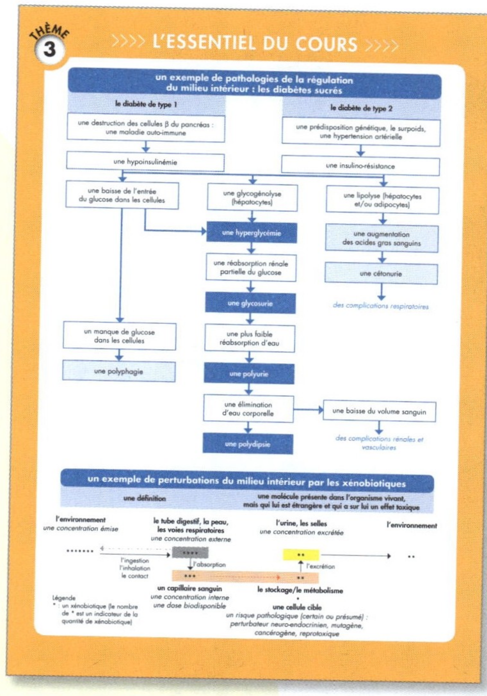

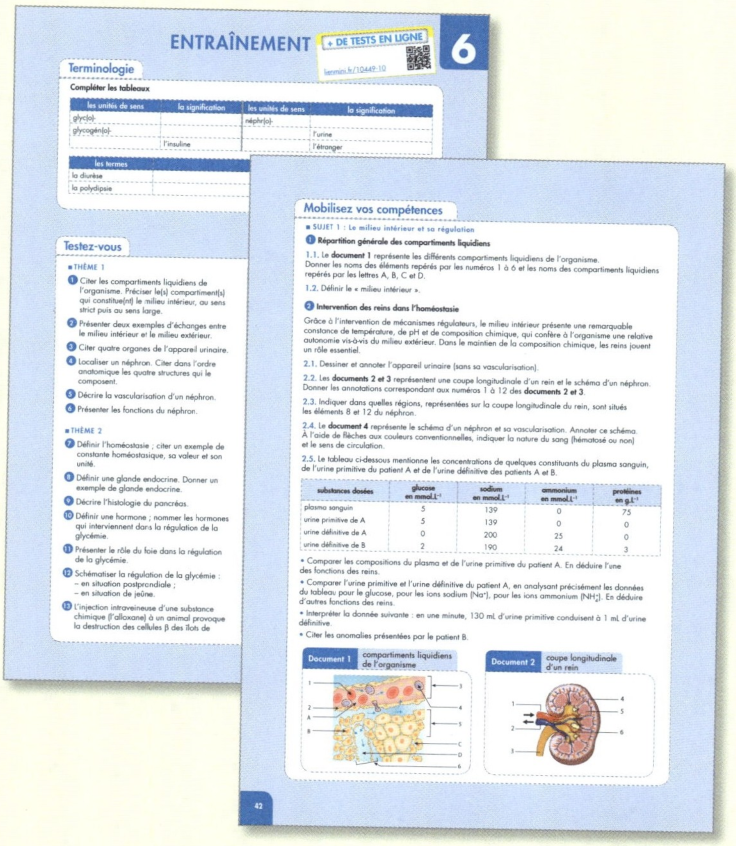

À la fin de chaque partie, des pages d'**entraînements** avec :

- des exercices pour travailler la terminologie médicale ;
- des questions pour réviser chaque thème ;
- des sujets en vue de la préparation à l'examen.

À la fin de l'ouvrage, une **boîte à outils** comprenant des **fiches méthode** et des **exercices** courts pour les appliquer, ainsi qu'un **lexique**.

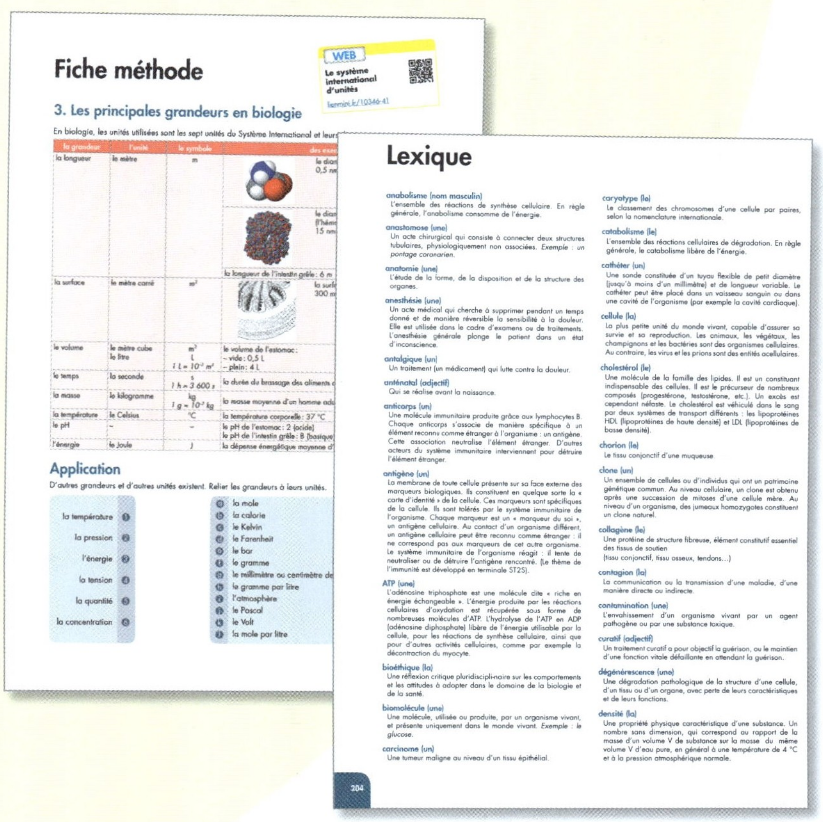

6

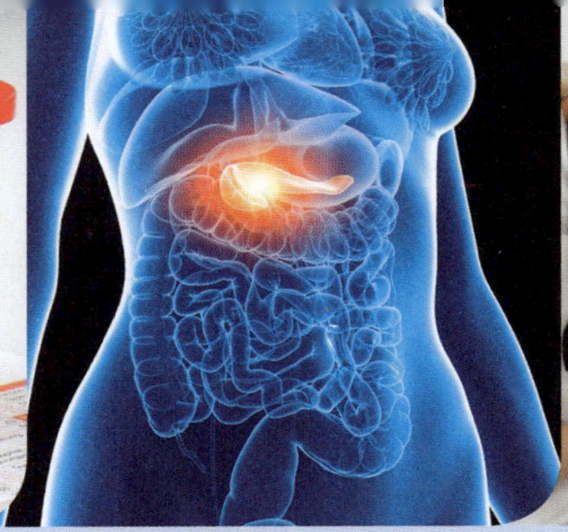

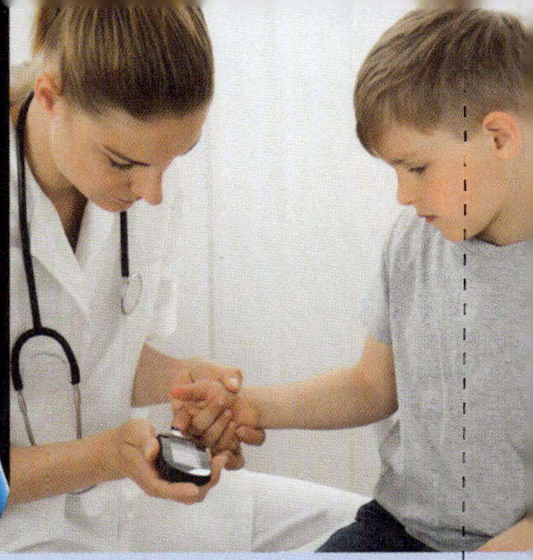

Milieu intérieur et homéostasie

→ **Comment l'équilibre du milieu intérieur est-il maintenu ?**

→ **Quelles peuvent être les causes et les conséquences d'un déséquilibre du milieu intérieur ?**

THÈME 1 Le milieu intérieur et sa régulation par le rein 9

THÈME 2 La glycémie et sa régulation par le pancréas 19

THÈME 3 Le milieu intérieur : perturbations et pathologies 29

ENTRAÎNEMENTS 41

THÈME 1

Le milieu intérieur et sa régulation par le rein

L'organisme est soumis aux fortes variations du milieu extérieur. Or les cellules ont besoin de conditions précises et stables pour assurer un fonctionnement optimal. Des systèmes de régulation très fine permettent le maintien de l'homéostasie, malgré les contraintes extérieures.

les notions et contenus	les capacités exigibles
le milieu intérieur et la compartimentation	• distinguer les différents compartiments liquidiens • repérer l'existence d'échanges entre les différents compartiments et le milieu extérieur
le rôle du rein dans la régulation du milieu intérieur	• identifier les principaux éléments de l'appareil urinaire • localiser les néphrons au niveau du rein • comparer la composition du plasma, de l'urine primitive et de l'urine définitive ; en déduire les fonctions du néphron

1 Les compartiments de l'organisme

Document 1 un exemple d'échange entre l'organisme humain et son environnement

La respiration est la fonction qui permet un apport de **dioxygène** (un nutriment) depuis l'environnement jusqu'aux cellules. Les **mitochondries** utilisent du dioxygène et du **glucose** pour produire de l'énergie utilisable par la cellule. Cette **respiration cellulaire** libère du **dioxyde de carbone**, de l'**eau** et de la chaleur. Cette fonction est possible grâce :

– à la **ventilation pulmonaire**, ou renouvellement de l'air dans les poumons, par l'alternance d'une inspiration et d'une expiration, avec le déplacement de l'air dans les **voies respiratoires** ;
– aux échanges gazeux pulmonaires entre l'air de chaque **alvéole pulmonaire** et le sang des capillaires sanguins ;
– à la **circulation du sang** dans les **vaisseaux sanguins** reliant les poumons et les tissus ;
– aux **échanges gazeux tissulaires** entre le sang et le milieu intracellulaire.

Le schéma ci-dessous illustre les échanges réalisés entre l'environnement et les différents compartiments de l'organisme.

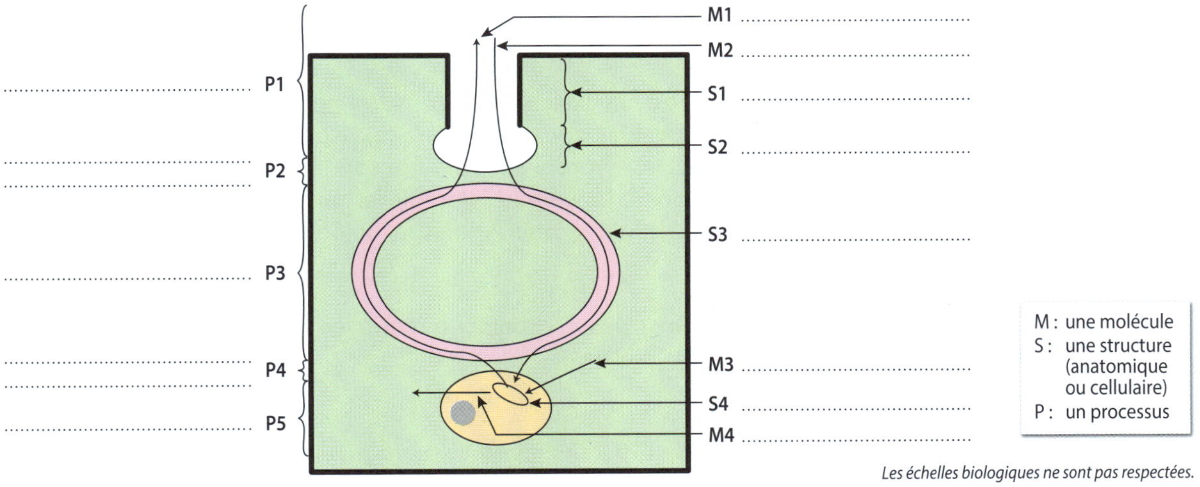

Les échelles biologiques ne sont pas respectées.

1.1. Annoter le schéma du **document 1** en utilisant le texte.

1.2. Compléter le schéma du **document 1**.

■ Repérer :
– l'environnement à l'aide d'un point vert ;
– le milieu intracellulaire à l'aide d'un point rouge.

■ Colorer :
– en vert, les flèches qui illustrent les apports de l'environnement à une cellule ;
– en rouge, les flèches qui illustrent les rejets d'une cellule vers l'environnement.

■ Souligner
– en bleu, le processus qui participe aux échanges entre l'environnement et l'organisme ;
– en noir, le processus qui participe aux échanges à l'intérieur de l'organisme lui-même.

1.3. Dans le cas de la respiration, les apports et les rejets entre l'environnement et les cellules sont :

☐ des processus
☐ des molécules
☐ des structures cellulaires

☐ à l'état gazeux
☐ à l'état liquide
☐ à l'état solide

Document 2 les compartiments liquidiens

L'organisme humain adulte est principalement composé par des matières à l'état solide ou à l'état liquide. Les liquides de l'organisme constituent 60 % de la masse corporelle. Ils sont répartis dans des proportions stables entre le milieu extracellulaire ou MEC (1/3) et le milieu intracellulaire ou MIC (2/3). Les biomolécules provenant de l'environnement traversent successivement les différents compartiments liquidiens, séparés entre eux par des membranes biologiques. Elles sont transportées jusqu'aux tissus par des liquides circulants constitutifs du MEC, avant de pénétrer dans les cellules.

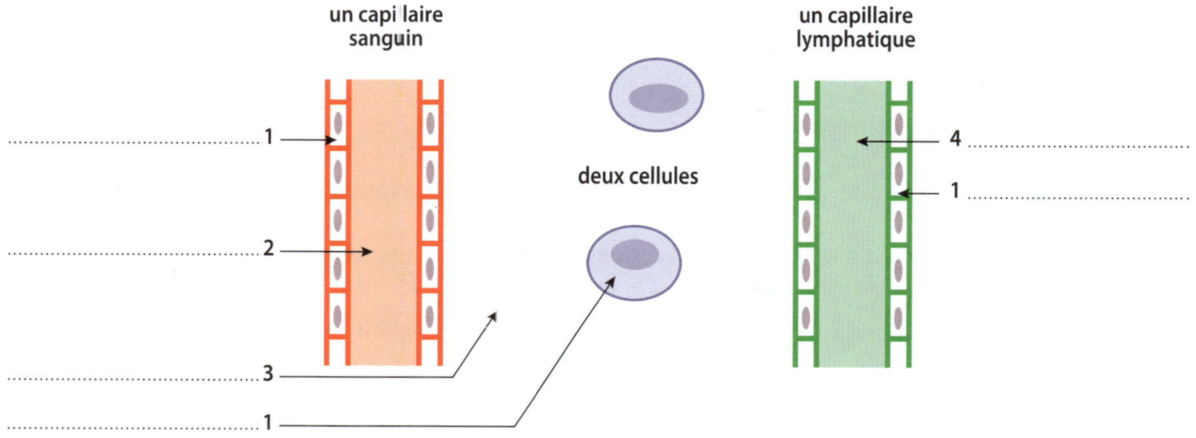

L'environnement de la majorité des cellules est un milieu liquide : la lymphe interstitielle. Ce liquide constitue un intermédiaire entre un liquide circulant dans des vaisseaux (sanguins ou lymphatiques) et le liquide intracellulaire. L'eau et les biomolécules hydrophiles sont transportées par le plasma sanguin ; elles traversent la paroi du capillaire et rejoignent la lymphe interstitielle puis le MIC. Des biomolécules hydrophobes sont transportées par la lymphe canalisée pour rejoindre l'intérieur de la cellule.

1.4. La majorité des cellules de l'organisme ne sont pas en contact direct avec leur voisine. Cocher le nom des familles de tissus formés de cellules non jointives :

☐ un tissu conjonctif
☐ un tissu épithélial
☐ un tissu musculaire
☐ le tissu nerveux

AIDE
Voir le lexique.

- Le sang est un exemple de tissu formé de cellules non jointives présentes dans un liquide. Compléter le tableau :

le nom du liquide sanguin	le nom des 3 principaux éléments figurés (cellules sanguines)		

1.5. Annoter le schéma du **document 2** à l'aide du texte.

- Sur le schéma du **document 2**, tracer le trajet des biomolécules transportées par le plasma sanguin jusqu'au milieu intracellulaire.
- Préciser le nombre de membranes traversées : ....

1.6. Le schéma ci-dessous illustre la répartition des liquides pour un adulte de 70 kg. Compléter le schéma.
Note : la taille des cadres n'est pas obligatoirement proportionnelle aux valeurs attendues.

les liquides organiques
.... % de la masse corporelle
V_{total} = 42 L

↓ les liquides extracellulaires .... / 3
- le **plasma sanguin** 3 L
- la **lymphe canalisée** 2 L
- la **lymphe interstitielle** L

→ L

↓ le liquide intracellulaire .... / 3
- le **milieu intracellulaire** ou le **cytoplasme** → L

- Sur le schéma précédent, souligner le nom des liquides qui constituent le milieu intérieur.
- Proposer une définition du milieu intérieur *au sens large* :

....

- La lymphe interstitielle est souvent définie comme « le milieu intérieur au sens strict ». Proposer une hypothèse pour justifier cette dénomination : ....

....

....

1.7. Le schéma ci-dessous représente l'organisme humain selon un schéma équivalent à celui du **document 1**. Il illustre un second aspect de la fonction de nutrition avec 3 structures particulières, dans l'ordre alphabétique : *une cellule, le système vasculaire* et *le tube digestif*. Annoter le schéma.

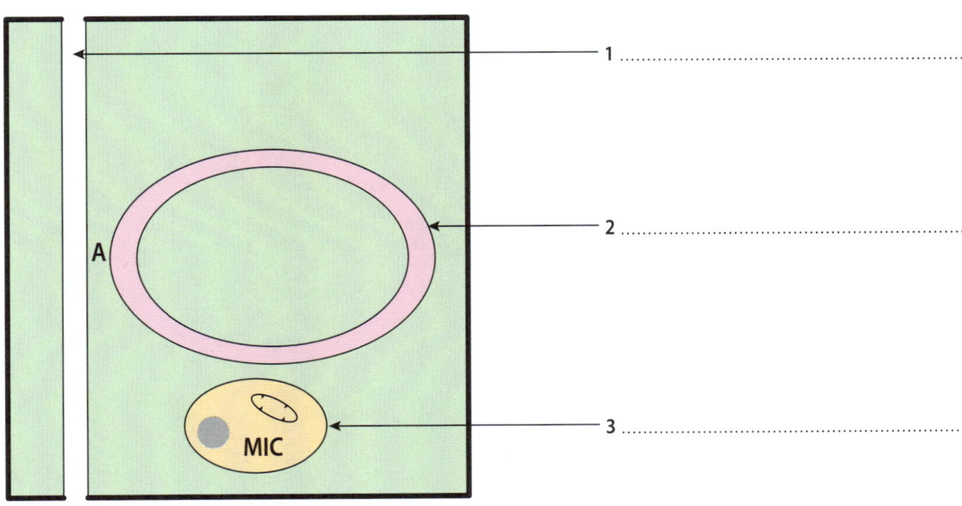

■ À l'aide des initiales proposées, repérer sur le schéma de la page précédente :
– le milieu intérieur (MI), le milieu extérieur (ME), le milieu intracellulaire (MIC), le milieu extracellulaire (MEC) ;
– les 4 processus biologiques suivants : l'absorption (A), la digestion (D), l'excrétion (E) et l'ingestion (I).

■ Tracer sur le schéma :
– en vert, le trajet des apports de l'environnement à la cellule ;
– en rouge, le trajet des rejets de l'organisme vers l'environnement.

■ Les cellules produisent des déchets libérés du milieu intracellulaire vers le milieu intérieur.

– Rappeler deux exemples de déchets cellulaires :

1. .... 2. ....

– Cocher le nom des organes qui peuvent prendre en charge ces déchets cellulaires et, ainsi, participer au maintien de l'homéostasie du milieu intérieur.

- ☐ le cœur
- ☐ le côlon
- ☐ les poumons
- ☐ la peau
- ☐ les reins

VIDÉO

Fonctionnement de la vessie et du système urinaire

lienmini.fr/10449-01

2 L'organisation de l'appareil urinaire

Document 3 de l'appareil urinaire au rein

L'appareil urinaire est localisé dans la cavité abdominale. Il est composé de :
– deux <u>reins</u>, chacun de la taille d'un poing, situés en position dorsale, en dessous du diaphragme, de part et d'autre de la colonne vertébrale et à l'extérieur de la cavité péritonéale ; le rein droit est en position légèrement inférieure au rein gauche ;
– deux <u>uretères</u>, les canaux par lesquels s'écoule l'urine sécrétée en continu par chaque rein ;
– une <u>vessie</u>, en position ventrale, médiane et inférieure ; ce réservoir contractile accumule jusqu'à environ 600 mL d'urine ;
– un <u>urètre</u>, le canal par lequel l'urine accumulée dans la vessie est rejetée vers l'environnement ; au moment de la miction, les sphincters urétraux s'ouvrent et laissent passer l'urine jusqu'au méat urinaire.
Le rein est limité par une enveloppe brillante, mince et résistante : la <u>capsule</u>.

L'observation de la coupe sagittale et médiane du rein révèle trois zones distinctes :
– la zone corticale ou le <u>cortex rénal</u> ; d'aspect granuleux, il est riche en vaisseaux sanguins issus de l'<u>artère rénale</u> et de la <u>veine rénale</u> ;
– la zone médullaire ou la médulla rénale ; d'aspect strié, elle est formée de 8 à 12 zones indépendantes, nommées les <u>pyramides de Malpighi</u> séparées par des espaces riches en vaisseaux sanguins (les colonnes de Bertin) ; chaque pyramide est un faisceau de capillaires sanguins et de tubes urinaires très fins contenant de l'urine ; les tubes urinaires se rejoignent pour former une structure blanchâtre, le <u>calice</u> qui recueille l'urine,
– le <u>bassinet</u> ou le pyélon réunit l'ensemble des calices pour constituer une cavité unique ; il se prolonge à l'extérieur du rein par un uretère.

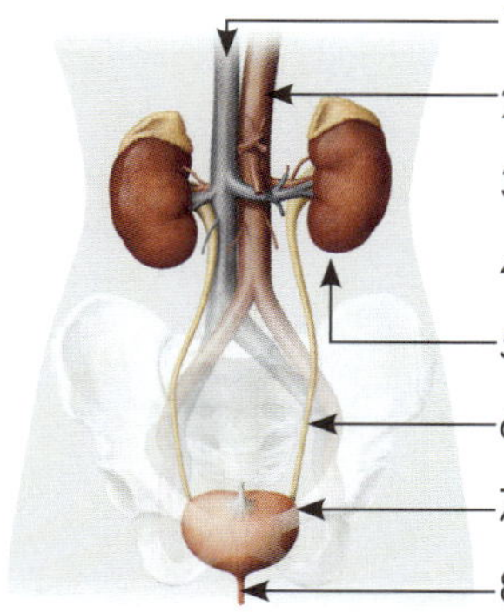

1 ....
2 ....
3 ....
4 ....
5 ....
6 ....
7 ....
8 ....

schéma n° 1 : ....
....

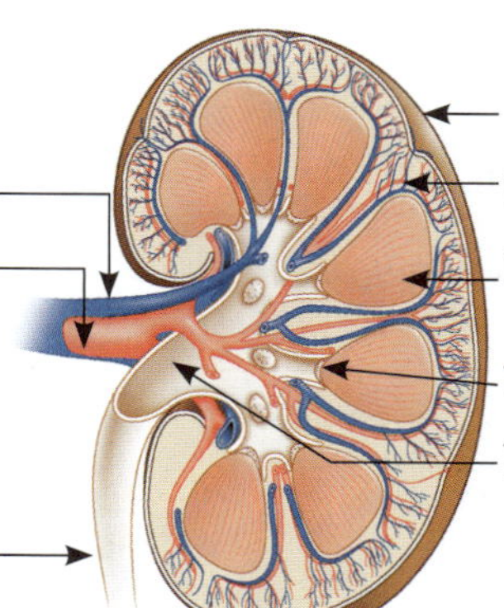

9 ....
10 ....
11 ....
....
12 ....
13 ....

schéma n° 2 : ....
....

2.1. Titrer les deux schémas du **document 3** à l'aide du texte.

- Annoter les schémas du **document 3** à l'aide des termes soulignés dans le texte.
- Au brouillon, schématiser un rein en coupe sagittale. Repérer les trois zones principales :
  – le cortex
  – la médulla
  – le bassinet

2.2. Rappeler le trajet du sang en précisant sa nature, le nom des vaisseaux et des cavités cardiaques :

– depuis les poumons jusqu'aux reins : ....

....

– depuis les reins jusqu'aux poumons : ....

....

Document 4 du rein au néphron

Un rein est un organe formé par l'association d'environ 1 à 4 millions de néphrons. Chaque néphron est une unité structurale du rein. Un néphron est un tube urinaire qui contient de l'urine. Il est formé de quatre segments dont la paroi est un tissu épithélial simple :
– la capsule de Bowman : en forme de coupelle, elle participe à l'aspect granuleux du cortex rénal ;
– le tube contourné proximal : de forme sinueuse, situé dans le cortex rénal, son diamètre est de 50 à 60 µm et sa longueur d'environ 15 mm ;
– l'anse de Henlé : en forme de U, d'environ 2 et 14 mm de longueur, elle donne son aspect strié à la médulla ;
– le tube contourné distal : situé dans le cortex rénal, son diamètre est de 50 à 60 µm et sa longueur de 5 mm ; il rejoint à son extrémité un canal collecteur, le tube de Bellini ; chaque canal collecteur recueille l'urine issue de plusieurs néphrons, qu'il conduit jusqu'à la papille, puis le calice.

Un néphron est richement vascularisé. Le sang arrive à chaque néphron par une artériole afférente qui se ramifie en un réseau de capillaires sanguins : le glomérule logé dans la capsule de Bowman. L'ensemble *capsule et glomérule* constitue le corpuscule de Malpighi : il donne son aspect granuleux au cortex rénal. À la sortie du glomérule, le sang circule dans l'artériole efférente. Les deux artérioles séparées par un réseau capillaire constituent un système porte. L'artériole efférente se ramifie ensuite en un réseau de capillaires péritubulaires qui se rassemblent en une veinule rénale.

AIDE
Voir la définition de « système porte » dans le lexique.

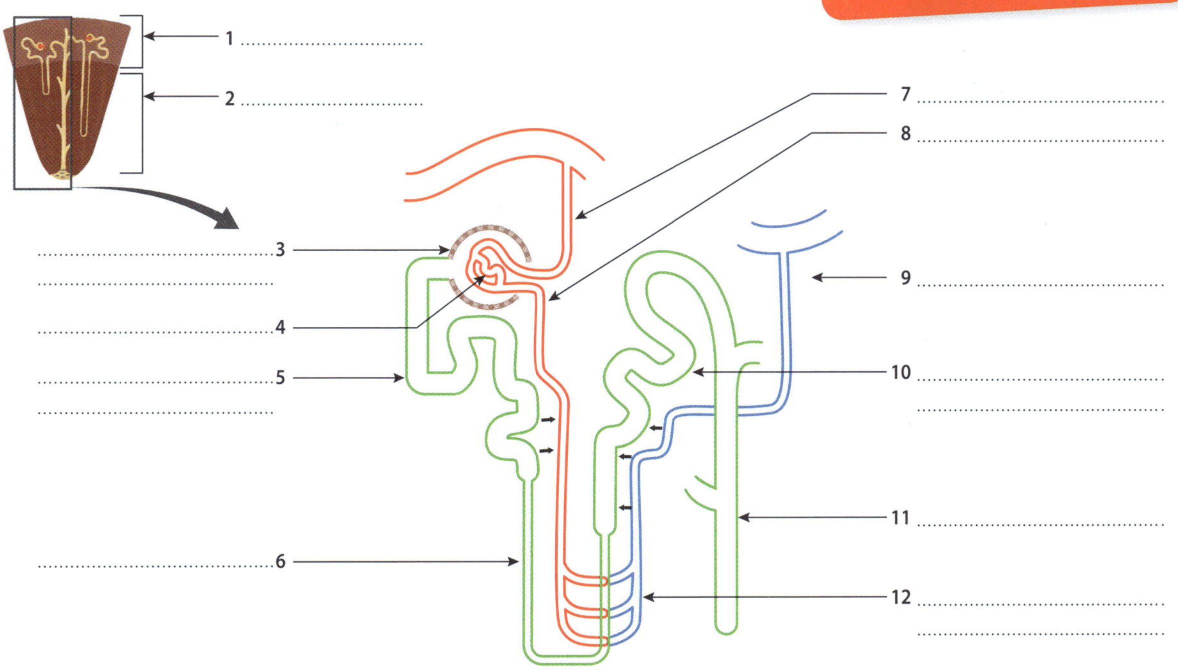

2.3. Annoter le schéma du **document 4** à l'aide du texte.

- Souligner en rouge les annotations qui correspondent à des structures qui contiennent du sang.
- Indiquer par des flèches de couleur le sens de circulation du sang ; utiliser les couleurs conventionnelles pour représenter la nature du sang.
- Indiquer à l'aide de flèches le sens de circulation de l'urine au cours de son élaboration.

2.4. Proposer une explication logique à l'origine de l'urine dans un néphron.

....

3 Le néphron et l'homéostasie

Le néphron est l'unité fonctionnelle du rein. L'élaboration de l'urine à partir du sang est réalisée progressivement dans chaque néphron en fonction de la situation physiologique.

VIDÉO
L'excrétion urinaire
lienmini.fr/10449-02

3.1. La première étape d'élaboration de l'urine a lieu au niveau du corpuscule de Malpighi.

- Rappeler le nom des deux structures qui composent un corpuscule de Malpighi

1. .... 2. ....

- Rappeler le nom du type de tissu qui constitue la paroi de ces deux structures.

....

- Préciser le rôle de ce type de tissu :

☐ la communication ☐ les échanges ☐ la protection ☐ le soutien

- Préciser la principale caractéristique de ce type de tissu :

☐ des cellules disjointes ☐ des cellules jointives

- Classer les cinq éléments suivants selon un ordre de taille croissant : *un élément figuré du sang, le glucose, l'ion sodium, une protéine, l'urée.*

....

Document 5 la composition de liquides prélevés au niveau du rein

La première étape de l'élaboration de l'urine a lieu dans le corpuscule de Malpighi.
Deux liquides A et B sont analysés. Ces liquides acellulaires sont issus de prélèvements réalisés dans le rein d'un sujet sain à l'aide de micropipettes. Le liquide A provient du glomérule, le liquide B de la capsule de Bowman. Le tableau ci-dessous présente les concentrations en plusieurs biomolécules des deux liquides prélevés chez un sujet sain.

la biomolécule	la concentration dans le liquide A en $g.L^{-1}$	la concentration dans le liquide B en $g.L^{-1}$
l'ion Na^+	3,2	3,2
l'ion Cl^-	3,6	3,6
l'ion K^+	0,2	0,2
l'urée	0,3	0,3
la créatinine	0,01	0,01
le glucose	1,0	1,0
les protéines	70,0	1,0 à 2,0

3.2. Identifier les deux liquides A et B prélevés parmi les propositions suivantes : *la lymphe canalisée, la lymphe interstitielle, le milieu intracellulaire, le plasma sanguin, le sang, l'urine définitive, l'urine primitive*. Justifier le choix.

- le liquide A : ....
– la justification : ....

- le liquide B : ....
– la justification : ....
....

■ Analyser le **document 5**. Compléter le tableau.

le prélèvement		le liquide A	le liquide B
la localisation			
la composition	les différences		
	les points communs		

3.3. Dans les conditions normales, le débit de production de l'urine au niveau du glomérule est 125 mL.min^{-1}.

■ Rappeler la définition d'un débit : ....

■ Calculer le volume d'urine produit au niveau du glomérule par jour :

....
....
....

■ Ce débit est nommé le *débit de filtration glomérulaire* (DFG). Justifier cette appellation.

....
....

■ Conclure en cochant la proposition correcte. Les néphrons produisent l'urine primitive grâce à :

☐ une absorption du sang ☐ une filtration du sang

☐ une diffusion des éléments du sang par osmose

Document 6 la composition de l'urine en cours de formation

Les étapes suivantes de l'élaboration de l'urine ont lieu le long des tubules du néphron : il s'agit de la réabsorption et de la sécrétion tubulaire. Le tableau ci-dessous présente, chez un sujet sain, les quantités de plusieurs biomolécules contenues d'une part dans l'urine primitive à la sortie du corpuscule de Malpighi, d'autre part dans l'urine définitive d'une journée au niveau du tube collecteur.

la biomolécule	la quantité dans l'urine primitive des 24 heures	la quantité dans l'urine définitive des 24 heures
l'eau	180,0 L	1,5 L
l'ion Na^+	551,8 g	4,6 g
l'ion Cl^-	620,4 g	8,9 g
l'ion K^+	28,0 g	4,0 g
l'urée	51,0 g	30,0 g
la créatinine	1,5 g	1,5 g
le glucose	169,3 g	0,0 g
les protéines	1,0 g	< 0,15 g

3.4. Rappeler le nom des trois structures tubulaires qui forment le néphron dans l'ordre anatomique.

1. ....
2. ....
3. ....

3.5. La diurèse est le volume d'urine émis en 24 heures. D'après le **document 6**, donner la valeur moyenne de la diurèse chez un sujet sain : ....

■ Proposer une explication à la différence entre le volume d'eau dans l'urine primitive et la valeur moyenne de la diurèse :

....

....

■ Le processus mis en jeu est nommé la réabsorption de l'eau.

– La réabsorption d'eau par le néphron est : ☐ partielle ☐ totale

– Ce processus évolue selon la situation. Il est régulé par l'hormone anti-diurétique (ADH). Associer chaque situation à la réaction observée au niveau du néphron.

Situation			Réaction
une diarrhée	❶	ⓐ	une augmentation de la réabsorption d'eau
une sudation importante	❷	ⓑ	une diminution de la réabsorption d'eau
une ingestion d'eau importante et sur une courte durée	❸		
une hémorragie	❹		
une forte fièvre	❺		

3.6. Analyser les données du **document 6** pour :

– les protéines : ....

– le glucose : ....

■ Conclure sur le type de réabsorption de chacune de ces deux molécules :

	les protéines	le glucose
une réabsorption partielle		
une réabsorption totale		

■ Des tests urinaires, sous forme de bandelettes réactives, sont utilisés pour évaluer la protéinurie ou la glycosurie. Définir les deux termes :

– la protéinurie : ....

– la glycosurie : ....

■ Donner un intérêt à l'usage de ces tests.

....

3.7. Analyser les données du **document 6** pour les électrolytes.

....

....

■ Conclure sur le type de réabsorption pour les électrolytes :

☐ une réabsorption partielle ☐ une réabsorption totale

■ Donner l'intérêt de cette réabsorption : ....

....

■ En cas d'*hyperkaliémie*, un dosage urinaire montre une *hyperkaliurie* liée à une sécrétion urinaire de potassium, en particulier sous l'action de l'aldostérone, une hormone. Définir les deux termes :

– une hyperkaliémie : ....

– une hyperkaliurie : ....

■ Expliquer l'expression « sécrétion urinaire de potassium » : ....

....

3.8. Analyser les données du **document 6** liées à l'urée et la créatinine : ....

....

■ Ces deux molécules sont : ☐ des déchets cellulaires ☐ des nutriments cellulaires

■ La créatinine est dosée dans le plasma et l'urine. Donner l'intérêt de ces dosages dans les deux liquides.

....

....

3.9. Parmi les éléments qui suivent, cocher ceux présents dans l'urine définitive d'un sujet sain.

☐ de l'eau
☐ du glucose
☐ des sels minéraux
☐ de l'hémoglobine
☐ d'autres protéines
☐ des déchets du métabolisme cellulaire
☐ des cellules sanguines

VIDÉO
L'insuffisance rénale
lienmini.fr/10449-03

■ D'autres molécules, présentes dans le milieu intérieur, peuvent être détectées grâce à des tests urinaires dans l'urine définitive. Associer chaque exemple à la famille qui lui correspond.

le cannabis	1	a	un produit psychoactif
l'hormone de grossesse	2	b	un médicament
la pénicilline	3	c	une sécrétion cellulaire

■ L'urine est un liquide biologique stérile. Justifier cette affirmation.

....

■ Un sujet peut souffrir d'une infection urinaire liée à une cystite ou une pyélonéphrite. Définir ces deux termes :

– une cystite : ....

– une pyélonéphrite : ....

■ Proposer une explication à l'origine de l'infection urinaire.

....

....

....

....

3.10. Pour un élément donné, X, les valeurs des débits d'excrétion, de filtration, de réabsorption et de sécrétion (en $mmol.min^{-1}$) peuvent être reliées par une formule mathématique simple. Cocher la formule exacte.

☐ débit de X excrété = débit de X filtré – débit de X réabsorbé + débit de X sécrété
☐ débit de X filtré = débit de X réabsorbé – débit de X excrété + débit de X sécrété
☐ débit de X réabsorbé = débit de X filtré – débit de X sécrété + débit de X excrété
☐ débit de X sécrété = débit de X filtré – débit de X réabsorbé + débit de X excrété

VIDÉO
L'hémodialyse
lienmini.fr/10449-04

L'ESSENTIEL DU COURS

Les compartiments	**le milieu extérieur :** l'environnement et les cavités corporelles ouvertes sur l'environnement	**les compartiments liquidiens de l'organisme**		
		le milieu intérieur : les liquides extracellulaires		**le liquide intracellulaire :** le cytoplasme cellulaire
		les liquides circulants : le plasma sanguin et la lymphe canalisée	la lymphe interstitielle	
Les échanges	⇄	⇄	⇄	

anatomie de l'appareil urinaire

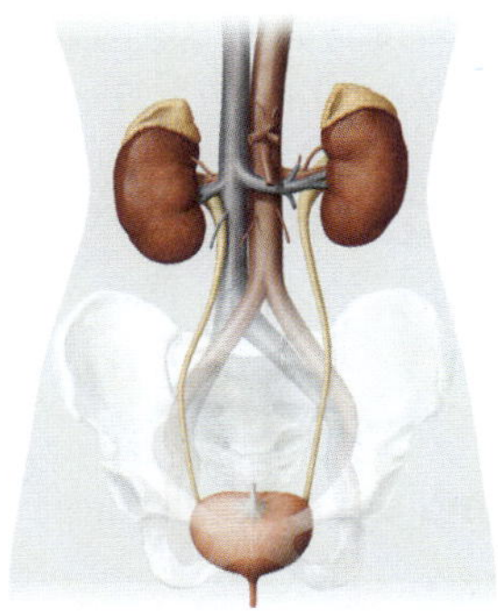

histologie du néphron

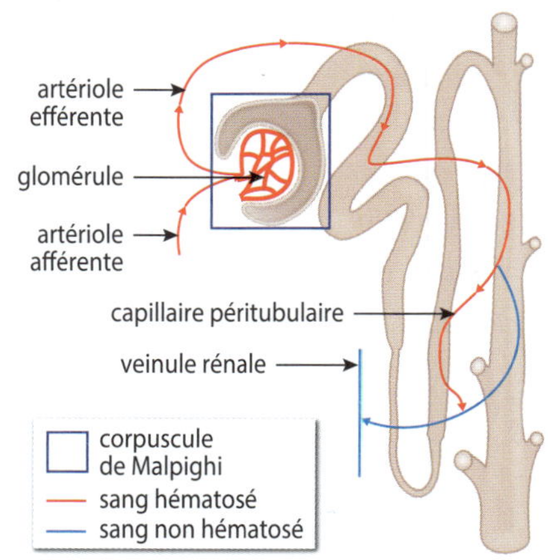

fonctions

filtration glomérulaire :
- passage des biomolécules de petite taille (ex. *le glucose, l'ion sodium*) du plasma sanguin du glomérule vers la capsule de Bowman
- rétention des biomolécules de grande taille (ex. *les protéines*) et des éléments figurés du sang (ex. *les hématies*)

→ formation de l'urine primitive

réabsorption tubulaire :
- passage des biomolécules des tubules du néphron vers les capillaires péritubulaires
- réabsorption totale (ex. *le glucose*) ou partielle (ex. *l'eau, l'ion sodium*)
- réabsorption régulée en fonction des besoins physiologiques

sécrétion tubulaire :
- passage des biomolécules des capillaires péritubulaires vers les tubules du néphron (ex. *l'ion potassium*)

→ formation de l'urine définitive

THÈME 2

La glycémie et sa régulation par le pancréas

Le glucose est une molécule nutritive, nécessaire aux cellules. Un manque ou un excès de glucose dans le milieu intérieur est un danger pour l'organisme. La valeur physiologique de la glycémie est relativement constante, grâce à des systèmes de régulation. Elle est évaluée par des examens biochimiques.

les notions et contenu	les capacités exigibles
la glycémie post-prandiale la glycémie à jeun l'équilibre dynamique l'homéostasie	• mettre en évidence l'existence d'une régulation de la glycémie et le rôle central des hormones du pancréas dans cette régulation • construire un schéma présentant les acteurs et les mécanismes de la régulation de la glycémie • présenter les notions d'hormone et d'homéostasie

1 La glycémie : une constante homéostasique

Document 1 une mesure de la glycémie journalière

VIDÉO
Un exemple d'auto-test
lienmini.fr/10449-05

Un sujet sain effectue une auto-surveillance de sa glycémie capillaire. Il recueille une goutte de sang à l'aide d'un auto-piqueur toutes les 2 heures, entre 6 h et 24 h. Durant cette journée, il se nourrit normalement et suit ses activités habituelles. Les valeurs mesurées sont reportées dans le tableau suivant.

le temps (en heures)	6	8	10	12	14	16	18	20	22	24
la glycémie (en mg.dL^{-1})	70	134	98	70	140	88	80	70	140	110

Les moments des prises de repas et les activités sont repérés sur le graphique ci-dessous.

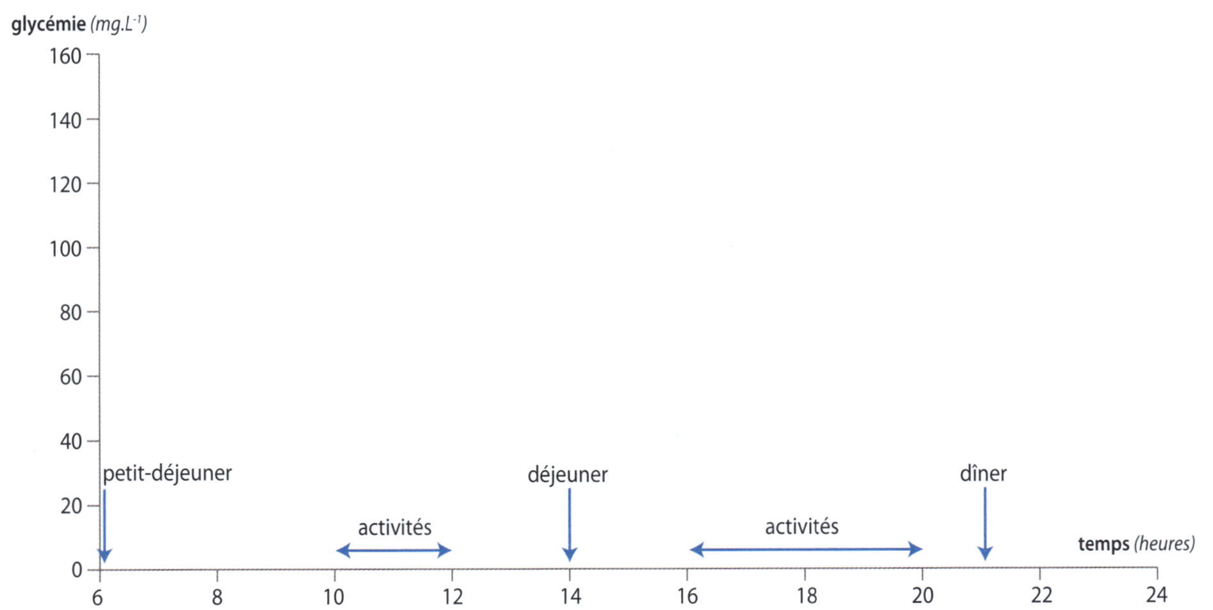

1.1. Donner la signification des deux unités de sens *glyc(o)-* et *-émie*.

- *glyc(o)-* : ……………………………………………
- *-émie* : ……………………………………………

■ Définir *la glycémie* : ……………………………………………

1.2. Utiliser les données du tableau du **document 1** pour construire la courbe de variation de la glycémie au cours d'une journée.

■ Cocher les propositions correctes.

– Au cours d'une journée, les activités sont :

☐ continues ☐ irrégulières ☐ identiques ☐ différentes

– Au cours d'une journée, l'apport en glucose est :

☐ continu ☐ irrégulier ☐ identique ☐ différent

1.3. Sur le graphique du **document 1**, repérer la valeur minimale et la valeur maximale de la glycémie journalière.

la glycémie minimale	la glycémie maximale

■ Tracer deux lignes horizontales pour identifier l'intervalle de variation physiologique de la glycémie.

■ À partir des données du **document 1,** calculer la valeur moyenne de la glycémie journalière :

……………………………………………

1.4. La glycémie est une *constante homéostasique*. Donner une explication à cette expression en utilisant les questions **1.2** et **1.3** :

……………………………………………

……………………………………………

……………………………………………

■ La glycémie est également exprimée en g.L^{-1} et mmol.L^{-1}. Préciser les rapports de conversion entre ces deux unités. Donner la valeur de la glycémie moyenne calculée en **1.3** dans chaque unité. Compléter le tableau.

les unités	mg.dL^{-1}	g.L^{-1}	mmol.L^{-1}
les rapports de conversion			× 1 000 / 180
les valeurs moyennes		1	

1.5. Une *hyperglycémie* ou une *hypoglycémie* correspondent à une évolution de la glycémie.

■ Définir les deux termes :

– une hyperglycémie : ……………………………………………

– une hypoglycémie : ……………………………………………

■ Proposer une explication à l'évolution contrôlée de la glycémie au cours de la journée.

……………………………………………

……………………………………………

……………………………………………

② Le pancréas, un acteur de l'homéostasie glucidique

Document 2 le pancréas amphicrine

Le pancréas est un organe de forme triangulaire situé dans la cavité abdominale, sous l'estomac. La partie la plus large (la tête du pancréas) est entourée par le duodénum.
Le pancréas participe à la fonction digestive grâce aux acini. Chaque acinus sécrète le suc pancréatique et ses enzymes digestives. Ce suc est collecté par des canaux excréteurs, puis déversé par le canal pancréatique dans le duodénum.
Le pancréas assure aussi une fonction endocrine grâce aux îlots de Langerhans. Ils sont au nombre de 1 à 2 millions, et représentent uniquement 1 % de la masse du pancréas, mais ils sont vascularisés par 10 % des capillaires sanguins de la glande.
Chaque îlot est composé essentiellement de deux types de cellules :
– les cellules α, les moins nombreuses : elles sécrètent une hormone, le glucagon ;
– les cellules β, majoritaires : elles sécrètent une autre hormone, l'insuline.
Le schéma représente une zone particulière d'une coupe histologique du pancréas : un îlot de Langerhans, entouré de quelques cellules de pancréas exocrine.

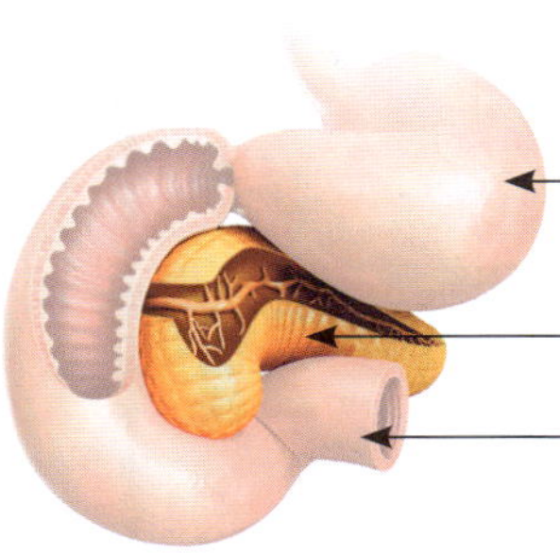

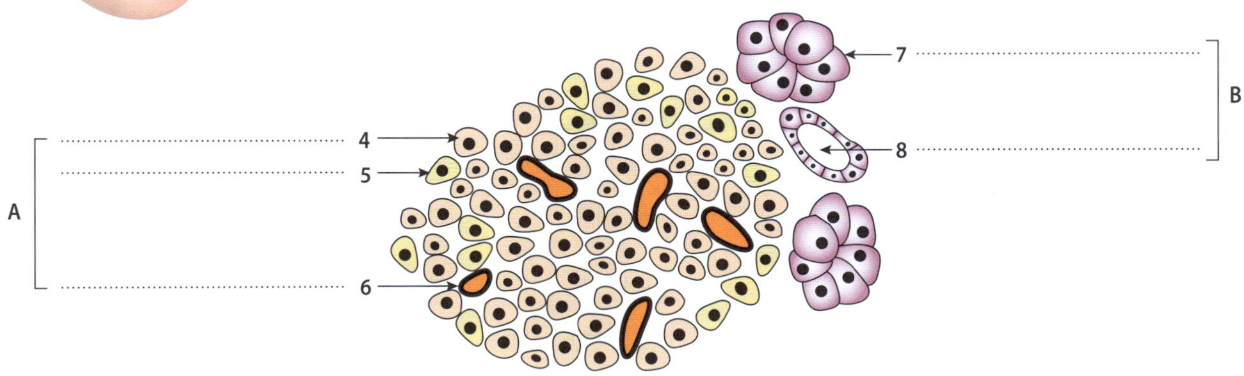

2.1. Annoter les 3 organes représentés sur le **document 2**.

■ Dans le texte du **document 2**, souligner la relation entre le pancréas et le tube digestif.

2.2. Le pancréas est une glande amphicrine.

■ Définir le terme *amphicrine* : ....

....

■ Justifier cette qualification du pancréas.

....

....

....

■ Nommer les structures A et B du **document 2**.

A : ....

B : ....

2.3. L'image suivante est une photographie d'une coupe de tissu prélevé sur un pancréas humain non pathologique (× 100). Reporter sur cette image le maximum des annotations du **document 2**. Encercler les numéros associés à des structures endocrines.

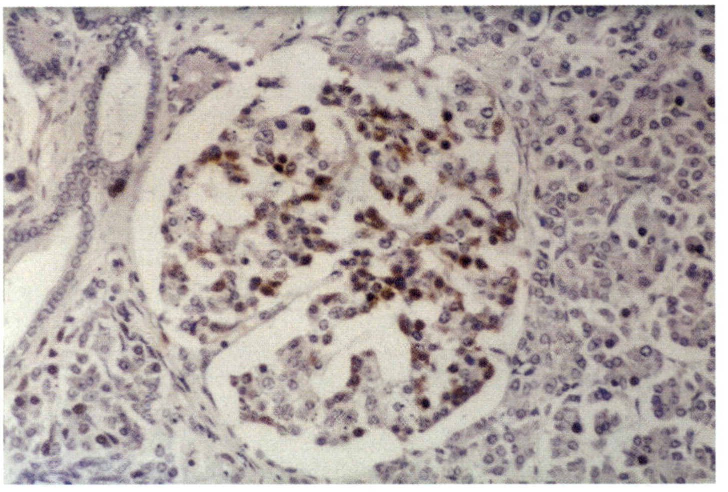

Document 3 le pancréas et la glycémie postprandiale

Des études et des observations ont abouti aux résultats reportés dans le tableau ci-dessous. Chaque cas correspond à un sujet distinct. Chaque mesure de la glycémie a lieu au moins 2 heures après le dernier repas.

la situation		les signes	la glycémie ($g.L^{-1}$)
un sujet sain	sans traitement	aucun	1,0
un sujet pancréatectomisé	sans traitement	de graves troubles, puis la mort	4,0
	une injection intraveineuse d'extraits pancréatiques	une disparition momentanée des troubles	1,0
	une greffe de pancréas ectopique *	aucun signe, en absence de rejet	1,0

* avec un rétablissement de la vascularisation

2.4. Définir *une pancréatectomie* :

....

■ À partir de l'analyse des données du **document 3**, préciser les conséquences d'une pancréatectomie.

1. ....
2. ....
3. ....

■ Préciser la conséquence de la pancréatectomie sur l'homéostasie de la glycémie.

....

■ Proposer une explication aux effets de l'injection d'extraits pancréatiques et de la greffe.

....
....

Document 4 l'insuline et la glycémie postprandiale

Des mesures de la glycémie et de l'insulinémie sont réalisées chez un sujet sain. Au repas pris à 2 heures succède un jeûne. Ces mesures permettent d'obtenir le graphique suivant.

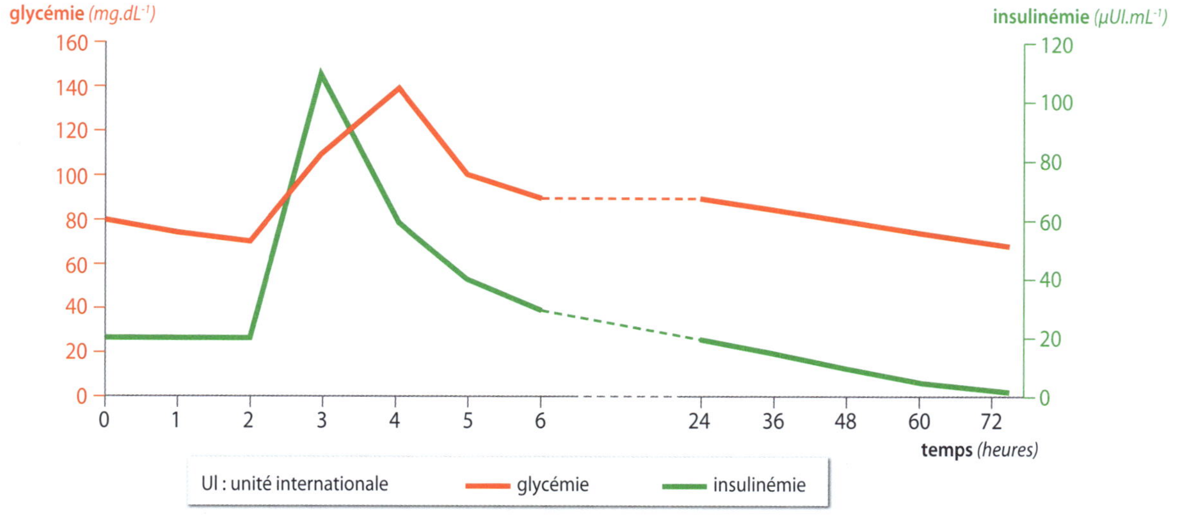

2.5. Analyser le graphique du **document 4**.

....

....

....

....

....

....

....

- Déduire le rôle de l'insuline sur la glycémie postprandiale.

....

....

- Proposer une hypothèse quant au stimulus qui déclenche da sécrétion d'insuline.

....

Document 5 le glucagon et la glycémie à jeun

Dans les conditions physiologiques, les apports de glucose sont discontinus ; cependant les besoins en glucose sont permanents. L'importance de ces besoins varie avec l'importance des efforts physiques fournis. Pourtant la glycémie reste globalement constante, même après un jeûne.
Une perfusion de glucagon est réalisée pendant 4 heures chez un sujet à jeun. Les variations de la glycémie sont reportées sur le graphique ci-contre.

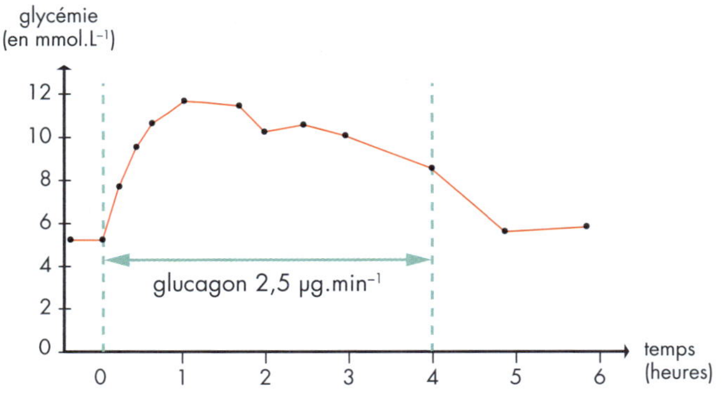

2.6. Analyser le graphique du **document 5**. Déduire le rôle du glucagon sur la glycémie.

....

....

....

....

■ Utiliser les observations du **document 5** pour évaluer les propositions suivantes. Cocher les propositions correctes.

☐ à jeun la sécrétion pancréatique de glucagon est stimulée
☐ au cours d'un effort physique la sécrétion pancréatique de glucagon est inhibée
☐ le stimulus de la sécrétion de glucagon est la diminution de la concentration sanguine de glucose

2.7. L'insuline et le glucagon sont deux hormones pancréatiques.

■ À partir des réponses précédentes, préciser les caractéristiques d'une hormone.

....

....

■ Comparer l'insuline et le glucagon : compléter le tableau.

l'hormone	l'insuline	le glucagon
l'origine cellulaire		
la cause de la sécrétion		
la conséquence de l'action		

■ Expliquer comment le pancréas participe à l'homéostasie glucidique.

....

....

....

....

3 Le foie, un acteur de l'homéostasie glucidique

AIDE
Revoir le thème de 1re ST2S « L'absorption et la malabsorption ».

Document 6 la vascularisation entéro-hépatique

Le schéma qui suit présente deux organes de l'appareil digestif et leur vascularisation.

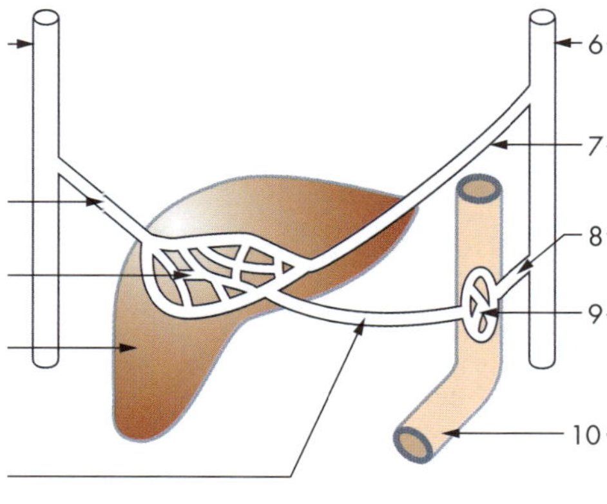

3.1. En utilisant les connaissances acquises, annoter le schéma du **document 6**.

- Indiquer le sens de la circulation du sang dans les vaisseaux à l'aide de flèches de couleur. Utiliser les couleurs conventionnelles représentant la nature du sang. Préciser la légende des couleurs.

Document 7 la mise en évidence du rôle du foie

Expériences A : des dosages du glucose sanguin sont réalisés chez un sujet dans deux conditions différentes : après un repas riche en glucides et après un jeûne. Les résultats sont reportés dans le tableau ci-dessous.

	la glycémie dans le vaisseau n° 5		la glycémie dans le vaisseau n° 2	
	en $mmol.L^{-1}$	en $g.L^{-1}$	en $mmol.L^{-1}$	en $g.L^{-1}$
après un repas riche en glucides	13,8	2,5	5,5	1,0
après un jeûne de deux jours	4,0	0,8	5,5	1,0

Expérience B : dans les mêmes circonstances, la mesure de la teneur en glycogène du foie donne les résultats reportés dans le tableau qui suit.

	la teneur en glycogène hépatique (en gramme de glycogène par kilogramme de foie)
3 heures après un repas riche en glucides	78
après un jeûne de 2 jours	40

3.2. Au brouillon, analyser les **expériences A** du **document 2**.

- Expliquer l'évolution de la glycémie dans le vaisseau n° 5.
  - à la suite du repas : ....
  - à la suite du jeûne : ....
- Proposer une hypothèse sur le rôle du foie qui explique la constance de la glycémie dans le vaisseau n° 2.

....

3.3. Analyser l'**expérience B** du **document 2**.

- Rappeler la structure moléculaire du glycogène.

....

- Préciser l'hypothèse proposée à la question **3.2** quant au rôle du foie dans la constance de la glycémie du vaisseau n° 2.
  - à la suite d'un repas : ....
  - à la suite d'un jeûne : ....

AIDE
Revoir le thème « Les aliments, les nutriments, les biomolécules ».

3.4. Définir les deux termes :

– la glycogénogenèse : ....
– la glycogénolyse : ....

■ Indiquer par une croix la circonstance qui correspond à chaque voie métabolique.

	la glycogénogenèse	la glycogénolyse
après un jeûne		
après un repas		

■ En cas d'apport excessif de glucose, une limite de la quantité de glycogène hépatique est atteinte. Le foie peut alors produire des lipides. Cocher le nom de la voie métabolique impliquée.

☐ la lipogenèse ☐ la lipolyse ☐ la lipogénolyse

■ Cocher les noms des cellules capables de stocker ces lipides.

☐ les hépatocytes ☐ les adipocytes

☐ les myocytes ☐ les neurones

3.5. Conclure en reliant les hormones pancréatiques aux voies métaboliques qu'elles stimulent. Préciser le nom de ces hormones.

l'hormone hypoglycémiante : .... ❶

l'hormone hyperglycémiante : .... ❷

ⓐ la glycogenèse

ⓑ la glycogénolyse

ⓒ la lipogenèse

ⓓ la lipolyse

ⓔ la glycolyse

4 Le système de régulation de la glycémie

VIDÉO

Au coeur des organes : la glycémie

lienmini.fr/10449-07

Document 8 le principe de la régulation hormonale

Dans les conditions physiologiques, la valeur de la glycémie reste relativement constante malgré les variations des apports et des besoins cellulaires. Cette adaptation est réalisée grâce à une régulation hormonale. Une telle régulation est une réaction qui répond à une stimulation.

Elle met en jeu en particulier les systèmes endocrinien et vasculaire.

Un **stimulus** est à l'origine de la synthèse d'une **hormone** par une **cellule endocrine**. Cette molécule est libérée dans le sang. Elle est distribuée dans tout l'organisme grâce à l'appareil cardiovasculaire. Une hormone agit donc à distance mais uniquement sur une **cellule cible** : une cellule qui possède le récepteur à cette hormone.

L'association entre l'hormone et le récepteur cellulaire modifie l'activité de la cellule cible : un **mécanisme cellulaire** s'active ; tant que l'hormone est présente, l'activité de la cellule cible est modifiée et donne lieu à une **réponse**.

La réponse de la cellule cible exerce un **rétrocontrôle**, c'est-à-dire un contrôle sur la cellule endocrine qui libère l'hormone :

– si la cellule endocrine réagit par l'augmentation de la sécrétion d'hormone, il s'agit d'un rétrocontrôle positif ;

– si la cellule endocrine réagit par une diminution de la sécrétion d'hormone, il s'agit d'un rétrocontrôle négatif.

Dans le cas de la régulation de la glycémie, les hépatocytes possèdent des récepteurs membranaires spécifiques à l'insuline. La fixation de l'insuline active ces récepteurs, qui réagissent avec des transporteurs membranaires spécifiques du glucose, et avec des enzymes cytoplasmiques. La fixation de l'insuline sur ses récepteurs facilite l'entrée du glucose dans la cellule et induit des modifications du métabolisme cellulaire. D'autres cellules, en particulier les myocytes et les adipocytes, possèdent ces mêmes récepteurs spécifiques à l'insuline : ils sont donc sensibles à l'action de cette hormone.

5.1. Compléter le schéma ci-dessous en utilisant les mots et expressions suivants : *cible, endocrine, une hormone, une réponse, un stimulus.*

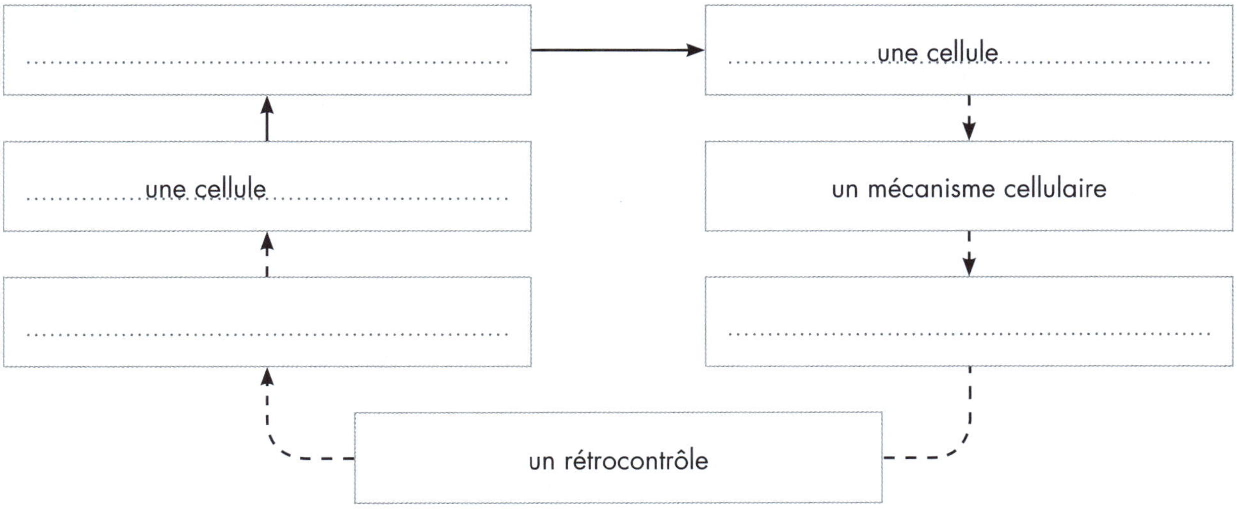

5.2. Rappeler les voies métaboliques stimulées par la fixation de l'insuline sur les récepteurs membranaires des hépatocytes :

....

■ Utiliser les connaissances pour compléter le schéma de la régulation de la glycémie postprandiale.

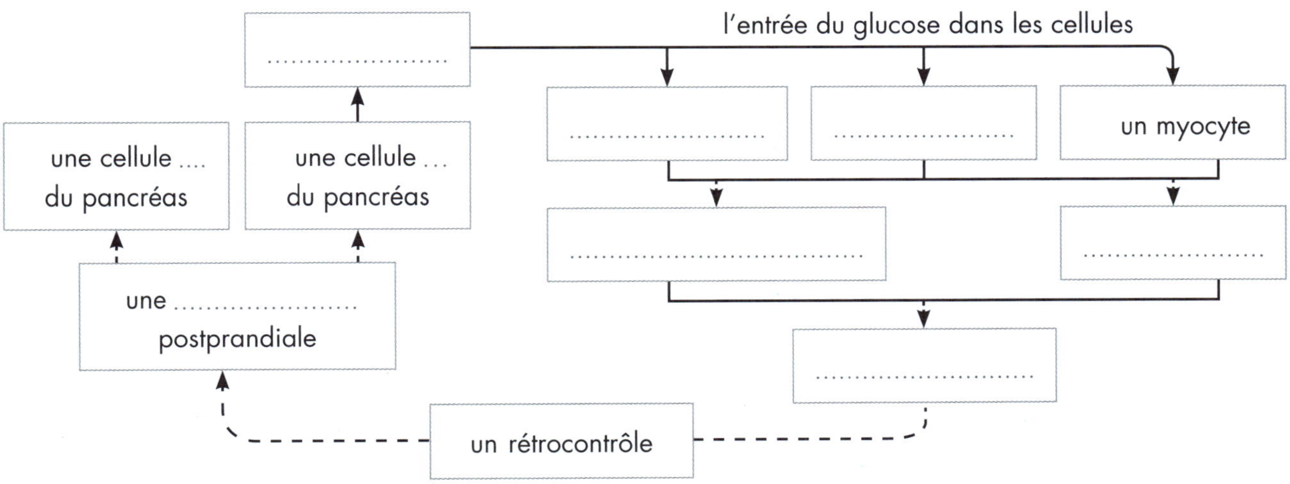

5.3. Réaliser un schéma équivalent à celui de la question **5.2** pour illustrer la régulation de la glycémie en période de jeûne.

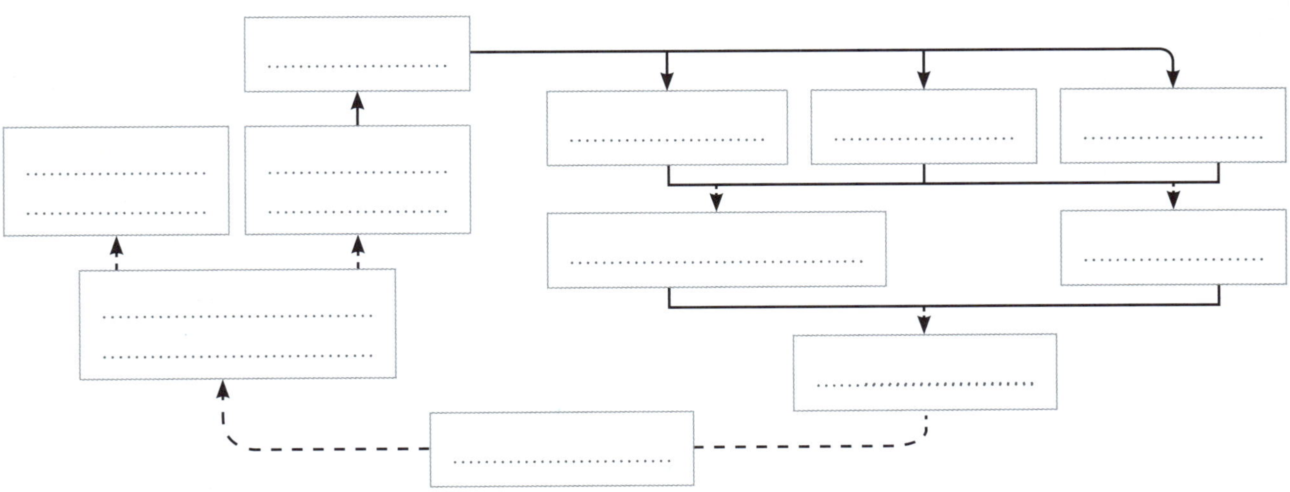

L'ESSENTIEL DU COURS

des définitions		
une cellule endocrine → *les cellules des îlots de Langerhans du pancréas endocrine*	une hormone → *l'insuline, le glucagon*	une cellule cible *les hépatocytes, les myocytes, les adipocytes*
une cellule capable de produire des hormones et de les libérer dans le sang	une biomolécule • produite par une cellule endocrine et libérée en faible quantité dans le sang • active uniquement sur les cellules cibles • capable de modifier le fonctionnement des cellules cibles	une cellule capable de modifier son activité grâce l'association entre une hormone et un récepteur spécifique

un mécanisme			
deux hormones antagonistes	**l'insuline**		**le glucagon**
deux origines cellulaires	les cellules β des ilots de Langerhans du pancréas		les cellules α des ilots de Langerhans du pancréas
deux conditions de sécrétion	une hyperglycémie		une hypoglycémie
des cellules cibles	**l'hépatocyte** (le myocyte, l'adipocyte)		
les actions sur les cellules cibles	l'entrée du glucose dans la cellule l'utilisation du glucose	*toutes les cellules cibles*	-
	la glycogénogenèse	*les hépatocytes les myocytes*	la glycogénolyse *
	la lipogenèse	*les adipocytes*	la lipolyse
le résultat	une hypoglycémie		une hyperglycémie

* le foie est le seul organe à pouvoir libérer dans le sang le glucose obtenu.

un schéma de l'intervention des hormones dans l'homéostasie glucidique

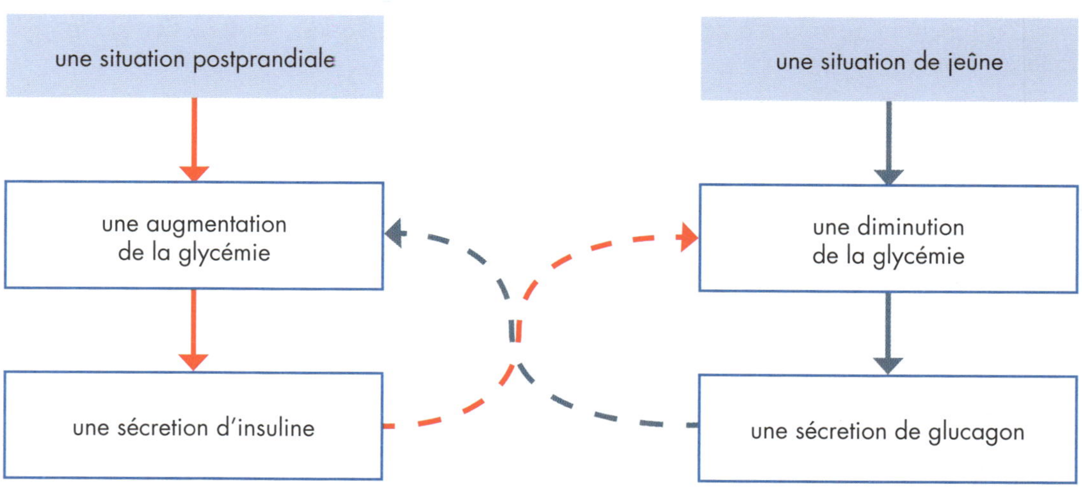

THÈME 3

Le milieu intérieur : perturbations et pathologies

Une défaillance des mécanismes de régulation du milieu intérieur peut être à l'origine de pathologies. Une perturbation de l'homéostasie glucidique conduit aux diabètes sucrés. Ils concernent, en France, près de 8 % de la population. Cette prévalence est en continuelle augmentation. Des substances extérieures à l'organisme peuvent également perturber l'homéostasie du milieu intérieur, puis le fonctionnement des cellules.

les notions et contenus	les capacités exigibles
un exemple de pathologie de la régulation du milieu intérieur : les diabètes de type 1 et 2 (l'étiologie, le diagnostic, les conséquences, les traitements et la prévention)	• comparer les signes cliniques et paracliniques des deux types de diabète • relier hyperglycémie, glycosurie, polyurie et polydipsie • expliquer l'origine de l'hyperglycémie pour chaque type de diabète • identifier les facteurs de risque, faire le lien avec les démarches de prévention • citer les principales conséquences pathologiques des diabètes • relier les principaux traitements à l'étiologie ou aux facteurs de risque
un exemple de perturbations du milieu intérieur par des xénobiotiques	• citer des exemples de xénobiotiques • repérer les conséquences de l'action d'un xénobiotique dans l'organisme • décrire le devenir d'un xénobiotique (absorption, distribution, métabolisme, stockage, élimination)

1 Les signes cliniques et paracliniques des diabètes de type 1 et 2

VIDÉO
Qu'est-ce que le diabète ?
lienmini.fr/10449-08

Document 1 deux cas cliniques

Le diabète de type 1
Monsieur A. est âgé de 19 ans. Il pèse 49 kg pour une taille de 1,71 m. Il se plaint d'une asthénie accompagnée d'un amaigrissement inhabituel de 4 kg alors que son entourage évoque une polyphagie et une polydipsie accompagnée d'une polyurie. À l'examen clinique, le médecin décèle une acidocétose. Les examens biochimiques révèlent d'autres signes : une hyperglycémie supérieure à 1,26 $g.L^{-1}$ après un jeûne d'au moins 8 heures, une glycosurie, une cétonurie.

Le diabète de type 2
Madame B. est âgée de 63 ans. Depuis plusieurs mois, elle souffre de polyurie et de polydipsie : elle décide de consulter son médecin. Au cours de l'interrogatoire, le médecin apprend qu'elle est sédentaire, qu'elle fume des cigarettes depuis l'âge de 15 ans, que ses parents et son frère sont diabétiques de type 2. L'examen physique révèle une hypertension (17·10). Madame D présente une un surpoids avec une masse actuelle de 98 kg pour une taille de 1,55 m. Elle précise que son poids était de 74 kg il y a 15 ans. Le médecin prescrit un examen biochimique du sang et des urines. Une hyperglycémie à jeun est évaluée à 2,3 $g.L^{-1}$, une hypertriglycéridémie est notée, ainsi qu'une glycosurie. Le médecin diagnostique un diabète de type 2.

1.1. Dans le **document 1**, relever les signes de monsieur A. et de madame B. Définir chacun des signes.
À l'aide d'une croix, repérer les 8 signes cliniques (SC) et les 5 signes paracliniques (SP)
Compléter le tableau.

le signe	la définition	SC	SP

■ Classer les signes présentés par monsieur A. et madame B. Compléter le tableau.

les signes	le diabète de type 1 le cas de monsieur A.	le diabète de type 2 le cas de madame B.
les signes distinctifs		
les signes communs caractéristiques des diabètes		

1.2. L'expression « diabète sucré » est souvent associée à ces deux pathologies. Justifier.

....

....

■ Le diabète de type 1 est parfois appelé le « *diabète maigre* » ou le « *diabète juvénile* ». Justifier l'usage de ces expressions.

....

■ Le diabète de type 2 est parfois appelé le « *diabète gras* ». Justifier l'usage de cette expression.

....

■ En France, le diabète de type 2 concerne 92 % des cas des diabétiques. Il se manifeste en général après 40 ans. De plus en plus d'adolescents ou d'enfants sont touchés. Citer 2 déterminants de santé associés à l'apparition d'un diabète de type 2.

1. ....

2. ....

2 Le rein et l'homéostasie glucidique

Document 2 le débit de glucose filtré, réabsorbé, excrété

Le tableau présente l'évolution des valeurs de trois débits de glucose en fonction de la glycémie :
- le débit de glucose filtré (DGF), la quantité de glucose transporté par minute depuis le plasma sanguin vers l'urine primitive ;
- le débit de glucose excrété (DGE), la quantité de glucose éliminé par minute dans l'urine définitive ;
- le débit de glucose réabsorbé (DGR), la quantité de glucose transporté par minute depuis l'urine vers le plasma sanguin.

glycémie ($mmol.L^{-1}$)	0	2	4	6	8	10	12	14	16	18	20
DGF ($mmol.min^{-1}$)	0	0,45	0,70	1,05	1,40	1,65	2,00	2,35	2,70	3,05	3,40
DGE ($mmol.min^{-1}$)	0	0	0	0	0,02	0,10	0,20	0,55	0,90	1,25	1,60
DGR ($mmol.min^{-1}$)											

Document 3 les courbes de débit de glucose filtré, réabsorbé, excrété

Le graphique ci-dessous présente une courbe construite à partir de valeurs du document 2 : le débit de glucose filtré au niveau du glomérule en fonction de la glycémie.

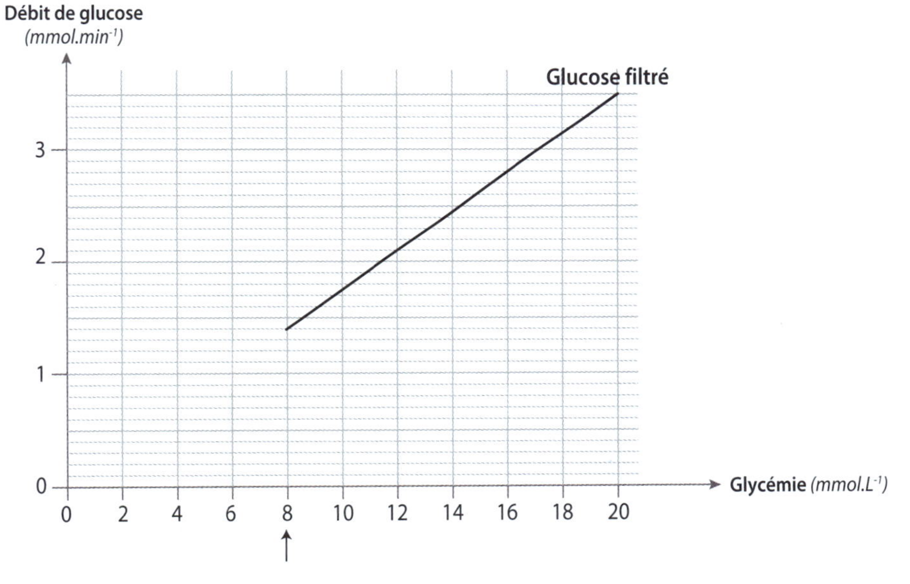

2.1. Rappeler le nom des deux structures du néphron qui réalisent la filtration rénale. Préciser le nom du liquide qu'elles contiennent.

1. .... 2. ....

■ Analyser la courbe du débit de glucose filtré au niveau du glomérule.

....

2.2. Rappeler le nom des trois structures du néphron dans lesquelles circule l'urine en formation :

....

■ À l'aide des données du **document 2**, tracer sur le **document 3** la courbe du *débit de glucose excrété* en fonction de la *glycémie*.

- Donner la valeur « *seuil* » de la glycémie à partir de laquelle le glucose est excrété dans l'urine définitive : ....

- Reporter cette valeur sur l'axe des abscisses du graphique.

2.3. Chez un sujet sain, l'urine ne contient pas de glucose. Rappeler le devenir du glucose urinaire chez un sujet sain : ....

....

- Chez un sujet diabétique, l'urine contient du glucose. Proposer une explication.

....

AIDE
D'après l'Assurance Maladie, un diabète est avéré si la glycémie à jeun est égal ou supérieur à 1,26 $g.L^{-1}$ lors de deux dosages successifs.

2.4. Proposer une explication au lien observée en cas de diabète entre l'*hyperglycémie* et la *glycosurie*.

....

....

....

2.5. Les valeurs des débits d'excrétion, de filtration et de réabsorption présentées par le **document 2** peuvent être reliées par une formule mathématique simple. Cocher la formule exacte dans le cas du glucose.

☐ DGR = DGF + DGE ☐ DGR = DGF – DGE ☐ DGR = DGE – DGF

- Utiliser cette formule pour calculer le *débit de glucose réabsorbé (DGR)* pour chaque valeur de la *glycémie* du **document 2**. Compléter le tableau.
- Reporter ces valeurs sur le graphique du **document 3**. Tracer la courbe du *débit de glucose réabsorbé* en fonction de la *glycémie*.
- Analyser cette courbe : ....

....

- Interpréter cette courbe : ....

....

- Sur le **document 3**, déterminer la capacité maximale de réabsorption rénale du glucose : ....

2.6. La *polyurie* et la *polydipsie* sont deux signes communs aux diabètes. Proposer une explication.

....

....

....

....

3 L'origine de l'hyperglycémie des diabètes

L'hyperglycémie est un signe commun aux deux types de diabètes sucrés, mais elle n'a pas la même origine. Les deux pathologies ont une étiologie différente.

Document 4 l'évolution de la glycémie chez deux sujets diabétiques

Le graphique présente l'évolution de la glycémie chez les deux patients du **document 1** : monsieur A. (la courbe A) et madame B. (la courbe B). Chaque patient reçoit au temps 0 une injection associant l'insuline et le glucose.

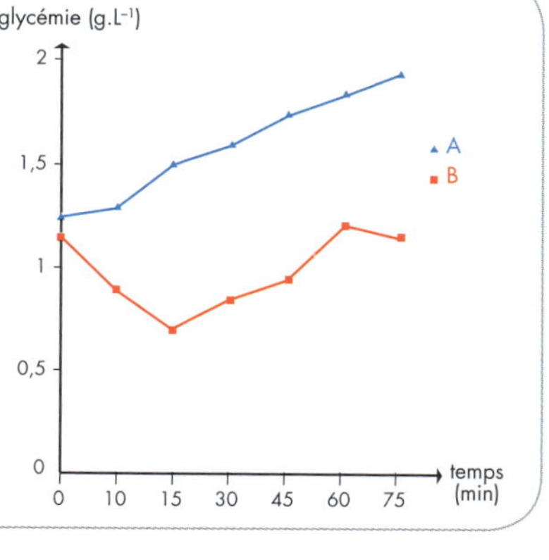

3.1. Analyser au brouillon puis interpréter les deux courbes. Conclure en associant chaque courbe au type de diabète correspondant.

	la courbe A	la courbe B
l'interprétation		
le type de diabète		

3.2. En utilisant les connaissances sur les hormones, proposer une hypothèse quant à l'origine cellulaire du diabète de type 2 : ....

Document 5 une étude histologique du pancréas

Le tableau ci-dessous présente la masse moyenne de pancréas, de cellules α et de cellules β de sujets non diabétiques ou atteints de diabète de type 1 ou 2.

le type de patients	la masse totale du pancréas (en g)	la masse du pancréas endocrine (en mg)	les cellules α (en mg)	les cellules β (en mg)
non diabétiques	82	1 395	225	850
diabétiques de type 1	40	413	150	0
diabétiques de type 2	75	1 445	825	375

3.3. Analyser au brouillon les données du **document 5**.

- Déduire la différence histologique fondamentale qui distingue les deux types de diabètes.

....

....

....

....

- Proposer une conséquence de la présence de ces anticorps sur le pancréas.

....

- Déduire le type de diabète pour lequel ce test immunologique est positif :

....

3.4. Analyser au brouillon les courbes du **document 6**.

Document 6 des mesures de l'insulinémie en fonction du temps

L'insulinémie est mesurée chez deux sujets différents selon les mêmes conditions expérimentales.
Seul l'un des sujets est atteint par un diabète de type 1.

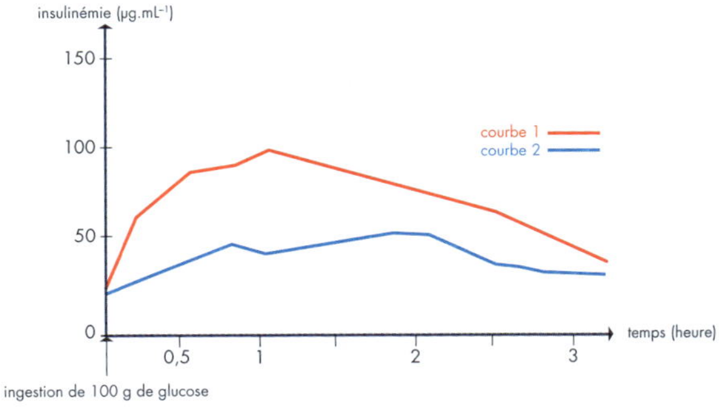

Document 7 l'étiologie du diabète de type 1

Le diabète de type 1 apparaît à cause de la lésion sélective, voire de la destruction, de cellules β du pancréas par le propre système immunitaire de l'organisme. Cette destruction provoque un manque important, voire une absence de sécrétion d'insuline.

Dans les conditions physiologiques, le système immunitaire est capable de faire la distinction entre les éléments qui le constituent (*le soi*) et les éléments qui lui sont étrangers (*le non soi*). Le système immunitaire reconnaît les éléments du *non-soi*, puis il réagit contre eux de manière adaptée. Dans le cas du diabète de type 1, le système immunitaire reconnaît à tort des éléments des cellules β comme étrangers à l'organisme. Le système réagit et produit, en particulier, des anticorps spécifiques dirigés contre des récepteurs membranaires des cellules β, l'insuline elle-même ou des enzymes intervenant dans la synthèse de cette hormone. Ces anticorps provoquent alors la destruction de ces éléments. Le diabète de type 1 est donc une maladie auto-immune : l'organisme détruit lui-même ses propres structures.

Il existe une « susceptibilité » d'origine génétique, c'est-à-dire une sensibilité plus grande que la moyenne, pour des individus possédant certains gènes impliqués dans la reconnaissance du soi (par exemple HLA-DR3 et HLA-DR4). Il existe aussi d'autres facteurs déclenchants, viraux ou environnementaux.

Cinq à dix ans sont nécessaires pour mettre le processus auto-immun en place. Les troubles du diabète de type 1 apparaissent quand il reste 10 à 20 % des cellules β fonctionnelles. En conséquence, ce type de diabète est diagnostiqué chez des sujets jeunes, en général, avant l'âge de 30 ans. Les premiers signes de la maladie apparaissent quand le nombre de cellules β devient trop faible.

3.5. Certains événements présentés dans le texte du **document 7** sont repris, dans le désordre, dans la liste ci-dessous. Classer les événements dans leur ordre chronologique en leur attribuant les chiffres 1 à 5.

A	une destruction d'éléments des cellules β par le système immunitaire	....
B	une production d'anticorps spécifique	....
C	un manque ou une absence d'insuline	....
D	une hyperglycémie	....
E	une reconnaissance d'éléments des cellules β par le système immunitaire comme appartenant au non soi	....

Document 8 l'étiologie du diabète de type 2

Le diabète de type 2 dépend d'une combinaison de facteurs génétiques et environnementaux et de facteurs liés au mode de vie. Plusieurs gènes de prédisposition à cette pathologie sont actuellement connus. Chez un sujet génétiquement prédisposé, le surpoids, et plus précisément une accumulation de graisses abdominales, conduit à une insulino-résistance : les cellules-cibles deviennent insensibles à l'insuline.

Le tissu adipeux viscéral libère une grande quantité d'acides gras et de glycérol dans le sang. Au niveau du foie, ces lipides sont utilisés pour la synthèse de glucose hépatique. Au niveau musculaire, les acides gras sont utilisés préférentiellement au glucose comme source d'énergie ; le stock de glycogène musculaire reste intact, ce qui inhibe la glycogénogenèse.

Tous ces processus concourent à une augmentation de la glycémie.

Au début de la maladie, l'insuline est produite normalement par les cellules β des îlots de Langerhans du pancréas. L'augmentation de la glycémie entraîne une augmentation de la production d'insuline. Au fur et à mesure de l'évolution de la maladie, les cellules β s'épuisent, leur production d'insuline diminue jusqu'à devenir nulle.

Le diabète de type 2 est donc le résultat de deux phénomènes : d'abord une résistance à l'insuline, ensuite l'épuisement du pancréas.

L'effet conjugué de l'insulino-résistance et de la diminution de la sécrétion d'insuline (l'insulinopénie) se solde par une aggravation de l'hyperglycémie.

3.6. Certains événements présentés dans le texte du **document 8** sont repris, dans le désordre, dans la liste ci-dessous. Classer les événements dans leur ordre chronologique en leur attribuant les chiffres 1 à 5.

A	une diminution de la production d'insuline	....
B	une résistance des cellules cibles à l'action de l'insuline	....
C	une hyperglycémie	....
D	une prise de poids	....
E	une augmentation de la production d'insuline	....

4 Les conséquences pathologiques des diabètes

Document 9 des complications de l'hyperglycémie

Les conséquences pathologiques des diabètes sucrés sont des complications liées à l'hyperglycémie.
Celle-ci perturbe principalement quatre types d'appareils ou systèmes : l'appareil cardio-vasculaire, l'appareil urinaire, le système nerveux et l'appareil respiratoire.

L'atteinte des petits vaisseaux et des capillaires sanguins (une microangiopathie) est à l'origine de :
– **rétinopathies** ; elles peuvent conduire à une **cécité** ;
– **néphropathies** ; elles se manifestent par une protéinurie, voire par des infections urinaires à l'origine d'une **hématurie** ; elles peuvent conduire à une insuffisance rénale ;
– **neuropathies** : les nerfs atteints ainsi que les manifestations sont variés : des **paresthésies**, des **anesthésies**, des **diarrhées**.

L'atteinte des vaisseaux de diamètre important (une macroangiopathie) est à l'origine d'une **artériosclérose** et d'une **athérosclérose** dont l'une des conséquences est un **infarctus** du myocarde. Elle est plus fréquente dans le cas du diabète de type 2, les patients étant plus âgés.
L'association d'angiopathies et de neuropathies est à l'origine du « pied diabétique » : le pied du patient, mal irrigué et non douloureux, se **gangrène**. En France, 8 000 à 10 000 amputations d'un orteil, du pied ou de la jambe, sont imputables au diabète. 5 à 10 % des diabétiques sont concernés.

4.1. Associer chaque terme en gras du **document 9** à sa définition.

	la définition	le terme
1	la présence de sang dans les urines	
2	la mort et la putréfaction d'un tissu	
3	une affection de la rétine	
4	une affection du rein	
5	une affection du système nerveux	
6	une nécrose d'un tissu par l'obstruction de l'artère qui assure son irrigation	
7	le processus dégénératif caractérisé par une modification progressive de la structure de la paroi d'une artère associant une sténose (par un dépôt d'athérome) et une sclérose (par calcification de ce dépôt)	
8	une sensation de fourmillement	
9	une absence de sensibilité	
10	une émission de selles liquides	
11	le durcissement de la paroi d'une artère	
12	la perte de la vue	

Le coma acidocétosique est une complication des diabètes sucrés : il peut mener à la mort. Les cétones proviennent de la lipolyse dans les hépatocytes et les adipocytes. Elles s'accumulent dans le sang et provoquent la baisse de son pH, donc son acidification. Une *polypnée* avec une *halitose* caractéristique s'installe : l'excès d'acide est éliminé. Des nausées, des vomissements, une *hypothermie* apparaissent.

4.2. Relier chaque terme à sa définition.

une polypnée ❶	ⓐ une mauvaise haleine
une halitose ❷	ⓑ une température corporelle basse
une hypothermie ❸	ⓒ une respiration rapide et superficielle

5 Facteurs de risque, démarches de prévention et traitements

VIDÉO
Le pancréas artificiel
lienmini.fr/10449-09

5.1. À partir des **documents 1**, **7** et **8**, repérer les facteurs favorisants (ou déclenchants) des diabètes de monsieur A. et madame B. Pour chaque cas, proposer un éventuel moyen de prévention possible.

	le cas de monsieur A.	le cas de madame B.
le type de diabète		
les facteurs favorisants		
un moyen de prévention envisageable		

5.2. Indiquer le traitement actuellement utilisé dans le cas de monsieur A : ....

■ Préciser le mode d'administration de ce traitement.

....

....

....

■ Proposer un traitement qui pourra être envisagé pour monsieur A : ....

4.3. Le traitement de madame B. consiste en une adaptation de ses habitudes de vie, tant sur son régime alimentaire que sur son activité physique. Préciser deux adaptations du régime alimentaire qui doivent être prescrites à madame B. Argumenter.

....

....

....

■ Justifier la mise en place d'une activité physique :

....

■ Des médicaments hypoglycémiants peuvent être associés à ce traitement. Expliquer pourquoi une mauvaise application de ce traitement présente un danger : ....

6 Les xénobiotiques

Document 9 une rencontre entre la chimie et la biologie

À partir du XIXe siècle, et surtout depuis la fin de la Seconde Guerre mondiale, les progrès de la chimie ont été utilisés au service de l'être humain, dans de nombreux domaines, tels que la médecine, les transports, l'agriculture…
Ce n'est qu'au XXIe siècle, grâce à des sciences telles que la toxicologie et l'écologie, que la médecine prend conscience que des produits insoupçonnés, considérés comme bénéfiques dans un domaine donné, sont responsables de problèmes de santé. Des substances, présentes dans l'environnement (l'eau, l'air ou le sol), peuvent pénétrer dans l'organisme humain et causer des troubles de santé plus ou moins importants. Ces molécules, étrangères à l'organisme, sont regroupées sous le nom de *xénobiotique*.
Trois exemples : le bisphénol A (présent dans les plastiques jusqu'en 2010), les dioxines (libérées lors de toute combustion, y compris celle des déchets verts de jardins), les pesticides dont le glyphosate, l'herbicide le plus courant (utilisés pour lutter contre des organismes considérés comme nuisibles, y compris dans nos habitations).
Chaque produit présente un bénéfice que nous avons exploité, jusqu'à découvrir, progressivement, leur danger. Les bénéfices et les dangers d'un xénobiotique sont liés à ses propriétés particulières, sa taille ou sa solubilité dans l'eau ou les graisses. Chacun agit au niveau cellulaire.
La toxicité d'un xénobiotique peut être aiguë (à effet immédiat) : les signes sont rapidement présents, le produit peut conduire à un décès en fonction de la dose (ex : les dioxines).
La toxicité est souvent chronique (à effet sur le long terme). Le xénobiotique peut être un perturbateur neuroendocrinien* (ex. : le bisphénol A), un reprotoxique (ex. : le toluène, un solvant), un mutagène voire un cancérogène (ex. : le formaldéhyde de certaines colles ou issus de combustion), un tératogène (ex. : les médicaments interdits lors de la grossesse)…
Le lien scientifique entre un produit donné et le risque en termes de santé est parfois complexe et long à tisser. La toxicité de chaque produit dépend de la dose du produit, de la voie d'administration et de la durée d'exposition.

* qui agit sur les cellules nerveuses et les cellules endocrines

6.1. Le terme « xénobiotique » est composé des unités de sens *xén(o)-* et *bi(o)-*. Définir ces unités de sens.

....

■ D'après le texte du **document 10**, donner une définition d'un xénobiotique.

....

6.2. Citer trois sources environnementales de xénobiotiques.

1. ....
2. ....
3. ....

■ Donner trois exemples de situations au cours desquelles une personne peut être en présence d'un xénobiotique.

....
....
....

6.3. Un xénobiotique rejoint le milieu intérieur par des *voies d'entrée* et à l'aide de *moyens*. Donner trois exemples de xénobiotiques, en indiquant pour chacun le moyen par lequel il pénètre dans l'organisme, sa voie d'entrée, puis l'appareil ou le système qui permet son passage du *milieu extérieur* vers le *milieu intérieur*. Compléter le tableau.

un exemple de xénobiotique	le moyen	la voie d'entrée	l'appareil / le système concerné
	une ingestion		
		la voie cutanée	

- Le schéma ci-dessous représente l'organisme placé dans son environnement, ainsi que ses différents compartiments.
  - Tracer les trois chemins parcourus par trois xénobiotiques de l'environnement jusqu'à une cellule dans les trois cas suivants : la voie cutanée (en rouge), la voie respiratoire (en vert), la voie digestive (en bleu).
  - À l'aide d'une croix, repérer les trois sites d'absorption possible d'un xénobiotique, à savoir le site d'échange entre le milieu extérieur et le milieu intérieur.

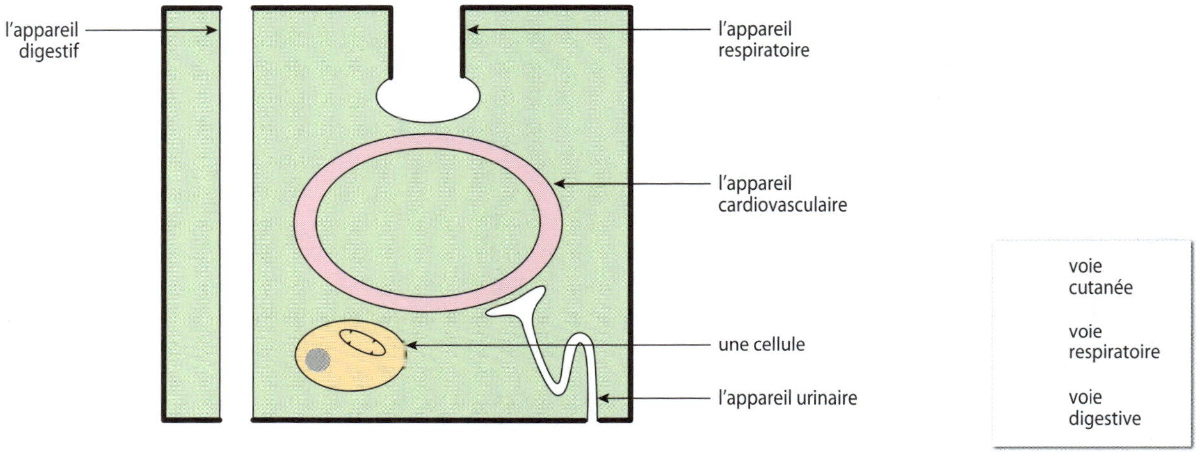

Note : les échelles biologiques ne sont pas respectées.

- L'absorption d'un xénobiotique dans l'organisme dépend de la nature de la barrière à franchir pour rejoindre le milieu intérieur. Relier chacune des caractéristiques à la voie d'entrée du xénobiotique.

il traverse un épithélium pluristratifié pour rejoindre le milieu intérieur (*MI*) **1**	**a** la voie respiratoire
il passe directement de l'intestin grêle au foie par le système porte-hépatique **2**	**b** la voie cutanée
il est distribué dans le *MI* avant d'avoir atteint le foie, puis excrété par les voies biliaire et urinaire **3**	**c** la voie digestive

- Nommer l'appareil (du système) qui permet la distribution du xénobiotique dans l'organisme :

....

- Un xénobiotique présent dans l'organisme d'une femme enceinte peut agir sur le fœtus.
  Proposer une explication.

....

....

6.4. Repérer dans le texte du **document 10** trois exemples de xénobiotiques. Préciser les conséquences possibles de l'action d'un xénobiotique dans l'organisme à long terme.

l'exemple de xénobiotique	la conséquence

- Un xénobiotique est une molécule capable de rejoindre le milieu intracellulaire. Les propositions suivantes précisent les conséquences possibles de la présence d'un xénobiotique dans le milieu intracellulaire. Barrer la proposition fausse.

– être métabolisé en une molécule plus dangereuse et provoquer des lésions, voire la mort cellulaire
– être métabolisé en une molécule moins dangereuse, puis évacué de l'organisme
– avoir une conséquence identique quelle que soit la dose du produit
– être stocké, en particulier dans le tissu adipeux quand il est hydrophobe
– provoquer immédiatement des troubles, voire la mort de la cellule
– ne provoquer aucun trouble immédiat, une accumulation étant indispensable pour provoquer, sur un long terme, des troubles de type neuro-endocriniens (ex : maladie de Parkinson et Alzheimer)

- Une cellule est capable de métaboliser de nombreux xénobiotiques grâce à des systèmes de défense qui mettent en jeu des enzymes. Les produits obtenus sont évacués ou excrétés vers le milieu extracellulaire, puis éliminés ou rejetés dans l'environnement.

• Rappeler la définition d'une enzyme :

....

• Nommer deux organes capables d'éliminer les xénobiotiques et leurs dérivés. Préciser pour chacun le nom du produit d'excrétion.

1. ....
2. ....

6.5. La lutte contre les xénobiotiques met en œuvre des actes de prévention, réalisables par plusieurs acteurs. Relier chaque acte à l'acteur qui la met en œuvre.

l'identification de la toxicité d'un produit	1	a	un consommateur
la baisse du seuil des normes autorisées	2	b	un industriel
le respect de la réglementation	3	c	un parlementaire / un gouvernement
la lecture critique d'un étiquetage de produit	4	d	un préfet / un maire
la gestion de la situation en cas de crise	5	e	un scientifique

L'ESSENTIEL DU COURS

un exemple de pathologies de la régulation du milieu intérieur : les diabètes sucrés

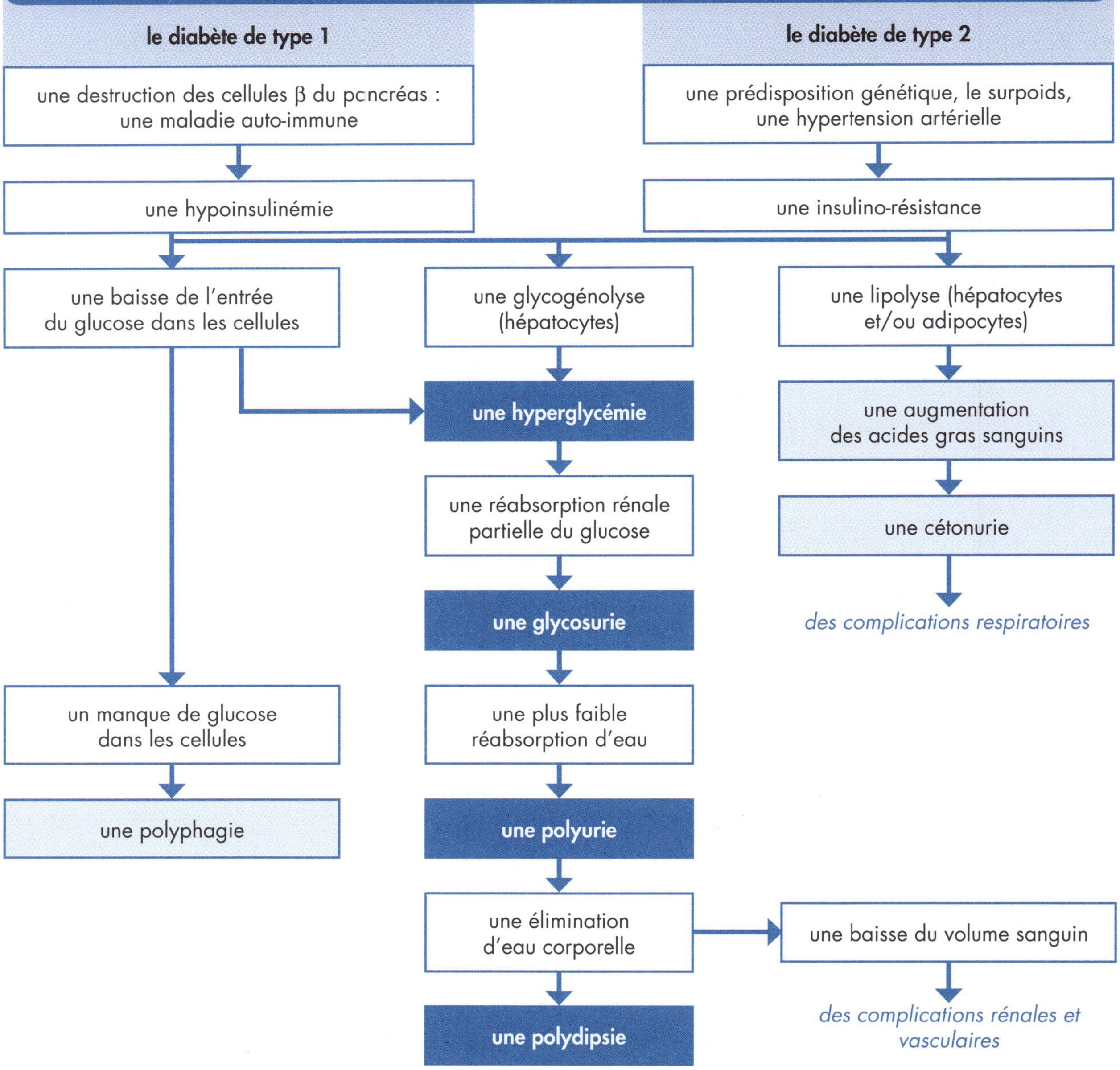

un exemple de perturbations du milieu intérieur par les xénobiotiques

une définition : une molécule présente dans l'organisme vivant, mais qui lui est étrangère et qui a sur lui un effet toxique

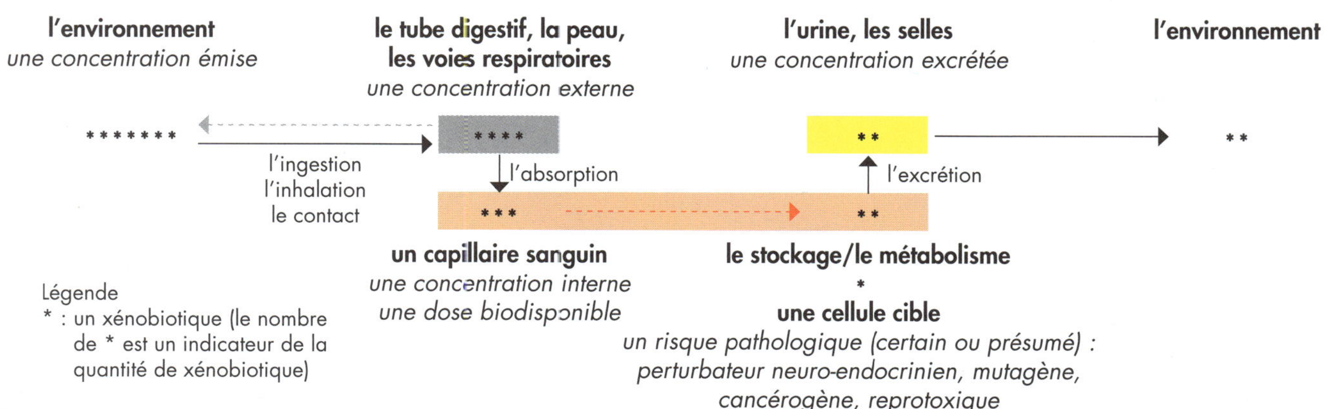

ENTRAÎNEMENT

+ DE TESTS EN LIGNE
lienmini.fr/10449-10

6

Terminologie

Compléter les tableaux

les unités de sens	la signification	les unités de sens	la signification
glyc(o)-		néphr(o)-	
glycogén(o)-			l'urine
	l'insuline		l'étranger

les termes	les définitions
la diurèse	
la polydipsie	

Testez-vous

THÈME 1

1. Citer les compartiments liquidiens de l'organisme. Préciser le(s) compartiment(s) qui constitue(nt) le milieu intérieur, au sens strict puis au sens large.
2. Présenter deux exemples d'échanges entre le milieu intérieur et le milieu extérieur.
3. Citer quatre organes de l'appareil urinaire.
4. Localiser un néphron. Citer dans l'ordre anatomique les quatre structures qui le composent.
5. Décrire la vascularisation d'un néphron.
6. Présenter les fonctions du néphron.

THÈME 2

7. Définir l'homéostasie ; citer un exemple de constante homéostasique, sa valeur et son unité.
8. Définir une glande endocrine. Donner un exemple de glande endocrine.
9. Décrire l'histologie du pancréas.
10. Définir une hormone ; nommer les hormones qui interviennent dans la régulation de la glycémie.
11. Présenter le rôle du foie dans la régulation de la glycémie.
12. Schématiser la régulation de la glycémie :
    – en situation postprandiale ;
    – en situation de jeûne.
13. L'injection intraveineuse d'une substance chimique (l'alloxane) à un animal provoque la destruction des cellules β des îlots de Langerhans du pancréas et des troubles analogues à ceux constatés après une ablation totale du pancréas : la glycémie augmente et le taux de glycogène hépatique diminue. Une greffe de pancréas sous la peau du cou fait disparaître ces troubles.
    À partir de ces observations, expliquer le mode d'action du pancréas.

THÈME 3

14. Indiquer le principal signe commun aux deux types de diabètes sucrés. Présenter l'intervention du rein pour expliquer trois autres signes communs : la glycosurie, la polyurie et la polydipsie.
15. Donner l'origine de l'hyperglycémie dans le diabète de type 1.
16. Présenter l'origine, les mesures de prévention et les traitements du diabète de type 2.
17. Citer cinq conséquences pathologiques communes aux deux types de diabètes sucrés.
18. Une contrainte pour tout diabétique est le suivi régulier de sa glycémie pour éviter les écarts trop importants. Deux méthodes existent : la glycémie capillaire et la glycémie interstitielle. Donner le principe de chaque méthode.
19. Citer trois exemples de xénobiotiques. Justifier l'expression « perturbateur du milieu intérieur » attribuée aux xénobiotiques.
20. Citer les différentes étapes suivies par un xénobiotique dans l'organisme

Mobilisez vos compétences

■ **SUJET 1 : Le milieu intérieur et sa régulation**

① Répartition générale des compartiments liquidiens

1.1. Le **document 1** représente les différents compartiments liquidiens de l'organisme.
Donner les noms des éléments repérés par les numéros 1 à 6 et les noms des compartiments liquidiens repérés par les lettres A, B, C et D.

1.2. Définir le « milieu intérieur ».

② Intervention des reins dans l'homéostasie

Grâce à l'intervention de mécanismes régulateurs, le milieu intérieur présente une remarquable constance de température, de pH et de composition chimique, qui confère à l'organisme une relative autonomie vis-à-vis du milieu extérieur. Dans le maintien de la composition chimique, les reins jouent un rôle essentiel.

2.1. Dessiner et annoter l'appareil urinaire (sans sa vascularisation).

2.2. Les **documents 2 et 3** représentent une coupe longitudinale d'un rein et le schéma d'un néphron. Donner les annotations correspondant aux numéros 1 à 12 des **documents 2 et 3**.

2.3. Indiquer dans quelles régions, représentées sur la coupe longitudinale du rein, sont situés les éléments 8 et 12 du néphron.

2.4. Le **document 4** représente le schéma d'un néphron et sa vascularisation. Annoter ce schéma. À l'aide de flèches aux couleurs conventionnelles, indiquer la nature du sang (hématosé ou non) et le sens de circulation.

2.5. Le tableau ci-dessous mentionne les concentrations de quelques constituants du plasma sanguin, de l'urine primitive du patient A et de l'urine définitive des patients A et B.

substances dosées	glucose en mmol.L^{-1}	sodium en mmol.L^{-1}	ammonium en mmol.L^{-1}	protéines en g.L^{-1}
plasma sanguin	5	139	0	75
urine primitive de A	5	139	0	0
urine définitive de A	0	200	25	0
urine définitive de B	2	190	24	3

- Comparer les compositions du plasma et de l'urine primitive du patient A. En déduire l'une des fonctions des reins.
- Comparer l'urine primitive et l'urine définitive du patient A, en analysant précisément les données du tableau pour le glucose, pour les ions sodium (Na^+), pour les ions ammonium (NH_4^+). En déduire d'autres fonctions des reins.
- Interpréter la donnée suivante : en une minute, 130 mL d'urine primitive conduisent à 1 mL d'urine définitive.
- Citer les anomalies présentées par le patient B.

Document 1 compartiments liquidiens de l'organisme

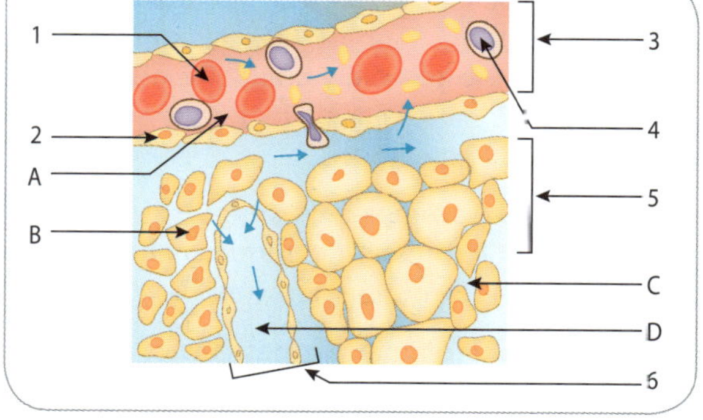

Document 2 coupe longitudinale d'un rein

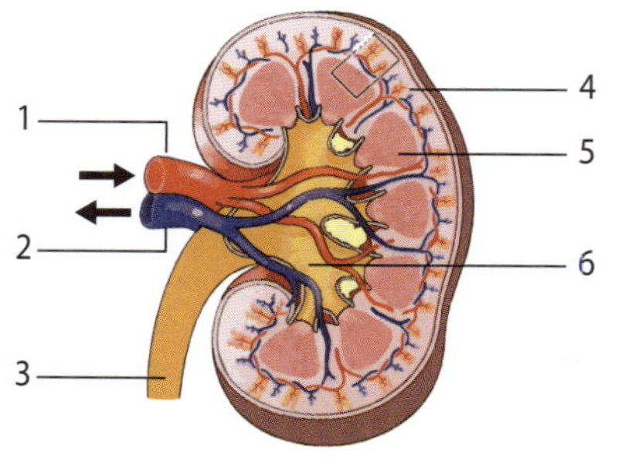

Document 3 schéma d'un néphron

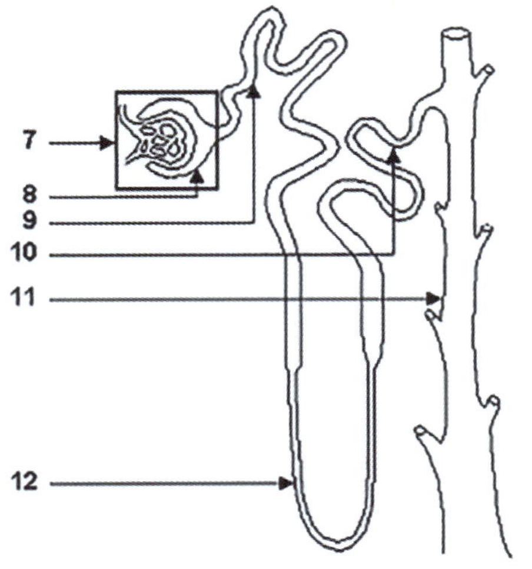

Document 4 schéma d'un néphron et de sa vascularisation

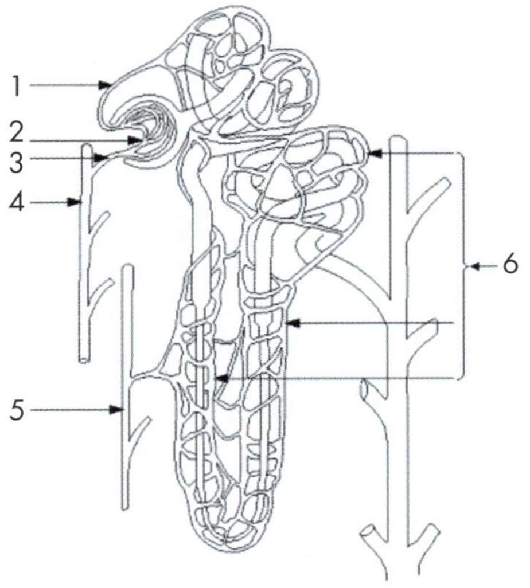

■ SUJET 2 : Les acteurs de l'homéostasie glucidique

1 Le rôle du foie

Le texte suivant est écrit par Claude Bernard en 1855 et le **document 1** présente les relations métaboliques entre le foie, les muscles et le tissu adipeux.

« J'ai nourri un chien adulte, vigoureux et bien portant, qui depuis quelques jours était nourri exclusivement avec de la viande, et je le sacrifiai par la section du bulbe rachidien, sept heures après un repas copieux de tripes. Aussitôt l'abdomen fut ouvert ; le foie enlevé en évitant de blesser son tissu, et cet organe encore tout chaud et avant que le sang eût le temps de se coaguler dans ses vaisseaux, fut soumis à un lavage à l'eau froide par la veine porte […].
Sous l'influence de ce lavage énergique, le foie se gonflait, la couleur du tissu pâlissait, et le sang était chassé avec l'eau qui s'échappait en jet fort par les veines hépatiques […].
J'avais constaté au début de l'expérience que l'eau colorée en rouge qui jaillissait par les veines hépatiques était sucrée […].
Je laissai ce foie soumis à ce lavage continu pendant quarante minutes sans interruption. […]
J'abandonnai alors dans un vase ce foie à température ambiante, et en revenant vingt-quatre heures après, je constatai que cet organe bien lavé de son sang, que j'avais laissé la veille complètement privé de sucre, s'en trouvait alors pourvu très abondamment. »

Document 1 relations métaboliques entre foie, muscles et tissu adipeux

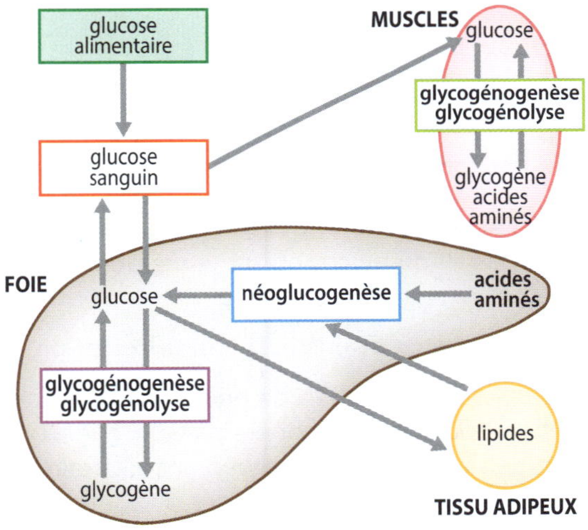

1.1. Utiliser le **document 1** pour proposer une définition des trois termes suivants : glycogénogenèse, glycogénolyse et néoglucogenèse.

1.2. Analyser l'expérience de Claude Bernard. En déduire la fonction du foie mise en évidence à l'aide du **document 1**.

② Le rôle du pancréas

Les **graphiques n° 1** présentent les variations de la glycémie et de la teneur du foie en glycogène suite à l'injection d'insuline au temps 0, chez un sujet sain à jeun.

Le **graphique n° 2** présente la variation de la teneur hépatique en glycogène au cours d'une perfusion de glucagon pendant 4 heures chez un sujet sain.

Graphiques n° 1

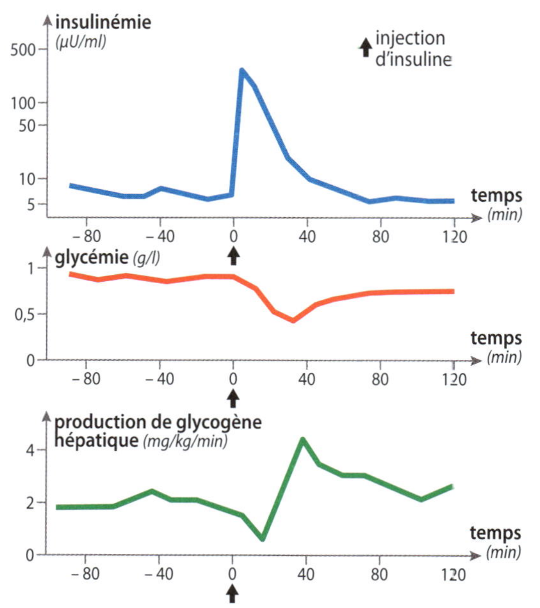

Graphique n° 2

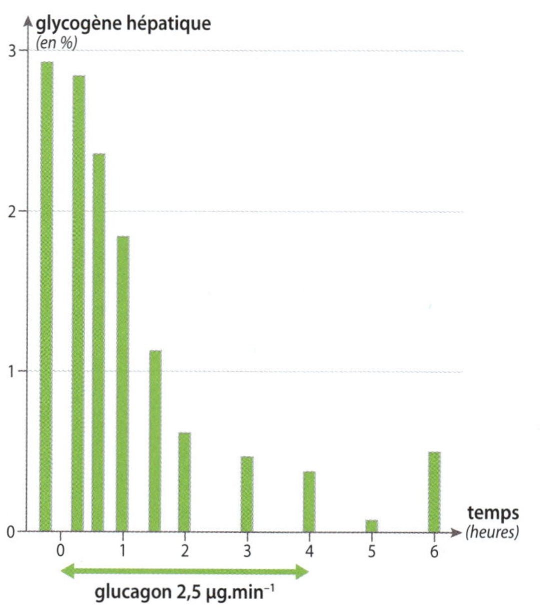

2.1. Analyser les **graphiques n° 1**.

- Déduire l'action de l'insuline sur le métabolisme hépatique du glucose.

2.2. Analyser le **graphique n° 2**.

- Déduire l'action du glucagon sur le métabolisme hépatique du glucose.

■ SUJET 3 : Diabètes et insuline – Manifestation et caractérisation du diabète

En France, on estime que plus de deux millions de personnes sont atteintes de diabète, ce qui représente 3,5 % de la population. Le diabète de type 1, encore appelé diabète juvénile, est causé par une disparition de l'insuline consécutive à une altération du pancréas. Le diabète de type 2, qui apparaît souvent après la quarantaine chez des personnes en surpoids, est caractérisé par une insulino-résistance. Ces diabètes sont accompagnés de signes cliniques plus ou moins marqués, tels que **polyurie** et **polydipsie**. Le diagnostic est confirmé par des dosages sanguins et urinaires de glucose révélant une **hyperglycémie** et une **glycosurie**.

Nathalie, 39 ans, présente une surcharge pondérale importante (indice de masse corporelle à 29 kg.m^{-2}) et se plaint de mictions fréquentes ; son médecin lui prescrit un test d'hyperglycémie provoquée par voie orale (HGPO) afin de diagnostiquer un diabète éventuel.

Lors du test HGPO, le patient doit absorber 75 g de glucose dissous dans 250 mL d'eau en moins de 5 minutes. On dose le glucose sanguin à jeun, juste avant l'ingestion (temps 0), puis régulièrement après celle-ci pendant 3 heures. Parallèlement, on peut étudier l'insulinémie (concentration plasmatique de l'insuline) durant le test.

Les résultats obtenus chez Nathalie sont consignés dans le tableau suivant :

temps (heures)	0	0,5	1	1,5	2	2,5	3
glycémie g.L⁻¹	1,2	1,9	2,2	2	1,8	1,6	1,4
insulinémie	Pendant le test, aucune anomalie portant sur l'insulinémie n'a été observée						

1. Définir les quatre termes en caractères gras et soulignés dans le texte.
2. Reporter sur le document les valeurs de la glycémie relevées chez Nathalie au cours du test HGPO et tracer la courbe correspondante.
3. Comparer la glycémie à jeun de Nathalie à celle de l'individu sain. Comment la glycémie évolue-t-elle chez un individu sain suite au test HGPO ? Que constate-t-on chez Nathalie pour ce même test ?
4. Une glycosurie a été constatée chez Nathalie durant ce test. À l'aide des courbes du document, expliquer cette observation.
5. Suite à ce test, le médecin indique à Nathalie qu'il redoute l'installation d'un diabète. De quel type de diabète s'agit-il dans ce cas ? Justifier la réponse.

Document résultats de différents tests HGPO : évolution de la glycémie en fonction du temps

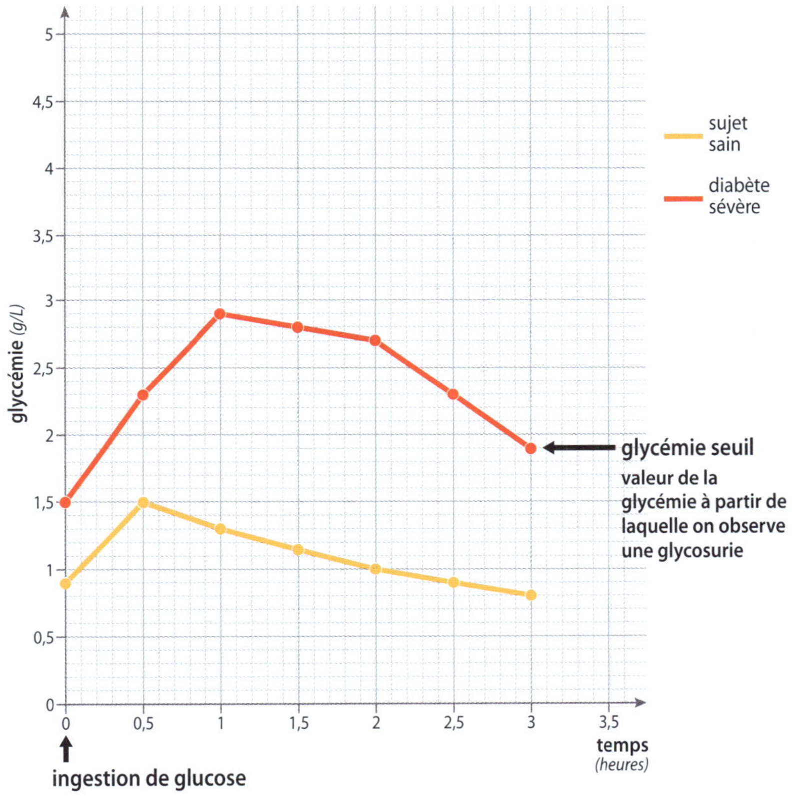

7

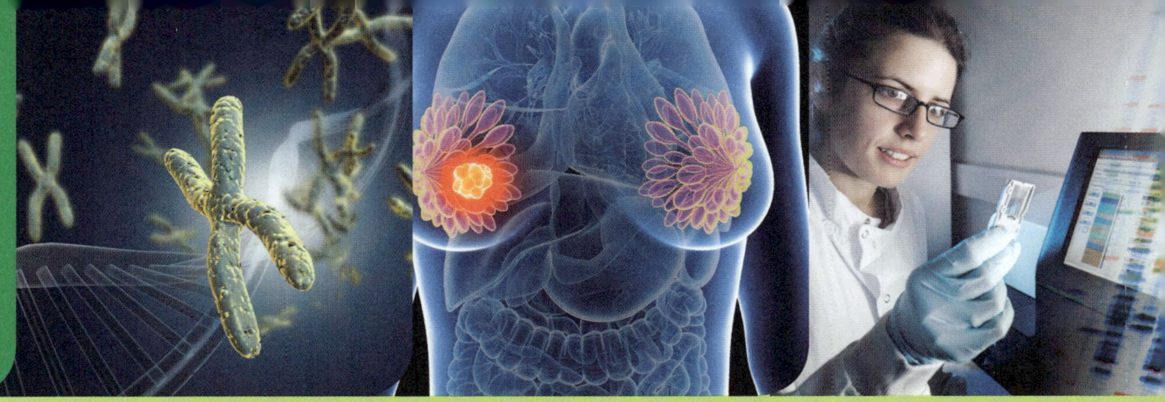

Gènes et transmission de l'information génétique

→ **Comment un caractère est-il déterminé par un gène ?**

→ **Qu'est-ce qu'une mutation génétique et quelles sont ses conséquences ?**

THÈME 1 **La cellule et l'information génétique** 47

THÈME 2 **Du gène à la protéine** 55

THÈME 3 **La transmission des caractères héréditaires** 65

THÈME 4 **Le cancer, une conséquence de mutations génétiques** 75

ENTRAÎNEMENTS 85

THÈME 1

La cellule et l'information génétique

L'organisme humain est composé de milliards de cellules. Toutes ces cellules sont issues d'une même cellule œuf. Chacune assure un rôle particulier, se divise ou meurt. La division cellulaire est basée sur la transmission conforme de l'information génétique.

les notions et contenus	les capacités exigibles
le chromosome et l'ADN	• distinguer base azotée, nucléotide, ADN, chromatine, chromatides et chromosomes
la transmission de l'information génétique lors de la division cellulaire	• dégager l'importance de la division cellulaire pour le fonctionnement de l'organisme • présenter les différents états du chromosome au cours du cycle cellulaire

VIDÉO

Une division cellulaire

lienmini.fr/10449-11

1 Des chromosomes à l'ADN

Document 1 deux images d'une cellule animale

Chaque photographie présente une observation au microscope optique (× 1 500) d'une cellule animale. Il s'agit d'une cellule somatique, c'est-à-dire une cellule qui n'intervient pas dans la reproduction sexuée de l'organisme. Cette cellule est observée à deux moments particuliers de son cycle cellulaire :
– la mitose, ou la division cellulaire ; le matériel génétique est présent sous la forme chromosomes ;
– l'interphase, ou l'intervalle entre deux mitoses pendant lequel l'expression génétique a lieu ; l'ADN est sous la forme de chromatine.

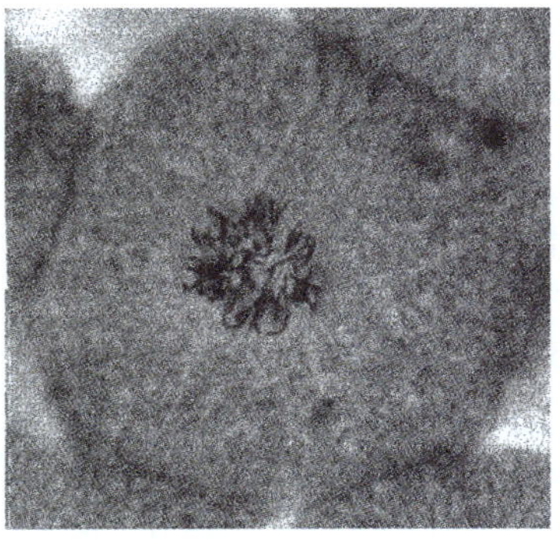

une cellule observée pendant la mitose

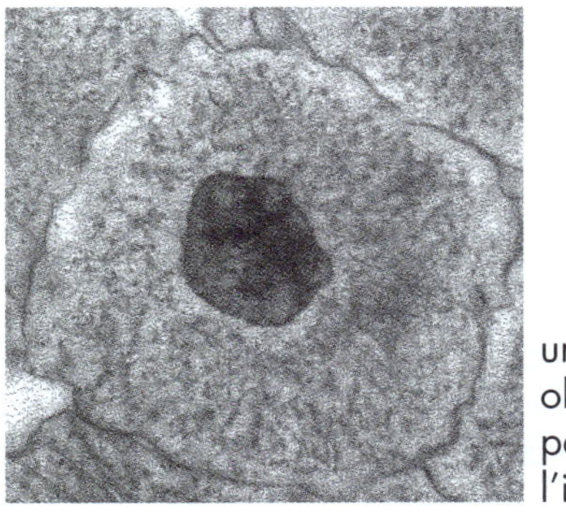

une cellule observée pendant l'interphase

1.1. Repérer les éléments caractéristiques visibles sur les images du **document 1**. Compléter le tableau à l'aide de croix.

	l'élément cellulaire visible	la cellule pendant la mitose	la cellule pendant l'interphase
1.	le cytoplasme		
2.	une membrane cytoplasmique		
3.	le noyau		
4.	l'ADN		
5.	l'enveloppe nucléaire		
6.	la chromatine		
7.	des chromosomes		
8.	le nucléoplasme		

■ Réaliser un schéma annoté de chaque photographie du **document 1**.

Le titre : ....

Le titre : ....

Document 2 les niveaux d'organisation du chromosome

AIDE

Il existe deux types de microscopes électroniques : le microscope électronique à balayage (MEB) et le microscope électronique à transmission (MET).

Selon la phase de la vie des cellules humaines diploïdes, le matériel génétique existe sous deux formes caractéristiques : les 46 chromosomes et la chromatine. Au cours de la mitose, chaque **chromosome** est constitué de deux chromatides identiques, réunies au niveau du **centromère**. Chaque **chromatide** se termine à ses 2 extrémités par le **télomère**. Chaque chromatide est formée d'un **nucléofilament** spiralisé. Pendant l'interphase, le nucléofilament d'un chromosome se déspiralise. L'ensemble des **nucléofilaments déspiralisés** constituent la chromatine, une structure diffuse, visible dans le noyau cellulaire au microscope électronique. Chaque nucléofilament a un aspect de « collier de perles » dont chaque « perle » est un **nucléosome**. L'analyse biochimique d'un nucléofilament montre qu'il est constitué d'une **double hélice d'ADN** (un acide désoxyribonucléique) enroulée autour des **histones** (des protéines).

1.2. Cocher les affirmations exactes. Corriger les affirmations inexactes.

☐ Un chromosome est composé d'un acide nucléique et de protéines.

☐ Un chromosome est constitué de deux chromatides différentes.

☐ La chromatine d'un leucocyte contient 46 molécules d'ADN.

☐ Toutes les cellules humaines contiennent des molécules d'ADN.

☐ Une cellule diploïde contient des paires de chromosomes identiques.

....

....

....

Document 3 du chromosome à l'ADN

figure a : ....

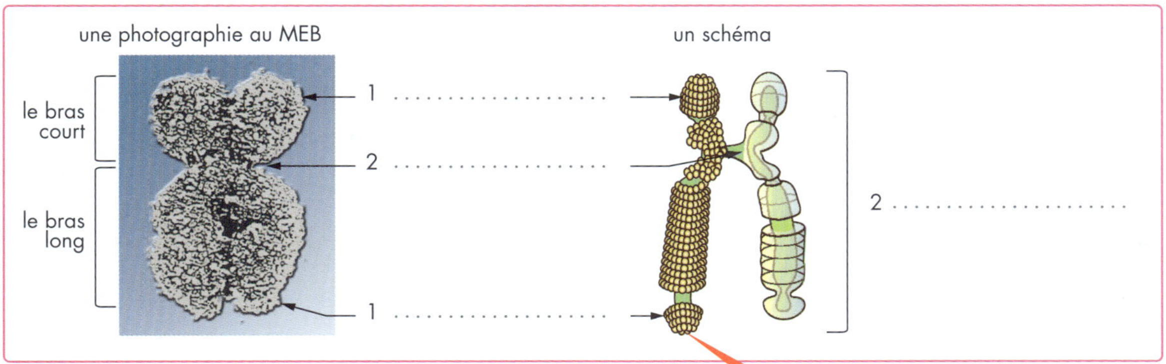

figure c : ....

figure b : ....

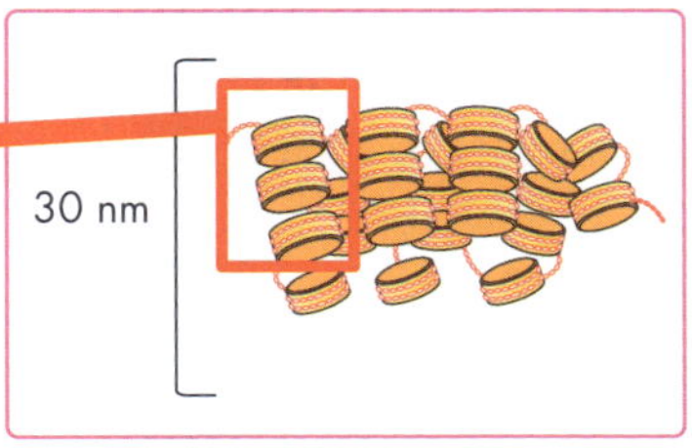

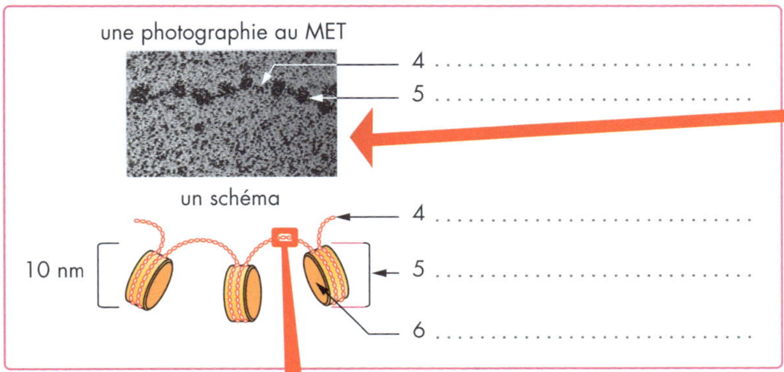

figure d : ....

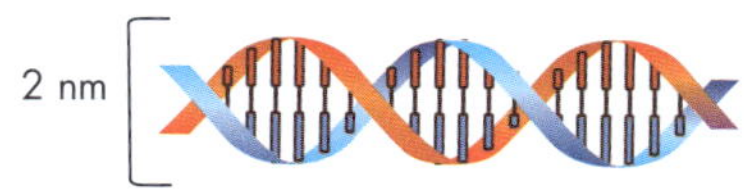

1.3. Compléter le **document 3** :

– Titrer les figures a à d.

– Donner les annotations 1 à 6.

VIDÉO
De la cellule au nucléotide
lienmini.fr/10449-12

Document 4 la composition chimique de l'ADN

Un ADN est une biomolécule, un polymère de la famille des acides nucléiques. Son hydrolyse libère plusieurs milliers de nucléotides : les **désoxyribonucléotides**. Une analyse biochimique permet de dissocier chaque nucléotide en trois éléments :

- un **désoxyribose** (un glucide, un ose, un pentose),
- un **groupement phosphate** (un acide phosphorique),
- une **base organique azotée** ; quatre types de bases différentes sont présents dans la molécule d'ADN : l'**adénine (A)**, la **guanine (G)**, la **cytosine (C)** et la **thymine (T)**. Ces bases peuvent être représentées de façon simplifiée.

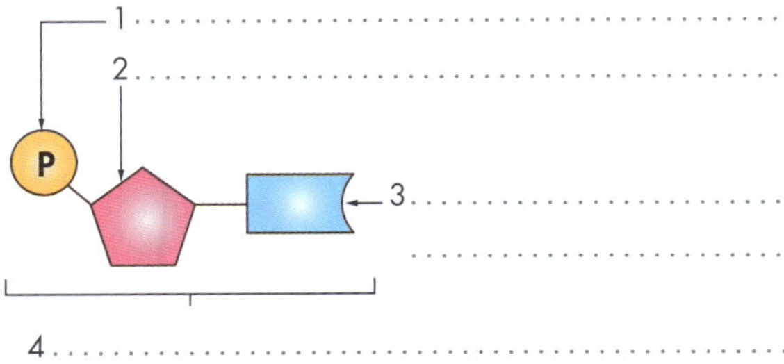

1.4. Annoter le **document 4**.

- Donner le nom du seul élément qui distingue les différents nucléotides de l'ADN :

....

- Préciser le nombre de types de nucléotides qui existe dans une molécule d'ADN : ......

1.5. L'ADN est un polynucléotide. Justifier cette affirmation.

....

....

Dans un brin d'ADN, deux nucléotides successifs sont associés par une liaison covalente, formée entre le groupement phosphate d'un nucléotide et l'ose du nucléotide suivant.

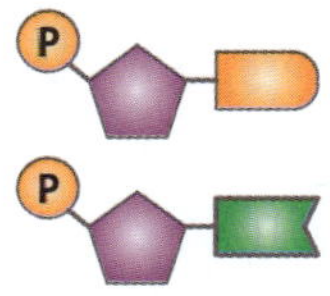

1.6. Le schéma ci-contre présente l'organisation simplifiée d'un brin d'ADN à deux nucléotides. Sur ce schéma, tracer en rouge la liaison qui relie les deux nucléotides.

- Constituer un brin d'ADN dont la séquence est de 7 nucléotides. Compléter le schéma.

L'écriture d'un brin d'ADN peut être simplifiée : la succession des enchaînements ose/phosphate est représentée par une ligne droite ; les bases sont représentées par leur initiale ; chaque base est liée à l'ose par un trait perpendiculaire.

1.7. Sur la représentation schématique ci-dessous, marquer :
– les molécules de désoxyribose par un point rouge ;
– les groupements phosphate par un point vert.

- Compléter le brin d'ADN en utilisant la séquence de la question précédente.

Document 5 la structure tridimensionnelle de l'ADN

En 1953, James WATSON (1928 –) et Francis CRICK (1916 – 2004), en collaboration avec d'autres scientifiques dont Rosalind FRANKLIN (1920 – 1958), établissent le modèle de structure en double hélice de l'ADN. Les deux hommes obtiennent en 1963 le prix Nobel de médecine.

La molécule d'ADN est bicaténaire : elle est composée de deux brins, deux chaînes complémentaires enroulées en double hélice. En représentation plane, la molécule ressemble à une échelle : les montants sont constitués de l'alternance ose/phosphate, les barreaux sont constitués de l'association de deux bases complémentaires. Une propriété fondamentale est mise en évidence : la complémentarité des bases, autrement dit certaines bases ont la capacité à se lier entre elles par des liaisons hydrogène faibles, de façon spécifique : l'adénine est complémentaire de la thymine ; la guanine est complémentaire de la cytosine.

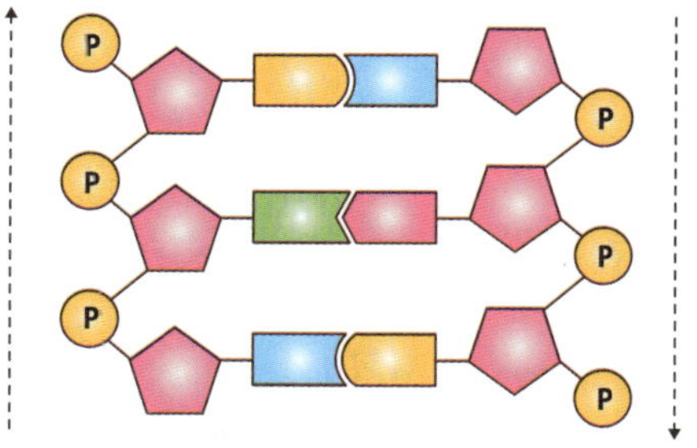

■ la représentation plane des deux chaînes complémentaires

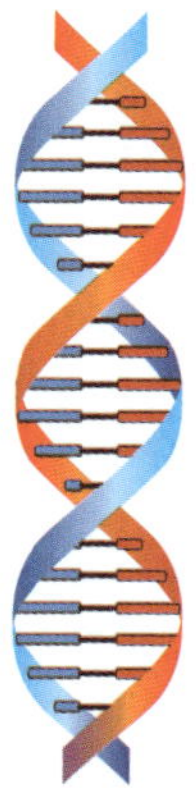

■ la double hélice d'ADN

1.8. À partir du brin d'ADN obtenu à la question **1.7.**, compléter la séquence d'ADN bicaténaire.

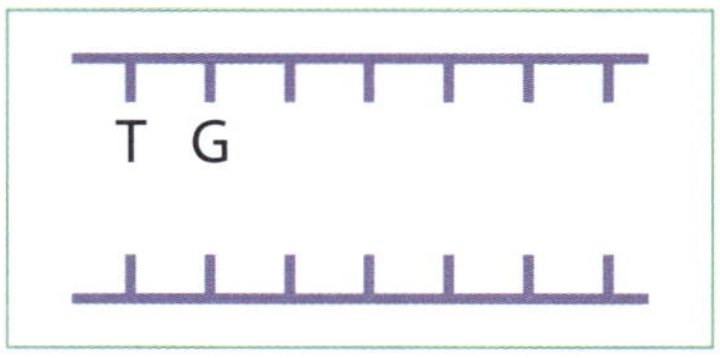

2 La division cellulaire

Document 6 les principales phases du cycle cellulaire

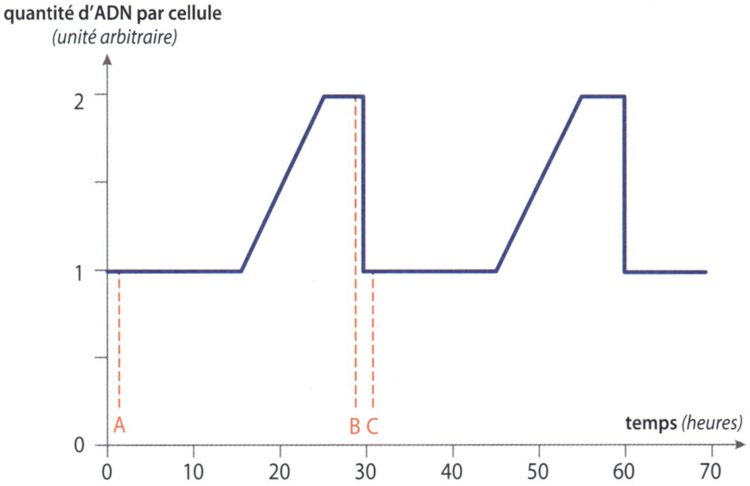

La mitose est le processus au cours duquel une cellule (la cellule mère) donne naissance à deux cellules génétiquement identiques (les cellules filles). Au cours de ce processus[1], l'ADN se condense : les nucléofilaments de chromatine se spiralisent : ils forment les chromosomes. Ensuite, les deux chromatides de chaque chromosome se répartissent de façon quantitativement et qualitativement égale dans les deux nouvelles cellules. À la fin du processus, les chromosomes se déspiralisent : ils reconstituent la chromatine de chaque cellule fille.

L'interphase est située entre deux mitoses. Durant ce processus[2], l'ADN est dupliqué : la double hélice d'ADN de chaque nucléofilament de chromatine s'ouvre. L'apport de nucléotides complémentaires aboutit à la création de deux nouveaux brins d'ADN identiques. À la fin de ce processus, la quantité d'ADN a doublé : chaque chromosome comporte à nouveau deux nucléofilaments de chromatine.

Le graphique ci-dessus présente l'évolution de la quantité d'ADN dans une cellule somatique au cours de plusieurs cycles cellulaires. Les lettres A à C délimitent un cycle cellulaire.

1. La mitose se déroule selon quatre principales phases successives, visibles en microscopie optique : la prophase, la métaphase, l'anaphase, la télophase.
2. L'interphase se déroule selon trois phases successives : la phase G1 prépare la phase S (synthèse, réplication), puis la phase G2 prépare à la mitose suivante.

2.2. Donner le nombre de cycles cellulaires représentés sur le **document 6** : ....

- Préciser la durée d'un cycle cellulaire présenté sur le **document 6** : ....
- Analyser les variations de la quantité d'ADN au cours d'un cycle cellulaire.

....

....

....

....

....

- À l'aide de couleurs différentes, délimiter la mitose et l'interphase sur le graphique du **document 6**.

2.3. Les images *a* à *e* représentent 5 états différents du matériel génétique au cours d'un cycle cellulaire, dans le désordre.

	a	b	c	d	e
le schéma	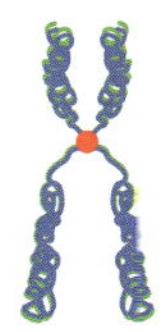	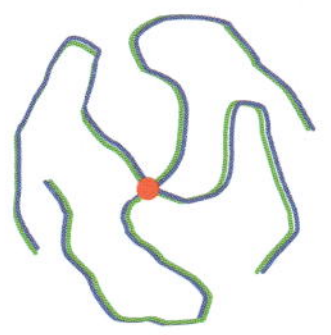		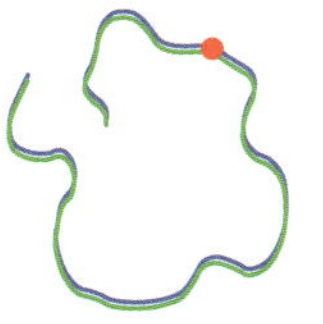	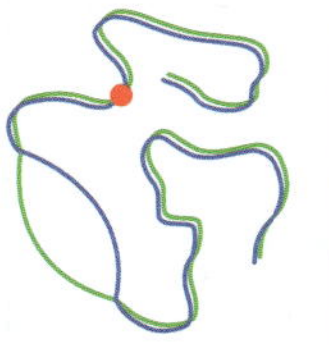

■ Compléter le tableau ci-dessous.

– Associer chaque description à la lettre de l'image qui lui correspond.

– Classer les images dans l'ordre chronologique correct en leur attribuant un numéro de 1 à 5.

– Repérer à l'aide d'une croix le nom de la phase du cycle cellulaire qui lui correspond.

la description	la lettre	l'ordre chronologique	l'interphase	la mitose
un chromosome à une seule chromatide ; une molécule d'ADN (double brin) spiralisée				
une molécule d'ADN (double hélice) en cours de réplication sous forme de chromatine, avec un nœud (un œil) de réplication.				
un chromosome à 2 chromatides reliées au niveau du centromère		1		
une molécule d'ADN (double hélice) sous forme d'un nucléofilament non spiralisé				
deux molécules d'ADN (deux doubles brins) identiques reliées au niveau du centromère ; une molécule d'ADN sous forme de chromatine déspiralisée				

■ Placer les repères *a* à *e* sur le graphique du **document 6**.

2.4. Nommer la phase du cycle cellulaire au cours de laquelle se réalise la synthèse de nouvelles molécules l'ADN :

■ Dans la question **2.3.**, repérer l'image qui illustre ce processus :

■ Sur le graphique du **document 6**, tracer en rouge chaque segment qui correspond à la *synthèse de l'ADN*.

2.5. Repérer et nommer les 2 phases du cycle cellulaire sur le schéma du **document 7**.

2.6. Trouver un exemple :

– de cellules différenciées dans un organisme adulte :

– de cellules souches adultes :

VIDÉO
Les cellules souches
lienmini.fr/10449-13

Document 7 de la cellule-œuf à l'organisme

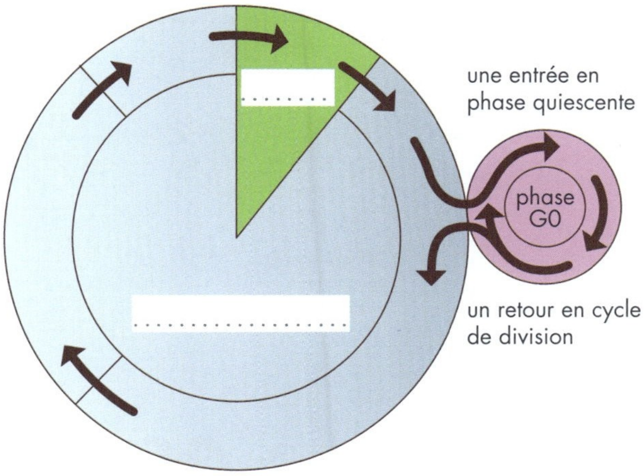

Toutes les cellules d'un organisme humain sont issues d'une cellule unique : le **zygote** (la cellule-œuf). Le zygote est une **cellule souche**, autrement dit une cellule à l'origine de toutes les cellules du futur organisme, non spécialisée, sans aucune structure ni fonction particulières observables. L'interphase des cellules souches a une durée réduite. Les premières mitoses produisent rapidement d'autres **cellules souches embryonnaires** qui continuent de se multiplier par mitose pour former l'**embryon**. Néanmoins, des mécanismes de contrôle associant l'environnement et la présence de signaux cytoplasmiques modifient leur comportement. Certaines d'entre elles sortent du cycle cellulaire de division : elles quittent l'interphase (la phase G1) et entrent dans une phase quiescente (la phase G0 - G zéro). Ces cellules n'utilisent alors plus qu'une partie de leur potentiel génétique : elles se spécialisent en un type cellulaire particulier, elles subissent une différenciation cellulaire. Un type cellulaire se distingue d'un autre par une structure et une fonction spécifiques.

Ainsi, un **organisme adulte** est constitué :

- de **cellules différenciées** : elles assurent un rôle cellulaire ; elles sont en phase G0 ; dans des conditions physiologiques, des mécanismes de contrôle liés à l'environnement et la présence de signaux cytoplasmiques peuvent les conduire à retourner en cycle de division ;
- de **cellules souches adultes** (des cellules non spécialisées) : elles assurent une production ou un renouvellement par mitose, selon les besoins, sous contrôle.

2.7. Indiquer l'intérêt de la mitose dans le fonctionnement de l'organisme.

....

■ Proposer une situation physiologique pour laquelle la mitose intervient dans :

– le renouvellement d'un tissu :

....

– la réparation d'un tissu :

....

....

■ Proposer une situation physiopathologique pour laquelle le système de contrôle d'entrée en mitose est favorisé :

....

■ Dans les trois situations biologiques précédentes, la fréquence des mitoses est :

☐ augmentée ☐ diminuée

L'ESSENTIEL DU COURS

la structure et les niveaux d'organisation du chromosome

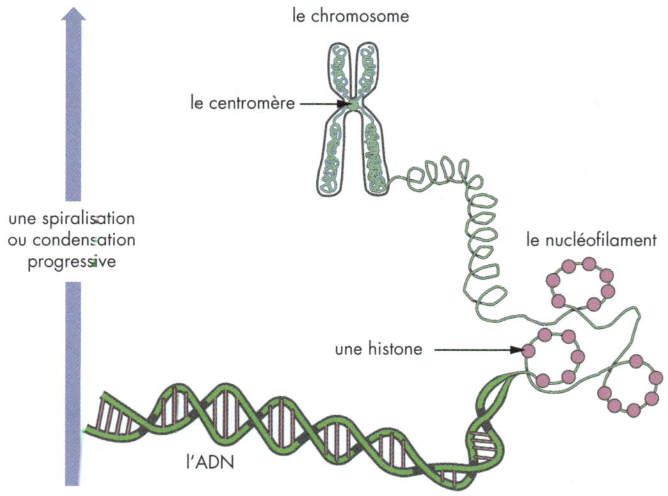

la structure de l'ADN

une molécule bicaténaire ; deux brins complémentaires, associés selon la complémentarité des bases, et enroulés en double hélice

la composition de l'ADN

ADN = acide désoxyribonucléique
une biomolécule de la famille des acides nucléiques
un polynucléotide : une macromolécule composée de milliers de nucléotides

un nucléotide : un désoxyribose lié à un groupement phosphate et une base azotée : l'adénine (A), la guanine (G), la cytosine (C) ou la thymine (T)

la complémentarité des bases :
A ⇔ T
C ⇔ G

un cycle cellulaire d'une cellule en division

une interphase + **une mitose**

l'évolution de la quantité d'ADN

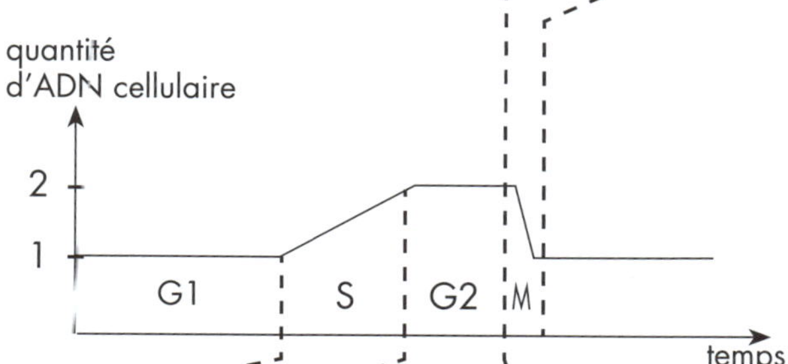

l'évolution du matériel génétique

la chromatine (un nucléofilament) une molécule d'ADN enroulée autour de protéines (les histones)

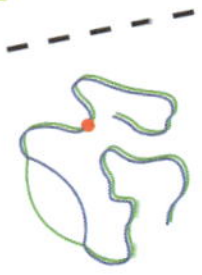

la chromatine une molécule d'ADN en cours de réplication

la chromatine 2 molécules d'ADN 2 chromatides identiques reliées au niveau du centromère

le chromosome à 2 chromatides après condensation de la chromatine

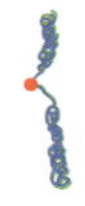

le chromosome à 1 chromatide présent dans une des 2 cellules-filles

THÈME 2

Du gène à la protéine

→ Une séquence d'ADN contient l'information nécessaire à la synthèse d'une protéine. Chaque protéine détermine une caractéristique anatomique ou physiologique d'un individu. L'ensemble de l'ADN est donc responsable, avec l'environnement, de ces caractéristiques.

→ La génétique moléculaire étudie l'ADN ainsi que les mécanismes qui permettent la synthèse des protéines à partir de l'ADN.

les notions et contenus	les capacités exigibles
la transcription la traduction et le code génétique	• différencier et localiser transcription et traduction • identifier les acteurs de la transcription et de la traduction • transcrire une séquence d'ADN et traduire la séquence d'ARNm obtenue
la mutation ponctuelle	• repérer une mutation et déterminer sa conséquence sur la séquence polypeptidique

1 Définitions et localisations

Document 1 l'expression génétique

Un gène est une séquence d'ADN qui code la synthèse d'un polymère de la famille des protides : un peptide, un polypeptide ou une protéine. L'expression génétique correspond à l'utilisation de l'information portée par le gène pour la synthèse ces polymères.

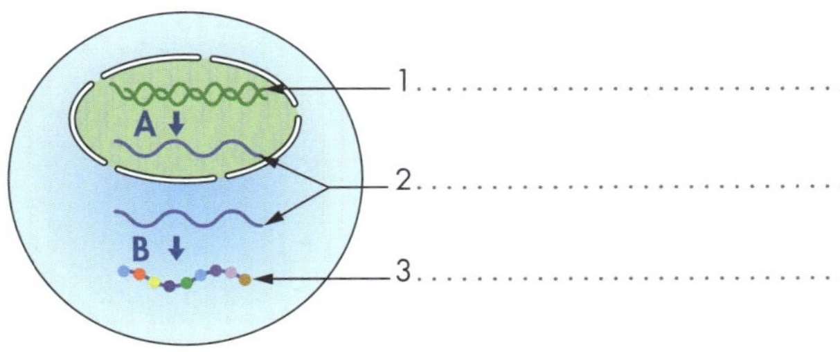

L'expression d'un gène se déroule dans deux sites différents selon deux étapes successives :
– la transcription du message porté par l'ADN en une molécule intermédiaire (l'ARN messager ou ARNm),
– la traduction du message porté par l'ARNm en un polymère protidique.

1.1. Rappeler la nature chimique d'un gène :

....

....

■ Rappeler la localisation cellulaire de l'ADN :

....

1.2. Rappeler la définition d'un polymère protidique.

....

....

- Nommer les familles de polymères protidiques. Souligner la famille la plus représentative.

1. ....
2. ....
3. ....

- Donner trois exemples de protéines synthétisées dans l'organisme.

1. ....
2. ....
3. ....

1.3. Compléter les annotations 1 à 3 du schéma du **document 1**.

- Donner le nom des deux étapes A et B de l'expression génétique dans l'ordre chronologique. Relier ces étapes à leur définition et à leur localisation.

....	Ⓐ	❶	la synthèse d'un ARNm à partir de l'ADN
		❷	la synthèse d'un polypeptide à partir d'un ARNm
....	Ⓑ	❸	elle se déroule dans le cytoplasme
		❹	elle se déroule dans le noyau

- Un événement intermédiaire est nécessaire. Décrire cet événement.

....

1.4. Donner la signification du sigle ARN :

....

- Représenter schématiquement un ribonucléotide. Annoter le schéma.

1.5. Écrire une représentation simplifiée d'une molécule d'ARN à 12 nucléotides.

Document 2 la molécule d'ARN

Un ARN est un polymère de la famille des acides nucléiques. Cette molécule, monocaténaire, est composée de nucléotides : les ribonucléotides. Un brin d'ARN est constitué d'une séquence de 70 à 5 000 ribonucléotides.

Quatre types de bases différentes sont présents dans la molécule d'ARN : l'**adénine** (A), la **guanine** (G), la **cytosine** (C) et l'**uracile** (U). L'uracile est complémentaire de l'adénine.

1.6. Comparer une molécule d'ADN et une molécule d'ARN. Compléter le tableau.

	l'ADN	l'ARN
le nom complet		
le nom des bases		
le nom de l'ose		
un schéma de la structure tridimensionnelle		
la localisation		

2 La transcription

Document 3 le mécanisme de la transcription

L'**ARN-polymérase** est le complexe enzymatique qui réalise la transcription. Il provoque le déroulement de la double hélice et la séparation des deux brins de la double hélice d'**ADN** sur une courte distance. Le complexe enzymatique utilise un seul des deux brins de l'ADN comme matrice : le **brin transcrit**. Le second brin non utilisé pour cette synthèse est appelé le brin non transcrit.
L'ARN-polymérase catalyse la synthèse d'un ARN particulier : un **ARNm** (ARN messager). Cette synthèse utilise des **nucléotides libres** présents dans le noyau. La synthèse du brin d'ARNm se fait sur le principe de la complémentarité des bases : un nucléotide libre est placé en face de chaque nucléotide complémentaire du brin transcrit d'ADN. Les nucléotides sont ensuite liés entre eux par une liaison covalente.
Au fur et à mesure de son **élongation**, la chaîne d'ARNm se détache du brin d'ADN et les deux brins d'ADN se réassocient. La double hélice se reconstitue.
La synthèse nécessite de l'énergie.
La portion d'ADN transcrite correspond à un gène : l'ARN-polymérase reconnaît des séquences de bases d'**initiation** (le début du gène) et de **terminaison** (la fin du gène).
Ce même mécanisme permet également la synthèse d'autres ARN : les ARN de transfert et les ARN des ribosomes qui interviennent dans la traduction.

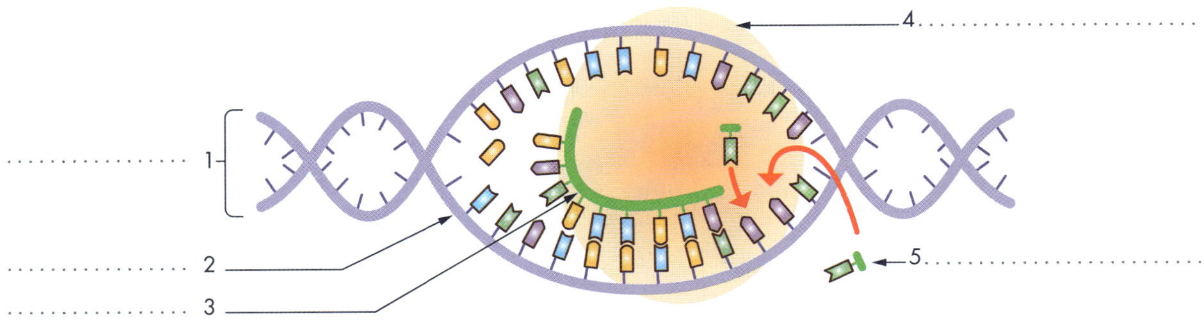

titre : . . . .

2.1. Titrer et annoter le schéma du **document 3**. Utiliser les sigles et expressions en couleur du texte.

2.2. Donner la règle de complémentarité entre les quatre bases possibles de l'ADN et celles de l'ARN. Compléter le tableau.

les bases du brin non transcrit de l'ADN	....	....	....	....
les bases du brin transcrit de l'ADN	....	....	....	....
les bases de l'ARNm	....	....	....	....

■ Comparer la séquence d'un brin non transcrit d'ADN et celle du brin d'ARN correspondant.

2.3. Décrire dans l'ordre chronologique les étapes de la synthèse de l'ARN à l'aide du **document 3**.

1. ...

2. ...

3. ...

4. ...

5. ...

2.4. L'insuline est une hormone protéique formée par deux chaînes peptiques. Le schéma ci-dessous représente une portion de la séquence gène de l'insuline.

■ Compléter et annoter la portion de molécule d'ADN.

■ Expliquer la démarche suivie pour obtenir l'ARNm par transcription de cette portion de gène.

■ Écrire la séquence d'ARNm obtenue.

2.5. La séquence ci-dessous est une portion de l'ARNm qui code la synthèse du glucagon.

■ Expliquer la démarche suivie pour écrire la séquence du gène correspondant.

- Écrire et annoter la séquence obtenue.

3 La traduction

Document 4 le code génétique

Les molécules d'ADN et d'ARNm contiennent l'information génétique sous la forme d'une séquence de nucléotides. Chaque séquence est construite à partir de nucléotides différents.
La structure et la fonction d'une protéine dépendent de la séquence de ses acides aminés. Il existe 20 acides aminés différents.
Un code de correspondance entre le langage à 4 « mots » de l'ADN ou de l'ARNm et le langage à 20 « mots » des protéines a été mis en évidence dans les années 1960. Ce code est un « dictionnaire » : le **code génétique**. À chaque **codon** (un triplet de nucléotides de l'ARNm) correspond un **acide aminé** ou un signal d'arrêt de la synthèse.

Le code génétique est universel : tous les êtres vivants utilisent le même « dictionnaire ». Il se présente sous forme d'un tableau de correspondance : il donne les 64 combinaisons possibles (4 x 4 x 4) de codons.
Le code génétique est redondant : plusieurs codons correspondent à un même acide aminé.
Le code génétique présente 4 codons particuliers :
- un codon d'initiation, AUG : il marque le début de la synthèse d'une protéine à partir d'un ARNm,
- trois codons de terminaison : ils marquent la fin de la synthèse d'une protéine ; ils correspondent à la mention « stop » ou non sens.

nucléotide en 1re position	nucléotide en 2e position								nucléotide en 3e position
	U		C		A		G		
U	UUU	phénylalanine (Phe)	UCU	sérine (Ser)	UAU	tyrosine (Tyr)	UGU	cystéine (Cys)	U
	UUC		UCC		UAC		UGC		C
	UUA	leucine (Leu)	UCA		UAA	non-sens/ STOP	UGA	non-sens/ STOP	A
	UUG		UCG		UAG		UGG	tryptophane (Trp)	G
C	CUU	leucine (Leu)	CCU	proline (Pro)	CAU	histidine (His)	CGU	arginine (Arg)	U
	CUC		CCC		CAC		CGC		C
	CUA		CCA		CAA	glutamine (Gln)	CGA		A
	CUG		CCG		CAG		CGG		G
A	AUU	isoleucine (Ile)	ACU	thréonine (Thr)	AAU	asparagine (Asn)	AGU	sérine (Ser)	U
	AUC		ACC		AAC		AGC		C
	AUA		ACA		AAA	lysine (Lys)	AGA	arginine (Arg)	A
	AUG	méthionine (Met)	ACG		AAG		AGG		G
G	GUU	valine (Val)	GCU	alanine (Ala)	GAU	acide aspartique (Asp)	GGU	glycine (Gly)	U
	GUC		GCC		GAC		GGC		C
	GUA		GCA		GAA	acide glutamique (Glu)	GGA		A
	GUG		GCG		GAG		GGG		G

3.1. Définir un codon.

....

....

- Nommer l'acide aminé qui correspond aux trois exemples de codons proposés.
  CCC : .... GAU : .... UCA : ....
- Citer deux exemples qui illustrent que le code génétique est *redondant*.
  1. ....
  2. ....
- Quatre codons sont particuliers.
  - Nommer l'acide aminé qui correspond au codon d'initiation : ....
  - Citer les 3 codons qui correspondent à l'arrêt de la synthèse protéique :
  1. .... 2. .... 3. ....

3.2. Définir un anti-codon :

....

....

....

Document 5 les acteurs de la traduction

Plusieurs éléments cytoplasmiques interviennent dans la traduction du message porté par l'ARNm : les ribosomes et les ARNt. Les ribosomes sont de petits organites cellulaires de 20 à 30 nm de diamètre. Ils sont constitués de deux sous-unités de taille inégale, formés d'ARN ribosomal et de protéines enzymatiques. Ils possèdent des sites de fixation de l'ARN messager et de l'ARN de transfert. Les ARN de transfert, ou ARNt, sont des petites chaînes d'ARN (environ 80 nucléotides). Ils possèdent deux sites essentiels :
– un anti-codon : une séquence de trois nucléotides dont les bases sont complémentaires d'un codon de l'ARN messager ;
– un site de fixation à un acide aminé : chaque molécule d'ARNt est spécifique d'un acide aminé donné. À un acide aminé correspond un anti-codon et inversement.
Attention : le code génétique donne la correspondance entre le codon (et non l'anti-codon !) et l'acide aminé.

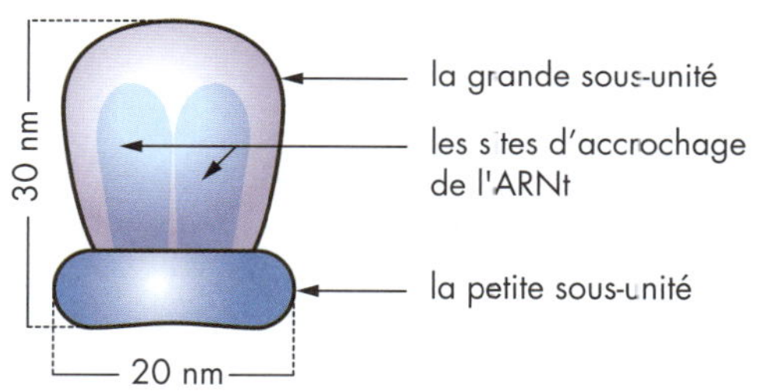

■ schéma n° 1 : un ribosome

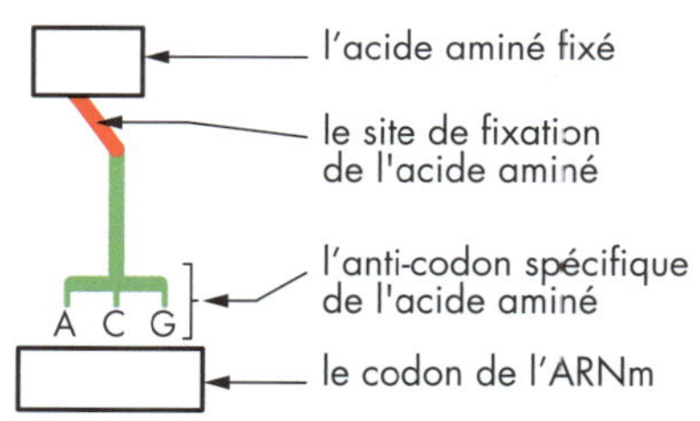

■ schéma n° 2 : un ARN de transfert

- Sur le schéma 2 du **document 5**, écrire le codon de l'ARNm correspondant à l'anticodon de l'ARNt.
  - Justifier la réponse : ....

  ....

  ....

  - Sur le schéma 2 du **document 5**, écrire le code à 3 lettres de l'acide aminé spécifique du codon de cet ARNm.

  - Justifier la réponse : ....

  ....

  ....

Document 6 le mécanisme de la traduction

Dans le cytoplasme, un ARNt fixe un acide aminé spécifique. Cette réaction est catalysée par une enzyme ; elle consomme de l'énergie.
La lecture de l'ARNm est effectuée au niveau du ribosome. Elle se déroule en 3 étapes :

- **L'initiation**

Les deux sous-unités du ribosome s'assemblent au niveau de l'ARNm.
La méthionine est liée à un ARNt contenant l'anti-codon UAC. Cet anti-codon se place en face du triplet complémentaire AUG de l'ARNm : le codon initiateur. Le 1er acide aminé mis en place est la méthionine.

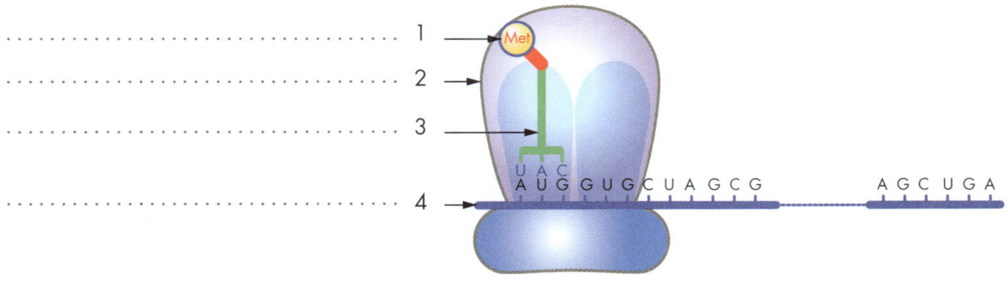

- **L'élongation**

En face du 2e codon de l'ARNm se place l'anti-codon complémentaire d'un 2e ARNt. Cet ARNt est lié à un acide aminé spécifique. Cet acide aminé est mis en place : une liaison peptidique est créée entre le 1er et le 2e acide aminé grâce à une enzyme. Le 1er ARNt se détache de son acide aminé, de l'ARNm et du ribosome.
Le ribosome se déplace le long de l'ARNm : la lecture continue ainsi, codon par codon.

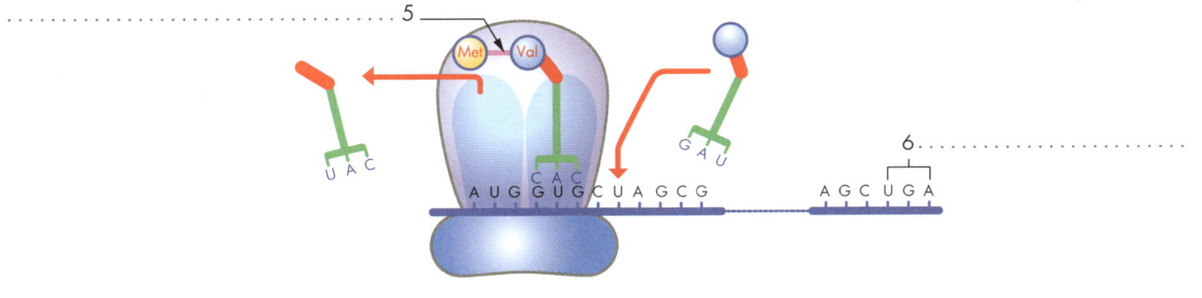

- **La terminaison**

Le ribosome rencontre un codon stop : la lecture de l'ARNm se termine. Aucun ARNt ne se place en face du codon stop : aucun acide aminé n'est mis en place. Le polypeptide synthétisé se détache du ribosome ; le ribosome se sépare en ses deux sous-unités.
La traduction est suivie de la maturation : le premier acide aminé, la méthionine, se détache de la chaîne polypeptidique. Le polypeptide synthétisé subit des transformations pour devenir une protéine fonctionnelle.

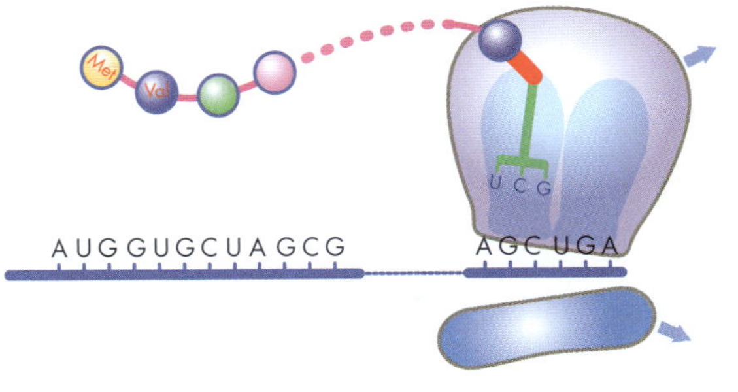

3.3. Donner une définition de la traduction.

....

....

....

....

3.4. Annoter les schémas du **document 6**.

3.5. À l'aide du tableau du code génétique du **document 4**, vérifier l'exactitude de la traduction des 1er et 2e codons de l'ARNm donnée dans les schémas du **document 6**.

- Nommer l'acide aminé qui correspond au 3e codon : ....

- Donner l'anti-codon de l'ARNt complémentaire du 4e codon : ....
- Nommer l'acide aminé spécifique de cet ARNt : ....
- Nommer le dernier acide aminé de la chaîne polypeptidique : ....
- Justifier l'arrêt de la synthèse : ....

3.6. Le fragment d'ARNm ci-dessous code la synthèse d'une partie de la globine β de l'hémoglobine, les acides aminés n°4 à 8.

A C U C C U G A G G A G A A C

- Expliquer la démarche suivie pour obtenir la séquence polypeptidique par la traduction de ce fragment d'ARNm.

....

....

....

- Écrire le résultat de la traduction.

4 Les mutations ponctuelles

Malgré des systèmes de contrôle cellulaires très efficaces, une modification de la séquence des nucléotides d'un gène peut apparaître. Cette variation est la conséquence de l'action d'agents physiques ou chimiques sur l'ADN.
Les mutations les plus fréquentes n'affectent qu'un seul nucléotide : ce sont des mutations ponctuelles.

4.1. Définir une mutation *ponctuelle* :

....

4.2. Il existe plusieurs formes de mutations ponctuelles. Relier chaque nom de mutations à sa définition.

une substitution	1	a	l'ajout d'un nucléotide dans la séquence d'ADN
une insertion	2	b	la suppression d'un nucléotide de la séquence d'ADN
une inversion	3	c	le remplacement d'un nucléotide par un autre
une délétion	4	d	le remplacement d'un nucléotide par le nucléotide complémentaire

4.3. Réaliser la traduction du brin transcrit de la molécule d'ADN ci-dessous.

1 ... 12
C A G C G T T T G T T C

- Expliquer les étapes suivies ; écrire le résultat de chaque étape.

....

....

....

....

....

....

■ Donner le résultat de cette traduction.

....

....

■ Plusieurs mutations ponctuelles différentes sont proposées :

1. la substitution du nucléotide à thymine n° 6 par un nucléotide ;
2. la substitution du nucléotide à thymine n° 8 par un nucléotide à guanine ;
3. la substitution du nucléotide à thymine n° 10 par un nucléotide à adénine ;
4. la délétion du nucléotide n° 5 ;
5. l'insertion d'un nucléotide à adénine entre les nucléotides n° 4 et 5.

Intégrer chaque mutation dans la séquence d'ADN initiale ; donner le résultat de chaque transcription et traduction puis conclure quant à l'effet de la mutation. Compléter le tableau.

	le brin d'ADN transcrit	l'ARNm	le peptide	la conclusion
1				
2				
3				
4				
5				

L'ESSENTIEL DU COURS

l'expression génétique

l'utilisation du message porté par un gène pour la synthèse d'un polymère protidique

un gène (une portion d'ADN) → un polypeptide ou une protéine

LE NOYAU

1/ la transcription la synthèse d'un ARNm sur le principe de la complémentarité des bases :

le brin transcrit d'ADN	A	T	C	G
l'ARNm	U	A	G	C

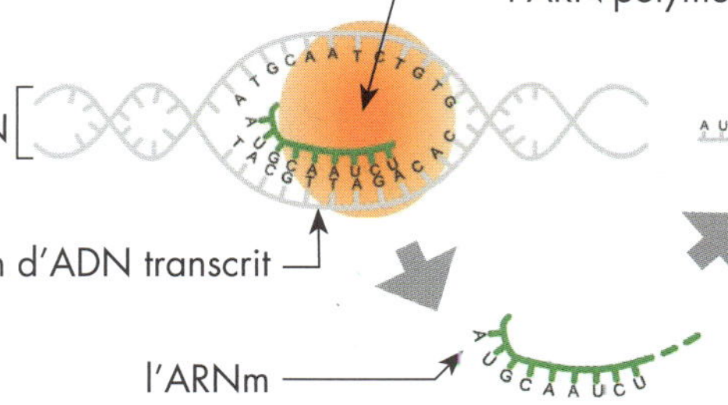

ARN = un acide ribonucléique
un polynucléotide ;
une biomolécule de la famille des acides nucléiques

le ribonucléotide
un ribose relié à un groupement phosphate et une base azotée : l'adénine (A), la guanine (G), la cytosine (C) ou l'uracile (U)

la structure de l'ARN
une molécule monocaténaire

l'enveloppe nucléaire

LE CYTOPLASME

2/ la traduction la synthèse du polypeptide ; la lecture de l'ARNm au niveau du ribosome, selon le code génétique

l'initiation

l'élongation

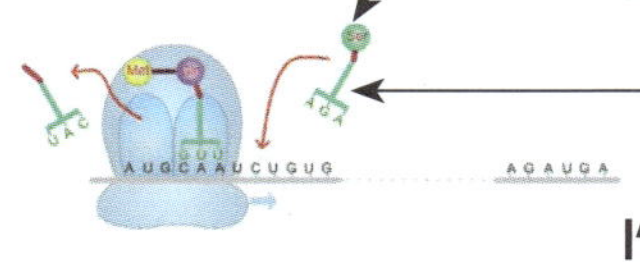

l'ARNt
– l'anti-codon : 3 nucléotides complémentaires d'un codon de l'ARNm,
– un site de fixation à un acide aminé : un ARNt est spécifique d'un acide aminé donné.

la terminaison

le polypeptide
une séquence d'acides aminés.

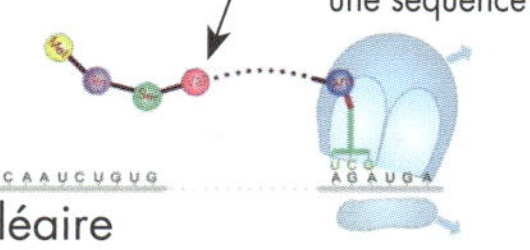

le code génétique

une règle de correspondance entre 3 bases d'une séquence d'ARNm et un acide aminé présent dans un polypeptide/une protéine

un gène/une séquence d'ADN 1 séquence de nucléotides	→	un ARNm 1 séquence de nucléotides	→	un polypeptide/une protéine 1 séquence d'acides aminés
		1 codon = 1 triplet de nucléotides = 1 triplet de bases	→	1 acide aminé *(ou un signal d'arrêt de la synthèse)*

deux caractéristiques :
– l'universalité : tous les êtres vivants utilisent le même code génétique
– la redondance : plusieurs codons correspondent à un même acide aminé

la mutation ponctuelle

la modification du message porté par un gène pour la synthèse d'un polymère protidique

un gène/une séquence d'ADN une mutation/une modification de la séquence de nucléotides	→	un ARNm une modification de la séquence de nucléotides	→	le polypeptide une modification de la séquence d'acides aminés
		une modification d'un ou plusieurs codons	→	une modification d'un ou plusieurs acides aminés *(ou un signal d'arrêt de la synthèse)*

les 4 mutations ponctuelles
① une insertion : l'ajout d'un nucléotide dans la séquence d'ADN
② une délétion : la suppression d'un nucléotide dans la séquence d'ADN
③ une substitution : le remplacement d'un nucléotide par un autre dans la séquence d'ADN
④ une inversion : le remplacement d'un nucléotide par un nucléotide complémentaire dans la séquence d'ADN

2 Les modes de transmission

Dans une cellule somatique humaine, les chromosomes sont de deux types :
– les 44 autosomes (les chromosomes non sexuels) sont présents par paires de chromosomes homologues. Chaque autosome d'une paire porte un allèle (identique ou différent) du même gène. La transmission autosomale correspond à la transmission de ces allèles ;
– les 2 gonosomes (les chromosomes sexuels) sont présents par paires de chromosomes XX ou XY. Les gonosomes X et Y sont différents : ils portent des gènes différents. La transmission gonosomale correspond à la transmission de ces allèles portés par les chromosomes X et Y.

Document 5 un arbre généalogique, l'exemple de la mucoviscidose

La généalogie est une discipline qui s'intéresse à la parenté qui existe entre les individus. Un arbre généalogique est une représentation graphique de la généalogie d'une famille. Dans le domaine de l'hérédité, l'arbre généalogique montre la transmission d'un caractère donné entre les membres d'une famille. Les principales conventions d'écriture sont présentées dans le cadre ci-contre.

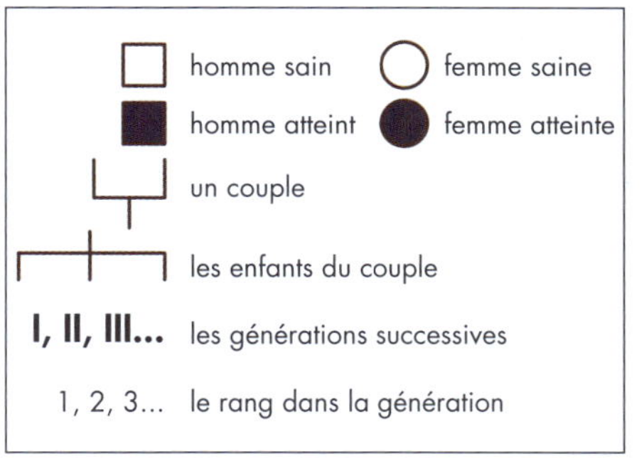

L'arbre généalogique ci-contre est celui d'une famille touchée par la mucoviscidose. Cette maladie génétique affecte en France un nouveau-né sur 3 000 naissances. Elle est caractérisée par la production d'un mucus très visqueux sécrété par les glandes exocrines des muqueuses bronchiques, digestives et génitales. Elle est due à une mutation au niveau d'un gène localisé sur le chromosome n° 7.

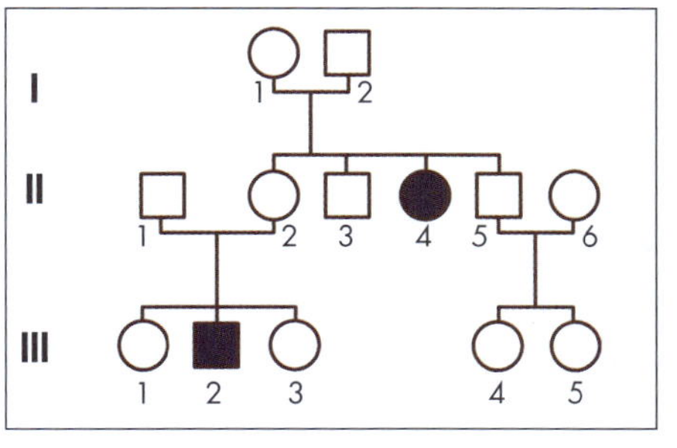

2.1. Sur l'arbre généalogique du **document 5**, repérer les sujets atteints par la mucoviscidose. Identifier chaque cas de sujet malade par le numéro de la génération et le rang du sujet dans cette génération.

....

- D'après le texte du **document 5**, justifier l'affirmation : *« la mucoviscidose est une maladie héréditaire autosomale ».*

....

....

....

2.2. L'arbre généalogique permet de déterminer le mode de transmission de la mucoviscidose, récessif ou dominant. Mettre une croix dans la colonne correcte.

		oui	non
1	le génotype d'un sujet atteint de la mucoviscidose comporte au moins un allèle muté, responsable de la maladie		
2	cet allèle muté provient obligatoirement de l'un de ses parents biologiques		
3	si cet allèle est dominant, le parent qui l'a transmis est lui-même atteint		
4	si cet allèle est récessif, les deux parents biologiques sont porteurs de l'allèle récessif, mais les parents peuvent ne pas être atteints de mucoviscidose		
5	la proposition 3 est vérifiée sur l'arbre généalogique		
6	la proposition 4 est vérifiée sur l'arbre généalogique		

■ Déduire le mode de transmission de la mucoviscidose :

....

■ Cocher les propositions exactes :

☐ Un sujet atteint est homozygote.

☐ Un sujet atteint est hétérozygote.

☐ Les parents sains d'un sujet atteint sont tous les deux hétérozygotes.

☐ Au moins un des parents d'un sujet atteint est homozygote.

■ En respectant les conventions définies dans le **document 2**, écrire les allèles liés à la mucoviscidose.

- l'allèle sauvage : ....

- l'allèle muté : ....

■ Donner les génotypes possibles pour chacun des cas suivants.

	un sujet sain	un sujet atteint de la mucoviscidose	la mère d'un sujet atteint	le père d'un sujet atteint
le génotype				

■ Déterminer le génotype qui correspond à chaque phénotype donné dans la première colonne du tableau. Citer tous les sujets de l'arbre généalogique du **document 5** qui présentent le même génotype. Justifier. Compléter le tableau.

le phénotype	le génotype	les sujets	la justification
[malade]			
[sain et vecteur] ou [porteur sain]			

Document 6 l'exemple de la myopathie de Duchenne

L'arbre généalogique ci-contre est celui d'une famille touchée par la myopathie de Duchenne (ou la dystrophie musculaire de Duchenne, DMD). La DMD est la plus répandue des maladies neuromusculaires d'origine génétique. La maladie se caractérise par un affaiblissement progressif des muscles des membres et du tronc, aboutissant à une grave incapacité motrice et cardiorespiratoire. Cette maladie à transmission récessive est liée au chromosome X.

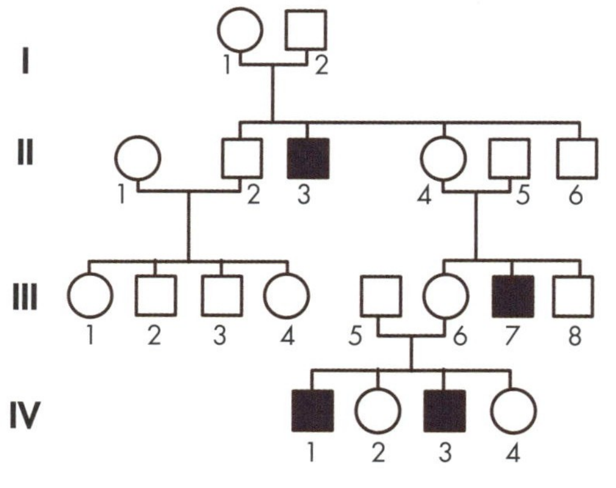

2.3. D'après l'arbre généalogique du **document 6**, justifier l'affirmation : « *la DMD est une maladie héréditaire à transmission récessive* ».

....

....

2.4. Rappeler la composition d'une cellule somatique en gonosomes chez :

- un homme : ....
- une femme : ....

■ Préciser l'origine du chromosome Y chez un sujet :

☐ la mère ☐ le père

■ À l'aide d'un raisonnement simple, montrer que l'allèle responsable de la myopathie de Duchenne n'est pas porté par le chromosome Y.

....

....

2.5. D'après l'arbre généalogique du **document 6**, discuter l'affirmation : « *la DMD est une maladie héréditaire gonosomale liée au chromosome X* ».

....

....

■ À l'aide de l'arbre généalogique du **document 6**, cocher les affirmations qui caractérisent une maladie héréditaire récessive liée au chromosome X.

☐ Seuls les garçons sont atteints.

☐ Les filles sont atteintes par une forme mineure de la maladie.

☐ Si un garçon d'une famille est atteint, ses frères le sont également.

☐ Les garçons atteints ont tous des parents sains.

☐ Les garçons atteints peuvent avoir un oncle maternel atteint.

☐ Les mères transmettent toujours l'allèle responsable à leurs fils.

☐ Les pères ne transmettent jamais l'allèle responsable à leurs fils.

■ Proposer une explication au fait que seuls les garçons sont atteints par la DMD.

....

....

■ Donner la condition nécessaire à l'expression de la maladie chez une fille.

....

....

> Étant donné la particularité de la transmission liée au chromosome X ou Y, les conventions d'écriture tiennent compte de la localisation des gènes sur le chromosome X ou Y. Par exemple :
> – un allèle sauvage dominant porté par le chromosome Y est noté YS ;
> – un allèle muté récessif porté par le chromosome X est noté Xm.

2.6. Dans le cas de la DMD, encercler les notations correctes pour les génotypes :

• d'un homme sain :	XS // Y	XS // XS	XS // YS	XS // Ym
• d'un homme malade :	Xm // Ym	Xm // Y	Xm // YS	XS // Ym
• d'une femme saine, mais vectrice :	XS // Xm	XS // Ym	Xm // Xm	

■ Écrire les génotypes et les phénotypes des sujets suivants de l'arbre généalogique du **document 6**.

le sujet	I1	I2	II2	II3	III1	III4	III5	III6
le génotype								
le phénotype								

2.7. D'après l'analyse de l'arbre généalogique du **document 7**, démontrer que le chromosome Y est porteur de l'allèle responsable de l'hypertrichose.

....

....

....

....

....

....

....

Document 7 l'exemple de l'hypertrichose

L'arbre généalogique ci-dessous correspond à une famille touchée par l'hypertrichose des oreilles. Ce syndrome se manifeste par la présence de poils longs et épais sur le pavillon des oreilles. La particularité apparaît autour de 18-20 ans. Elle est fréquente en Inde.

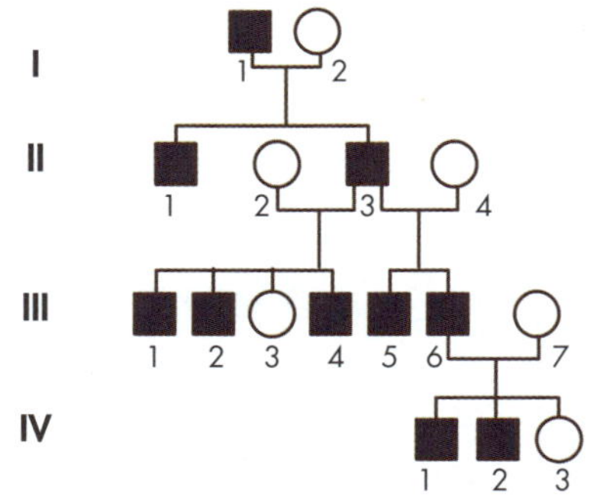

- Plus globalement, les maladies liées au chromosome Y sont forcément dominantes. Proposer trois caractéristiques de ce mode de transmission qui justifient cette affirmation.

1. ....

....

2. ....
3. ....

- Un allèle porté par le chromosome Y s'exprime toujours. Justifier cette affirmation.

....

....

3 La probabilité de transmission d'un caractère

Document 8 l'échiquier de croisement

Le génotype des membres d'un couple détermine les génotypes possibles des enfants de ce couple. Un échiquier de croisement permet de prévoir la probabilité d'apparition de chacun de ces génotypes dans la descendance. Dans un échiquier de croisement, les en-têtes des colonnes contiennent chacun des allèles existant chez l'un des parents, les entrées des lignes contiennent chacun des allèles de l'autre parent. Le génotype inscrit dans chaque case du tableau est l'association des allèles de la colonne et de la ligne correspondantes.

	A	....
B	A//B	....
....	....	....

3.1. Soit un couple dont l'un des membres est homozygote de groupe sanguin A et l'autre hétérozygote de groupe sanguin B.

- Donner le génotype de chacun des membres du couple, en respectant les conventions d'écriture.

1. .... 2. ....

- Compléter l'échiquier de croisement proposé dans le **document 8**.
- Déduire les phénotypes possibles des enfants de ce couple, en précisant la proportion probable de chaque phénotype.

....

3.2. Monsieur Z. et l'un de ses enfants sont de groupe sanguin O. Réaliser au brouillon les échiquiers de croisement nécessaires pour :

- déterminer les génotypes et les phénotypes possibles de madame Z., la mère biologique des enfants. Compléter le tableau en respectant les conventions d'écriture.

les génotypes			
les phénotypes			

- donner le ou les autre(s) phénotype(s) possible(s) dans la descendance de ce couple.

....

3.3. Dans l'exemple de la drépanocytose du **document 3**, donner le génotype des deux membres d'un couple atteints de la forme mineure de la drépanocytose :

....

- Construire un échiquier de croisement pour déterminer les génotypes possibles de la descendance de ce couple.

- Conclure en donnant les phénotypes possibles de la descendance de ce couple et en précisant la probabilité de chaque phénotype. Compléter le tableau.

les phénotypes possibles			
les proportions			

3.4. À partir de l'exemple de la myopathie de Duchenne du **document 6**, construire l'échiquier de croisement pour un couple dont l'homme est sain, et dont la femme est vectrice de l'allèle muté de la DMD.

- Déduire les phénotypes possibles de la descendance de ce couple. Préciser la proportion probable de chacun. Compléter le tableau.

les phénotypes possibles				
les proportions				

L'ESSENTIEL DU COURS

L'HÉRÉDITÉ : la transmission des gènes portés par les chromosomes, des parents à leur descendance

des définitions

- **le génotype :** la composition allélique d'un individu pour le gène étudié
- **une homozygotie :** un génotype composé de deux allèles identiques
- **une hétérozygotie :** un génotype composé de deux allèles différents
- **le phénotype :** le caractère observé d'un individu pour le gène étudié
- **la dominance :** la situation pour laquelle l'allèle du gène détermine le caractère observé ; un allèle dominant s'exprime, que le génotype soit hétérozygote ou homozygote
- **la récessivité :** la situation pour laquelle l'allèle du gène ne détermine pas à lui seul le caractère observé ; un allèle récessif s'exprime uniquement si le génotype est homozygote
- **la codominance :** a situation pour laquelle les allèles déterminent ensemble le caractère observé ; les allèles sont codominants
- **un arbre généalogique :** une représentation graphique de la généalogie d'une famille, qui indique le phénotype de chaque individu pour un caractère donné, afin d'établir le mode de transmission du caractère étudié

les conventions d'écriture

un allèle récessif **s**auvage = **s** ; un allèle récessif **m**uté = **m**
un allèle dominant **s**auvage = **S** ; un allèle dominant **m**uté = **M**
ou toute autre initiale représentant l'allèle étudié

la transmission des caractères héréditaires

Les modes de transmission	L'HÉRÉDITÉ AUTOSOMALE		L'HÉRÉDITÉ GONOSOMALE	
	dominante	récessive	liée au chromosome X	liée au chromosome Y
l'allèle muté	M	m	Xm	Ym
l'allèle sauvage	s	S	XS	YS
le génotype des sujets atteints	M//s M//M (cas rare)	m//m	un homme : Xm//Y une femme : Xm//Xm	un homme : X//Ym
le génotype des sujets sains	s//s	S//S S//m	un homme : XS//Y une femme : XS//Xm ou XS//XS	un homme : X//YS une femme : X//X
exemple de situation des parents	un parent atteint et un parent sain	2 parents hétérozygotes	une mère vectrice et un père sain	un père atteint et une mère saine
un exemple d'échiquier de croisement	M, s s : M//s, s//s s : M//s, s//s	S, m S : S//S, S//m m : S//m, m//m	XS, Y XS : XS//XS, XS//Y Xm : XS//Xm, Xm//Y	X, Ym X : X//X, X//Ym X : X//X, X//Ym
le phénotype des enfants	50 % des enfants atteints, sans distinction de sexe	25 % des enfants atteints, sans distinction de sexe	100 % de filles saines, 50 % de filles porteuses saines 50 % de garçons atteints	100 % de garçons atteints 100 % de filles saines
des exemples de situations	la chorée de Huntington	– la phénylcétonurie – la mucoviscidose – l'albinisme	– l'hémophilie B – la myopathie de Duchenne – le daltonisme	l'hypertrichose des oreilles

Remarque 1 : la transmission du système ABO (groupes sanguins) et du facteur Rhésus se fait sur le mode autosomal récessif.

Remarque 2 : pour l'hérédité liée au chromosome X, seul le cas d'allèle muté récessif est présenté ; une transmission dominante serait équivalente à un cas de transmission autosomale dominante.

Remarque 3 : un allèle muté porté par le chromosome Y s'exprime toujours : le chromosome X ne porte pas l'allèle sauvage correspondant.

THÈME 4

Le cancer, une conséquence de mutations génétiques

➜ Le développement d'un cancer correspond à une prolifération anormale de cellules. Cette prolifération est liée à une perturbation des systèmes de contrôle du cycle cellulaire. Avec les maladies cardio-vasculaires, les cancers restent la première cause de décès prématuré en France. Sur la période 2010 à 2018, l'incidence des cancers baisse ou stagne et la mortalité recule grâce au diagnostic plus précoce et la meilleure efficacité des traitements.

les notions et contenus	les capacités exigibles
tumeur bénigne, tumeur maligne, métastases	• décrire les différentes étapes du développement d'un cancer : des mutations aux métastases
un exemple de cancer : • son origine plurifactorielle • le dépistage, le diagnostic et le suivi : les examens anatomopathologiques ; l'imagerie médicale ; les marqueurs tumoraux • les traitements : la chimiothérapie anticancéreuse ; la radiothérapie ; la chirurgie ; d'autres traitements	• repérer les principaux agents mutagènes et facteurs de risque ; les relier aux actions de prévention • montrer l'intérêt des méthodes d'investigation dans le dépistage, le diagnostic et le suivi • mettre en relation les mécanismes physiopathologiques avec les traitements • expliquer les effets secondaires des différents traitements

1 Tumeur bénigne, tumeur maligne, métastases

Document 1 les étapes du développement d'un cancer, des mutations aux métastases

Un cancer est une maladie qui se développe à partir d'une cellule saine de l'organisme. Chaque cancer présente une évolution particulière, mais un processus de développement identique.

• une phase d'initiation : les mutations

Sur plusieurs années, une *cellule saine* subit des **mutations** génétiques, en particulier sur les gènes qui participent à la régulation du cycle cellulaire. Cette succession de mutations peut conduire à un défaut de la régulation du cycle cellulaire. La cellule mutée ne répond plus correctement aux signaux de contrôle de sa multiplication, de sa différenciation ou de son orientation vers l'apoptose (la mort cellulaire programmée). Cette phase aboutit à une augmentation du nombre de cellules présentes dans le tissu concerné. Cette phase est en général **asymptomatique**.

• une phase de promotion : l'expansion clonale

Le nombre de nouvelles cellules mutées augmente : la structure forme une tumeur. Quand ces cellules tumorales gardent les propriétés des cellules saines, la tumeur est une tumeur bénigne. Certaines cellules tumorales accumulent de nouvelles mutations génétiques qui accélèrent la prolifération cellulaire et provoquent une transformation en cellules cancéreuses : la tumeur est une tumeur maligne. Les cellules cancéreuses présentent des caractéristiques cytologiques différentes des cellules saines : elles sont dédifférenciées. Des protéines particulières (les marqueurs tumoraux) apparaissent sur leur membrane plasmique.

• une phase de progression : l'invasion loco-régionale

Dans une tumeur maligne, les cellules cancéreuses perdent les caractéristiques du tissu dont elles sont issues. Elles sécrètent dans le milieu extracellulaire des substances qui modifient leur environnement. De nouveaux vaisseaux sanguins se forment. Cette nouvelle irrigation évite une **hypoxie** locale et

VIDÉO
Le développement d'un cancer
lienmini.fr/10449-15

favorise le développement du cancer *in situ*. Les cellules cancéreuses prolifèrent sans contrôle physiologique. Elles peuvent envahir l'espace disponible dans le reste du tissu sain, et s'étendre dans les tissus voisins. Dans l'exemple d'une tumeur maligne au niveau d'un tissu épithélial, les cellules cancéreuses dépassent la membrane basale de cet épithélium, puis progressent dans le tissu conjonctif sous-jacent.

• une phase d'invasion à distance : les métastases
Des cellules cancéreuses quittent le foyer primitif (la tumeur primaire) : elles rejoignent les capillaires lymphatiques ou les capillaires sanguins. La circulation lymphatique permet leur migration vers les ganglions lymphatiques voisins. La circulation sanguine permet leur migration vers d'autres organes : les poumons, le foie, les os, le cerveau... Les cellules cancéreuses s'y fixent et forment des foyers secondaires de tumeurs malignes : les **métastases** (les tumeurs secondaires).

1.1. Définir les termes en gras du **document 1**.

....

....

....

....

1.2. Les schémas suivants présentent les quatre étapes du développement d'une tumeur maligne.

■ Utiliser le **document 1** pour titrer et annoter ces schémas.

■ Nommer le plan de coupe utilisé pour représenter ces quatre schémas : ....

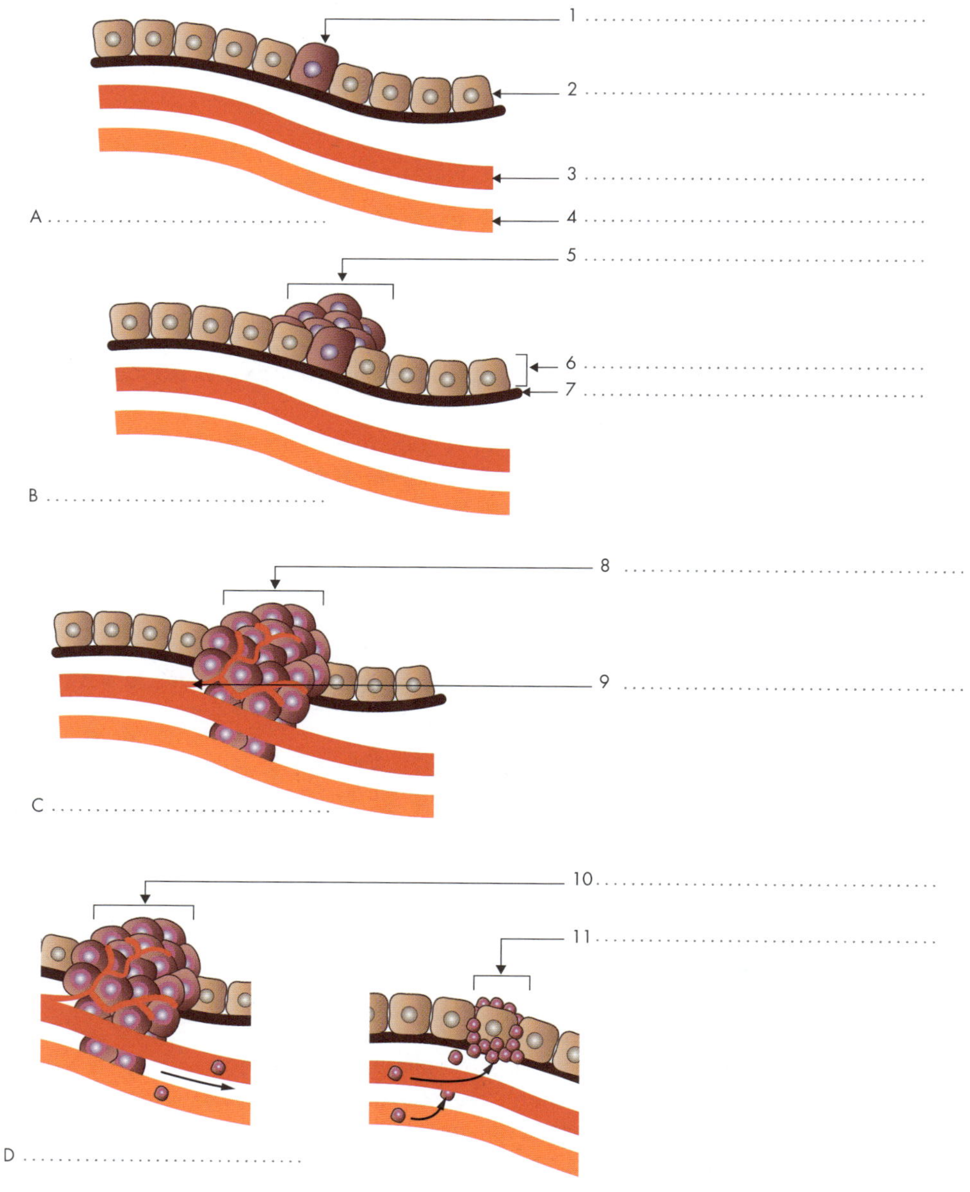

1.3. Cocher les propositions correctes.

- Une cellule cancéreuse est une cellule ☐ normale ☐ mutée ☐ saine ☐ tumorale
- Une cellule cancéreuse subit une prolifération ☐ contrôlée ☐ excessive ☐ limitée ☐ normale
- Une cellule cancéreuse est une cellule ☐ différenciée ☐ dédifférenciée ☐ indifférenciée

1.4. Nommer le type d'événements qui peut provoquer la transformation des cellules d'une tumeur bénigne en cellules de tumeur maligne : ....

1.5. La distinction entre une tumeur maligne et une tumeur bénigne se base sur l'étude des caractéristiques de la tumeur. En utilisant le **document 1** et les connaissances acquises, associer par une croix chaque caractéristique au type de tumeur correspondant.

	les caractéristiques de la tumeur		tumeur bénigne	tumeur maligne
1.	l'aspect macroscopique de la tumeur	une tumeur non encapsulée, avec des limites imprécises et irrégulières		
		une tumeur souvent encapsulée, avec des limites nettes et régulières		
2.	l'aspect microscopique des cellules	des cellules atypiques, plus ou moins semblables aux cellules originelles, mal différenciées ou indifférenciées		
		des cellules semblables à celles du tissu originel et souvent différenciées		
3.	la vascularisation	normale		
		importante		
4.	la vitesse de croissance ou de développement	faible, lente		
		élevée, rapide		
5.	l'extension, l'infiltration des tissus voisins	une tumeur localisée		
		une extension locale, régionale et souvent à distance avec présence de métastases		
6.	les conséquences sur l'organisme	un pronostic vital réservé, avec risque de récidive et de complications		
		un pronostic favorable avec peu de risque de récidive après traitement, mais un risque de transformation maligne		

Document 2 un cas clinique, l'exemple d'un cancer du sein

VIDÉO
Le cancer du sein
lienmini.fr/10449-16

Madame G. est une femme de 56 ans. Sa grand-mère et sa tante étant décédées des suites d'un cancer du sein, elle est sensibilisée à cette maladie : elle connait les facteurs qui favorisent ce cancer tels qu'une prédisposition génétique, une consommation d'alcool ou une exposition aux radiations lors d'examens. Ainsi, elle réalise régulièrement des autopalpations et dans le cadre du dépistage organisé par les pouvoirs publics, elle passe sa troisième mammographie de contrôle.

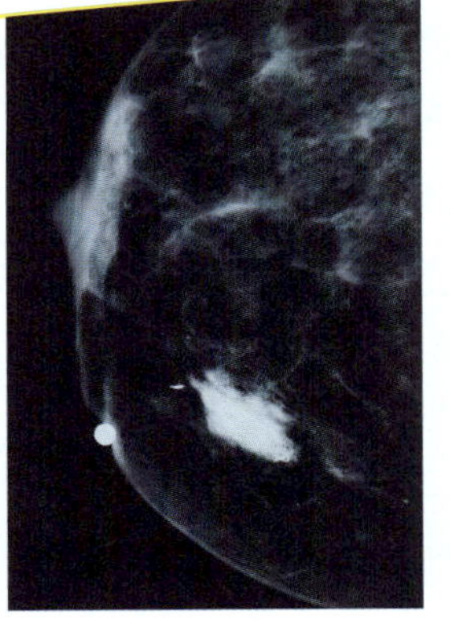

Malgré l'absence de tout symptôme, cette dernière mammographie montre une masse suspecte au niveau du sein droit (voir le cliché). Compte tenu des antécédents de madame G, le médecin propose de programmer une intervention. Il explique que l'intervention aura lieu sous anesthésie générale. Le chirurgien réalisera une biopsie. Un examen anatomopathologique du prélèvement sera pratiqué aussitôt. Selon le résultat de cet examen, l'équipe médicale décidera de la suite de l'intervention : elle sera interrompue si les tissus analysés sont sains ; dans le cas contraire, une tumorectomie ou, si nécessaire, une mastectomie, partielle ou totale, sera effectuée.

2 Les agents mutagènes et la prévention primaire

Document 3 des causes à la prévention

Les cancers sont une famille de maladies aux origines multifactorielles. Leur développement est lié à la présence de facteurs cancérogènes, qu'ils soient *endogènes* ou *exogènes*.
Les facteurs endogènes sont principalement de nature génétique, immunitaire ou hormonale.
Les facteurs exogènes (ou environnementaux) sont responsables de la majorité des cancers. Les principaux sont de nature chimique, physique, infectieuse ou alimentaire.
Une meilleure connaissance des facteurs cancérogènes permet de mettre de place des mesures de prévention adaptées contre les cancers en général ou un type de cancer en particulier.

2.1. Donner la signification de *cancér(o)- / carcin(o)- / onc(o)-* : ....

- Définir le terme *cancérogène* : ....
- Proposer deux adjectifs synonymes : ....

2.2. En utilisant le **document 3**, compléter le tableau.

un commentaire	la nature du facteur endogène
Certains cancers présentent un caractère familial : des gènes mutés sont transmis des parents à leur enfant.	
Des déséquilibres endocriniens peuvent intervenir sur le développement de cancers comme certains cancers du sein.	
En fonction de l'âge, du mode de vie, du stress ou d'un état pathologique (sida), l'organisme est moins efficace pour éliminer les cellules atypiques.	

- Souligner le facteur cancérogène endogène qui correspond au cas clinique de madame G. présenté dans le **document 2**. Justifier. ....
....

2.3. Donner la nature et une source pour chaque exemple de facteur cancérogène exogène.

la nature du facteur exogène	des exemples	une source
	les rayons X	
	les UV	
	la radioactivité (les rayons γ)	
	la fumée de tabac	
	l'alcool	
	l'amiante	
	des solvants (le benzène)	
	le papillomavirus	
	des colorants	

- Souligner, dans le **document 2**, deux facteurs cancérogènes exogènes liés au cancer du sein.
- Relier chaque facteur cancérogène exogène au nom du cancer particulier

les UV ①	ⓐ un cancer thyroïdien
la radioactivité ②	ⓑ un mélanome
l'amiante ③	ⓒ un sarcome de Kaposi
le papillomavirus ④	ⓓ un cancer de la plèvre
le VIH ⑤	ⓔ un cancer du col de l'utérus

■ Nommer le facteur exogène responsable du plus grand nombre de cancers : ....

■ Donner 4 exemples d'organes particulièrement sensibles à ce facteur.

1. .... 2. ....

3. .... 4. ....

2.4. Proposer un moyen de prévention primaire pour lutter globalement contre les cancérogènes.

....

■ Choisir un facteur cancérogène, proposer un moyen de prévention adapté.

....

3 Le dépistage, le diagnostic et le suivi des cancers

Document 3 du dépistage au diagnostic

VIDÉO
Le dépistage du cancer du sein
lienmini.fr/10449-17

Les cancers sont des maladies asymptomatiques durant plusieurs années. Des signes d'appels peuvent cependant inciter un patient à consulter un médecin : une **asthénie**, une **adénomégalie**, une **hématémèse**, une **hémoptysie**, une **rectorragie**.
Des dépistages sont organisés par les autorités publiques pour repérer plus précocement un cancer.
Cette prévention peut mettre œuvre des examens de première intention, comme la radiographie ou l'endoscopie, etc., qui permettent de poser la première étape du diagnostic. Cependant, ces examens permettent uniquement de localiser ou visualiser une tumeur : ils ne permettent pas d'identifier son caractère malin (un cancer) ou bénin.
L'examen anatomopathologique est l'examen de certitude qui permet de poser le diagnostic de cancer. Il correspond à l'examen macroscopique et microscopique de tissus, réalisé sur un prélèvement par une biopsie, une ponction, un écouvillonnage... Il permet l'observation des modifications provoquées par la maladie sur les tissus et les cellules.
D'autres examens complémentaires sont mis en œuvre, comme le dosage sanguin de marqueurs tumoraux spécifiques. Un marqueur tumoral est une protéine particulière qui apparaît sur la membrane plasmique des cellules cancéreuses :
– des PSA (antigènes prostatiques spécifiques) spécifiques du cancer de la prostate ;
– des ACE (antigènes carcino-embryonnaires) spécifiques du cancer du côlon ;
– des AFP (alpha-fœto-protéines) spécifiques du cancer du foie.
Ces marqueurs tumoraux ne sont cependant pas forcément caractéristiques de la présence d'un cancer. Leur dosage est donc un élément de diagnostic complémentaire à l'examen anatomopathologique.

3.1. Le dépistage est un moyen de prévention :

☐ primaire ☐ secondaire ☐ tertiaire

■ Justifier la réponse à l'aide des définitions du lexique : ....

....

....

....

3.2. Définir les termes en gras du **document 4**.

....

....

....

....

....

- Nommer l'examen clinique que madame G. pratique elle-même pour dépister une éventuelle grosseur au niveau de ses seins : ....

- Proposer un examen clinique pratiqué par un soignant dans le cadre du dépistage du cancer :
  - du col de l'utérus : ....
  - de la prostate : ....
  - du côlon : ....

- Nommer et définir l'examen complémentaire réalisé pour madame G.

....

- Relier chaque examen complémentaire à son intérêt.

une TDM ou une IRM	1	a	localiser une tumeur pulmonaire
une fibroscopie	2	b	localiser une tumeur du système nerveux
une radiographie	3	c	visualiser une tumeur du tube digestif ou des voies respiratoires
une scintigraphie	4	d	localiser des foyers tumoraux dans l'ensemble du squelette

3.3. Souligner dans le **document 4** la définition d'un examen anatomo-pathologique.

- Citer trois éléments caractéristiques d'une tumeur maligne observables au cours de cet examen.

....

....

- Le tableau ci-dessous présente des avantages et inconvénients de l'examen anatomopathologique. Rayer la proposition fausse. Préciser s'il s'agit d'un avantage (A) ou d'un inconvénient (I).

		A	I
un examen qui permet un diagnostic de certitude	un examen qui ne permet pas un diagnostic de certitude		
un examen invasif	un examen non invasif		
une anesthésie locale ou générale	pas d'anesthésie		
l'échantillon prélevé est toujours représentatif	l'échantillon prélevé n'est pas toujours représentatif		

3.4. Citer 3 exemples de marqueurs tumoraux dosés dans le sang à l'aide du **document 4**.

1. .... 2. .... 3. ....

- Cocher les propositions qui représentent un intérêt au dosage des marqueurs tumoraux.
  - ☐ leur présence est un élément du diagnostic de certitude
  - ☐ leur présence est souvent le signe de la récidive d'un cancer traité
  - ☐ leur dosage permet d'évaluer le pronostic vital
  - ☐ leur dosage permet le suivi de l'efficacité du traitement

VIDÉO
De la cellule saine à la cellule malade
lienmini.fr/10449-18

4 Les traitements des cancers

> Les traitements proposés à un patient sont décidés en équipe pluridisciplinaire.
> Utilisés seul ou associés, chaque choix est adapté à chaque situation.

4.1. Cocher les propositions correctes.
Les traitements sont destinés à obtenir : ☐ une récidive ☐ une rémission ☐ une guérison

4.2. Deux traitements sont évoqués dans le cas clinique de madame G. (**document 2**) : *une tumorectomie* et *une mastectomie*. Définir les deux termes.

- une tumorectomie : ....
- une mastectomie (ou mammectomie) : ....

■ Une adénectomie correspond à une ablation des ganglions lymphatiques. Elle est souvent associée à une tumorectomie. Proposer un intérêt à la pratique de cet acte.

....

■ Nommer le type de traitement qui correspond à ces trois exemples d'actes : ....

4.3. La chimiothérapie est un 2e type de traitement anticancéreux. Cocher les propositions correctes.

■ la chimiothérapie est un traitement : ☐ chirurgical ☐ hormonal ☐ médicamenteux

■ la chimiothérapie a pour conséquence :

☐ une augmentation de l'activité mitotique des cellules saines

☐ une diminution de l'activité mitotique des cellules tumorales

☐ une diminution de l'activité mitotique des cellules saines à cycle cellulaire court

4.4. La radiothérapie, un troisième type de traitement fréquent, consiste à exposer la tumeur à des rayons. Cocher les propositions correctes.

■ Les rayons utilisés sont de type : ☐ X ☐ ultrasons ☐ γ (gamma) ☐ magnétique

■ La source des rayons émis peut être placée : ☐ à l'extérieur du corps ☐ directement dans la tumeur

4.5. Les trois principaux traitements provoquent des effets iatrogènes, dont le plus visible est la perte des cheveux (une alopécie). Définir l'adjectif *iatrogène*.

....

■ Le tableau ci-dessous présente 8 effets iatrogènes. Associer par des croix chaque effet au traitement.

	la chirurgie	la chimiothérapie	la radiothérapie
une nécrose des tissus voisins par brûlure			
une stérilité			
des nausées et vomissements			
l'exérèse de tissus sains			
des douleurs			
une asthénie			
une anémie			
une alopécie			

4.6. D'autres traitements peuvent être mis en œuvre. Certains sont à l'état de recherche appliquée. Relier le nom du traitement à son principe.

l'hormonothérapie	1	a	un apport des cellules saines
l'immunothérapie	2	b	une utilisation d'interleukines pour stimuler l'immunité
la greffe	3	c	un apport d'anti-oncogène, un gène inhibiteur de la division cellulaire
la thérapie génique	4	d	une utilisation de substances endocrines

4.7. Certains traitements sont utilisés non pour lutter contre le cancer, mais contre des conséquences du cancer. Un soutien psychologique adapté au patient et à sa famille peut être mis en place. Nommer le traitement qui correspond à chaque définition.

- un traitement qui réduit la douleur : ....
- un traitement qui prévient nausées et vomissements : ....
- un traitement d'accompagnement qui soulage le malade et améliore son confort de vie : ....

....

- un traitement des symptômes de la maladie : ....

>>>> L'ESSENTIEL DU COURS >>>>

le cancer

des définitions

une tumeur : une prolifération anormale de cellules liée à une perturbation des systèmes de contrôle du cycle cellulaire

un cancer : une prolifération anormale de cellules anormales

	une tumeur bénigne	une tumeur maligne (un cancer)
l'aspect macroscopique	souvent encapsulée, avec des limites nettes et régulières	non encapsulée, avec des limites imprécises et irrégulières
l'aspect microscopique	des cellules semblables à celles du tissu originel et souvent différenciées	des cellules atypiques, plus ou moins semblables aux cellules originelles, mal différenciées ou indifférenciées
la vascularisation	normale	importante (une néoangiogenèse)
le développement	lent	rapide
l'extension	une tumeur localisée	une extension locale, régionale et souvent à distance (formation de métastases)

la pathogénie

① **la phase d'initiation : les mutations**
⇒ une mutation des gènes impliqués dans le contrôle de la division cellulaire et une perturbation des systèmes de régulation du cycle cellulaire

② **la phase de promotion : l'extension clonale**
une multiplication excessive des cellules mutées, de nouvelles mutations
⇒ une accélération de la prolifération cellulaire, la transformation en cellules cancéreuses

③ **la phase de progression : l'invasion loco-régionale**
une modification de l'environnement des cellules, une néoangiogenèse, une absence de contrôle de la croissance cellulaire

④ **la phase d'invasion à distance : les métastases**
une migration des cellules tumorales par voie sanguine et lymphatique, la formation de foyers secondaires

les agents mutagènes	**les types d'agents mutagènes**	des agents chimiques	des agents physiques	des agents biologiques
	des exemples	les goudrons	les rayons UV	le papillomavirus

la prévention primaire	**des exemples**	l'arrêt du tabagisme	éviter l'exposition prolongée au soleil	la vaccination anti-HPV

le dépistage/ les 1res étapes du diagnostic	**l'imagerie médicale**	– la scintigraphie (exemple : la scintigraphie osseuse / le cancer des os) – la radiographie (exemple : la mammographie / le cancer du sein) – l'endoscopie (exemple : la coloscopie / le cancer du côlon) – l'IRM, la scanographie
	les examens biologiques	– le dosage des marqueurs tumoraux (exemple : les PSA / le cancer de la prostate) – la recherche de sang dans les selles / le cancer colorectal – l'écouvillonnage (exemple : le frottis cervico-vaginal / le cancer du col de l'utérus)

le diagnostic de certitude	**l'examen anatomopathologique**	l'observation macroscopique et microscopique de la tumeur

les traitements

	le principe et les intérêts	les effets secondaires
la chirurgie	l'ablation de la tumeur	une douleur, une exérèse de tissus sains
la radiothérapie	une destruction locale de la tumeur par exposition aux rayons X ou γ	une asthénie, une anémie, une nécrose des tissus voisins par brûlure
la chimiothérapie	l'administration de substances chimiques qui diminuent l'activité mitotique des cellules	des nausées, des vomissements, une asthénie, une anémie, une alopécie
d'autres traitements	l'immunothérapie, l'hormonothérapie, une inhibition de la formation de nouveaux vaisseaux, la greffe de moelle osseuse, la thermothérapie	

ENTRAÎNEMENTS

Terminologie

Compléter les tableaux

les unités de sens	la signification	les unités de sens	la signification
cancér(o)-		cary(o)-	
carcin(o)-			
			la chimie
			un rayon, un rayonnement

les termes	les définitions
une biopsie	
	une tumeur maligne secondaire, provenant de la propagation de cellules cancéreuses d'un foyer primaire, par voie sanguine ou lymphatique
	une grosseur, une augmentation de volume d'une partie d'un tissu ou d'un organe, due à la multiplication de cellules

Testez-vous

THÈME 1

1. Donner la signification du sigle ADN ; préciser la composition moléculaire et la structure tridimensionnelle de l'ADN.
2. Un chromosome a une longueur moyenne de 5 µm. L'ADN des 46 chromosomes humains mis bout à bout mesure près de 2 mètres. Expliquer cette différence.
3. Nommer et définir deux phases du cycle cellulaire ; décrire les états du chromosome à chaque phase.
4. La durée d'un cycle cellulaire est variable pour une même cellule. Commenter cette affirmation.
5. Justifier la nécessité de la synthèse d'un nouvel ADN durant l'interphase.

THÈME 2

6. Définir et localiser la transcription ; comparer la molécule obtenue par la transcription d'un gène avec la molécule d'ADN.
7. Définir et localiser la traduction ; citer les acteurs de ce processus.
8. Citer deux caractéristiques du code génétique.
9. L'ARNm est une molécule informative intermédiaire. Justifier cette expression.
10. Justifier chaque affirmation :
    – une mutation par insertion ou par délétion est toujours non silencieuse.
    – une mutation par substitution peut être silencieuse.

THÈME 3

11. Définir un autosome et un gonosome ; donner le nombre de chromosomes de chaque type dans une cellule humaine somatique ; nommer les gonosomes présents chez l'homme, chez la femme.
12. Définir chacun des termes suivants : un gène ; un allèle ; le génotype ; le phénotype ; une homozygotie ; une hétérozygotie.
13. Préciser les conventions d'écriture d'un génotype et d'un phénotype.

THÈME 4

14. Citer et décrire les quatre étapes qui conduisent à un cancer.
15. Citer quatre facteurs mutagènes (trois exogènes et un endogène) ; indiquer leur action sur les cellules.
16. Nommer quatre actions de prévention contre le cancer.
17. Citer trois méthodes ou tests de dépistage d'un cancer.
18. Nommer et définir l'examen qui permet de poser un diagnostic de certitude d'un cancer.
19. Citer les trois principaux traitements contre les cancers ; donner le principe et l'intérêt de chacun des trois traitements.
20. Indiquer trois effets secondaires possibles d'un traitement anticancéreux.

Mobilisez vos compétences

■ SUJET 1 : La drépanocytose

La drépanocytose est une maladie génétique très répandue, responsable d'une anomalie de l'hémoglobine contenue dans les globules rouges. On note HbA l'hémoglobine normale et HbS l'hémoglobine anormale. A est l'allèle normal codant l'hémoglobine normale et S est l'allèle muté codant l'hémoglobine anormale.
On distingue deux formes de drépanocytose : une forme mineure peu invalidante et une forme majeure plus grave.
Dans la forme majeure, seule HbS est présente, alors que dans la forme mineure, les deux hémoglobines HbA et HbS sont présentes.

1 Génétique de la drépanocytose

Soit les séquences partielles des brins transcrits de l'allèle A et de l'allèle S :
Allèle A : TACCACGTGGACTGAGGACTCCTC…
Allèle S : TACCACGTGGACTGAGGACACCTC…

1.1. À quelles macromolécules appartiennent les séquences présentées ci-dessus ?

1.2. Que représentent les lettres A, C, G et T ?

1.3. Localiser et identifier la différence entre ces deux séquences. Comment appelle-t-on ce type de mutation ?

1.4. À partir des séquences des allèles A et S de l'hémoglobine et du code génétique donné en **document 1**, indiquer la séquence des peptides A et S. Justifier la réponse en nommant la molécule intermédiaire et en donnant sa séquence.

2 Transmission de la drépanocytose

Le **document 2** présente l'arbre généalogique de deux familles dans lesquelles certains membres sont atteints de drépanocytose.

2.1. Les allèles A et S sont ils récessifs, dominants ou codominants ? Justifier.

2.2. Cette hérédité est-elle autosomique ou gonosomique ? Justifier.

2.3. Les individus II5 et II6, tous deux atteints de la forme mineure de la drépanocytose, attendent un enfant. Après avoir établi les génotypes de ces individus, donner la probabilité pour que l'enfant à naître soit atteint de la forme majeure de la drépanocytose.

Document 1 code génétique

		Deuxième lettre								
		U		C		A		G		
Première lettre	U	UUU	Phe	UCU	Ser	UAU	Tyr	UGU	Cys	U
		UUC	Phe	UCC	Ser	UAC	Tyr	UGC	Cys	C
		UUA	Leu	UCA	Ser	UAA	Stop	UGA	Stop	A
		UUG	Leu	UCG	Ser	UAG	Stop	UGG	Trp	G
	C	CUU	Leu	CCU	Pro	CAU	His	CGU	Arg	U
		CUC	Leu	CCC	Pro	CAC	His	CGC	Arg	C
		CUA	Leu	CCA	Pro	CAA	Gln	CGA	Arg	A
		CUG	Leu	CCG	Pro	CAG	Gln	CGG	Arg	G
	A	AUU	Ile	ACU	Thr	AAU	Asn	AGU	Ser	U
		AUC	Ile	ACC	Thr	AAC	Asn	AGC	Ser	C
		AUA	Ile	ACA	Thr	AAA	Lys	AGA	Arg	A
		AUG	Met	ACG	Thr	AAG	Lys	AGG	Arg	G
	G	GUU	Val	GCU	Ala	GAU	Asp	GGU	Gly	U
		GUC	Val	GCC	Ala	GAC	Asp	GGC	Gly	C
		GUA	Val	GCA	Ala	GAA	Glu	GGA	Gly	A
		GUG	Val	GCG	Ala	GAG	Glu	GGG	Gly	G

Troisième lettre

Document 2

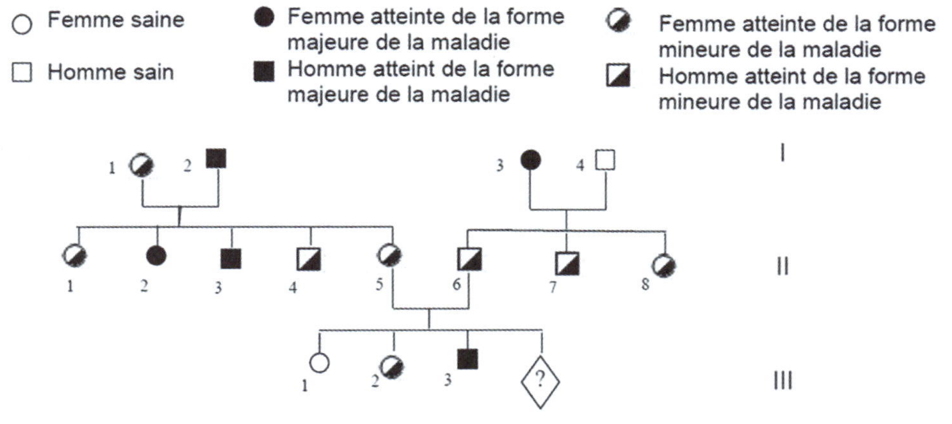

■ **SUJET 2 : Le syndrome de Bloom**

Le syndrome de Bloom (BS) est une maladie génétique très rare. Elle a été décrite pour la première fois en 1954 par un dermatologue, le docteur David Bloom. Les deux caractéristiques cliniques constantes du syndrome de Bloom sont une petite taille (« nanisme harmonieux ») et une prédisposition au développement de cancers. La distribution des cancers développés est similaire à celle de la population générale, mais l'âge moyen d'apparition (24,7 ans) est beaucoup plus précoce. En outre, il n'est pas rare de retrouver chez les patients atteints de ce syndrome un déficit immunitaire qui se manifeste par une sensibilité accrue aux infections des voies respiratoires et du tractus intestinal.

1 Origine génétique du syndrome de Bloom

1.1. Étude du gène muté

> Le syndrome de Bloom est la conséquence de <u>mutations</u> survenues sur le <u>gène</u> *blm*. La forme mutée du gène *blm* code une protéine non fonctionnelle. Le **document 1** présente un fragment du gène *blm* sain et celui du gène muté.

- Définir les deux termes soulignés.
- Comparer les deux fragments du gène et identifier la mutation.
- Transcrire au brouillon chaque fragment de gène présenté dans le **document 1a**, en nommant chaque molécule obtenue.
- Déterminer, à l'aide du code génétique fourni dans le **document 1b**, chaque séquence peptidique correspondante.
- Comparer les deux séquences peptidiques et en déduire la raison pour laquelle la protéine mutée n'est pas fonctionnelle.

1.2. La transmission héréditaire du syndrome de Bloom

> Le **document 2** présente l'arbre généalogique d'une famille dont certains membres sont atteints du syndrome de Bloom.

- Démontrer que le mode de transmission de la maladie est récessif.
- Préciser si l'allèle causant la maladie est porté par des autosomes ou des chromosomes sexuels. Expliquer la démarche.
- Indiquer, en justifiant, le génotype des individus I 2 et II 3.
- Présenter, pour le couple III 2 – III 3, le risque de mettre au monde un enfant atteint. Justifier à l'aide d'un échiquier de croisement.

② Syndrome de Bloom et prédisposition au cancer

> Le gène *blm* code une protéine intervenant au cours du cycle cellulaire.

2.1. Cycle cellulaire

À partir d'une culture de cellules synchronisées, on réalise le dosage de la quantité d'ADN par cellule en fonction du temps.

- Délimiter, sur le **document 3a**, un cycle cellulaire et calculer sa durée.
- À partir de l'analyse du **document 3a** et des connaissances, repérer puis placer sur ce graphe les phases d'un cycle d'une cellule en division.

> Parallèlement à ce dosage on réalise des observations microscopiques des cellules à différents stades du cycle cellulaire.

- Le **document 3b** présente deux photographies de ces observations. Indiquer à quelles phases du cycle cellulaire correspond chacune de ces photographies. Justifier.

> Dans le syndrome de Bloom, l'absence de protéine BLM fonctionnelle provoque des dysfonctionnements du cycle cellulaire prédisposant au développement de cancer notamment colo-rectaux.

2.2. Étude d'un cas de cancer colo-rectal

Monsieur B., atteint du syndrome de Bloom, consulte son médecin pour des douleurs abdominales et des troubles du transit intestinal d'apparition récente avec alternance de diarrhées et de constipation, des rectorragies, une anorexie et une asthénie. Le médecin suspecte un cancer colo-rectal et prescrit une coloscopie. Cet examen confirme la présence d'une tumeur et permet de réaliser une biopsie en vue d'un examen anatomo-pathologique.

- Définir les cinq termes soulignés.
- Indiquer l'objectif de l'examen anatomo-pathologique.
- À l'aide du **document 4**, présenter les différents stades de développement du cancer colo-rectal.

Document 1

1a séquences nucléotidiques d'un fragment d'un allèle normal du gène *blm* et d'un allèle muté

numérotation des nucléotides — **2401** — **2411** — **2421**
blm **normal**
brin transcrit — 3' T C A G T C A C C C C T G T A C T A A A A G C A 5'

numérotation des nucléotides — **2401** — **2411** — **2421**
blm **muté**
brin transcrit — 3' T C A G T C A A C C C C T G T A C T A A A A G C A 5'

1b Code génétique → voir Document 1 du sujet 1 p. 84.

Document 2 arbre généalogique d'une famille touchée par le syndrome de Bloom

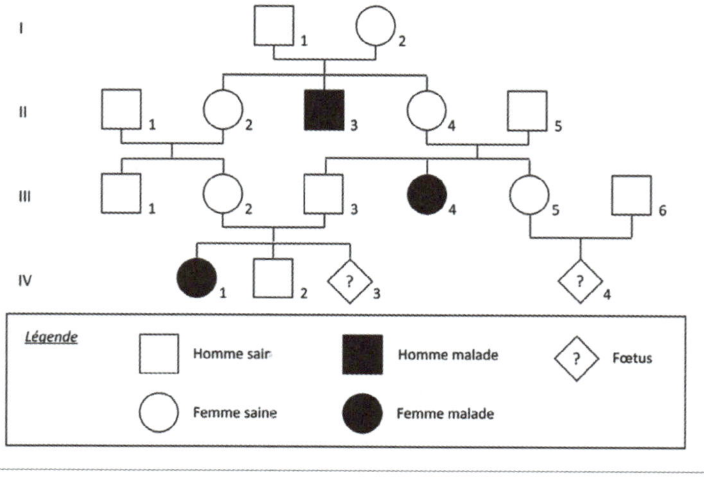

Document 3 étude du cycle cellulaire

3a évolution de la quantité d'ADN dans une cellule au cours du temps

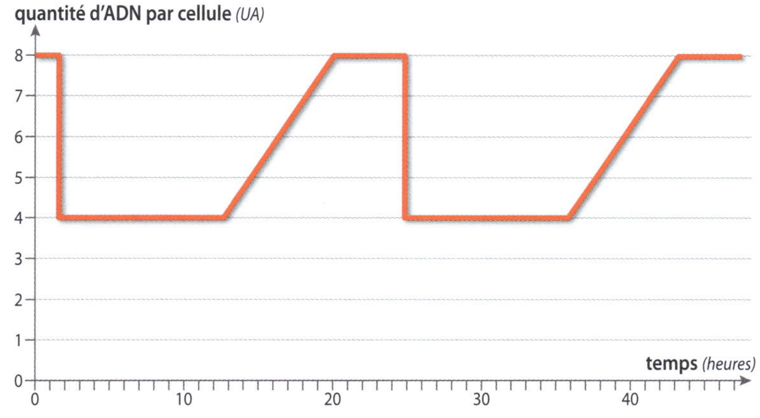

3b observations microscopiques de cellules au cours d'un cycle cellulaire

Photographie 1

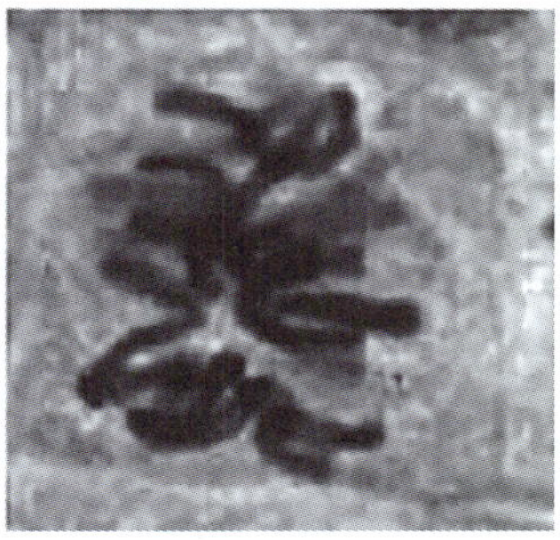

Photographie 2

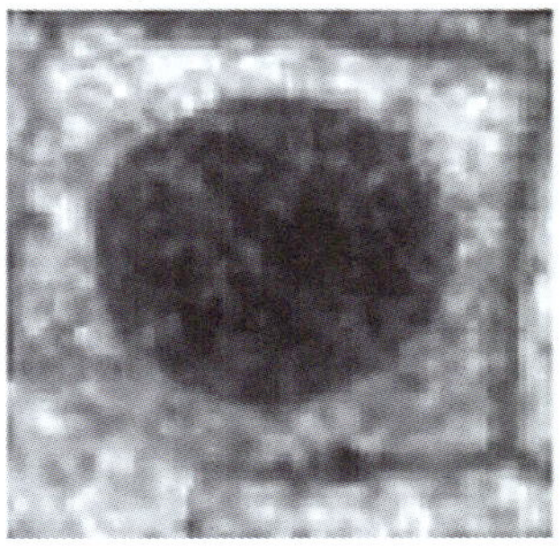

Document 4 différents stades du développement d'un cancer colo-rectal

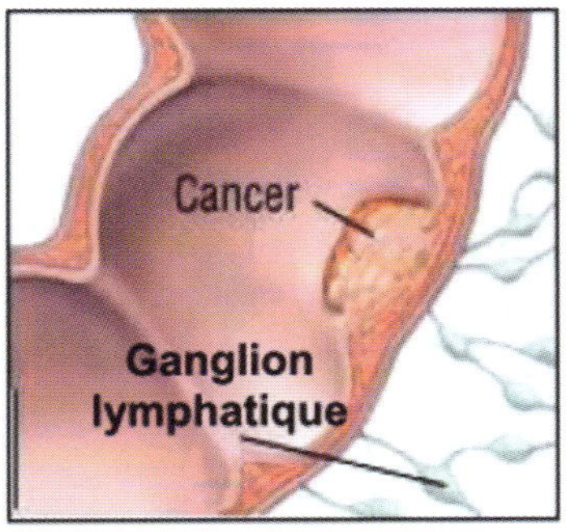

Stade 1

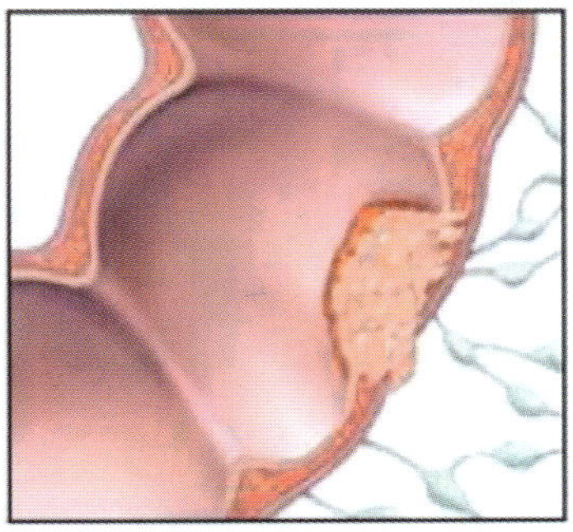

Stade 2

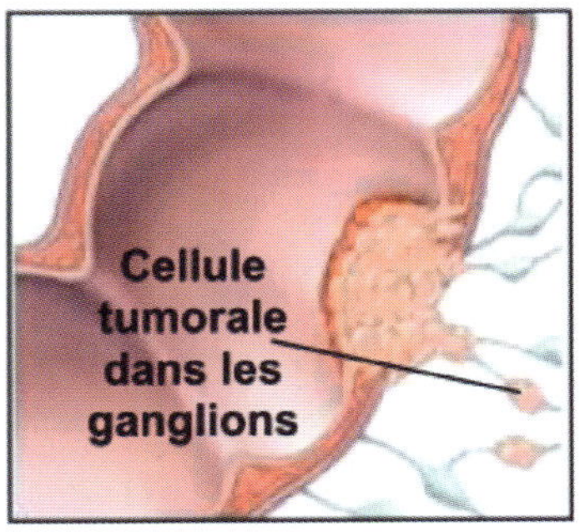

Stade 3

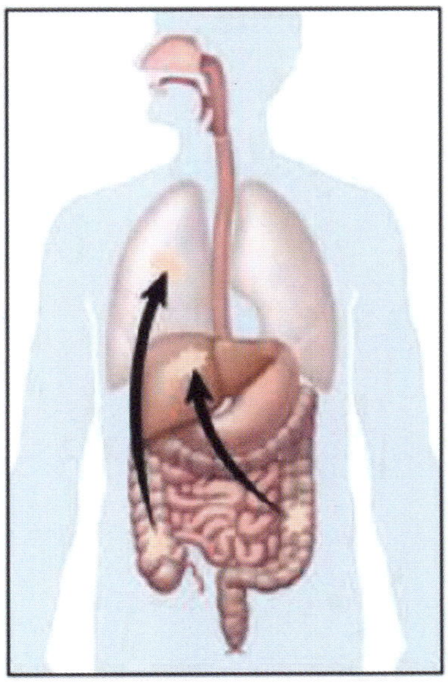

Stade 4

8

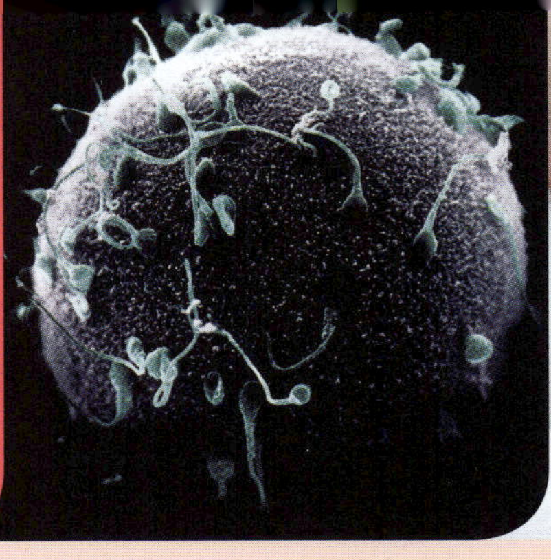

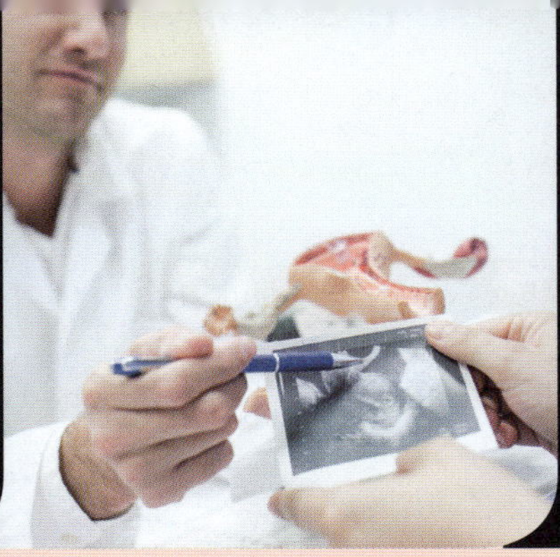

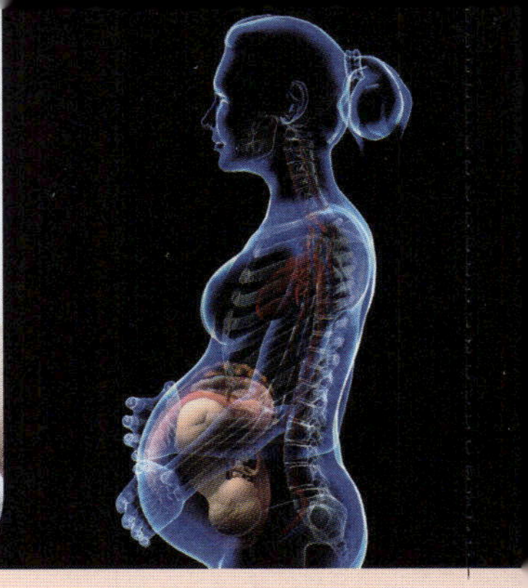

Appareil reproducteur et transmission de la vie

→ **Comment est assurée la transmission de la vie ?**

→ **Quels sont les moyens utilisés pour la maîtrise de la procréation ?**

THÈME 1 L'anatomie et la physiologie des appareils reproducteurs 89

THÈME 2 La régulation de la fonction reproductrice 99

THÈME 3 La grossesse 111

THÈME 4 La maîtrise de la reproduction 123

ENTRAÎNEMENTS 133

THÈME 1

L'anatomie et la physiologie des appareils reproducteurs

La reproduction est la fonction qui assure la pérennité d'une espèce. Pour l'espèce humaine, la reproduction est sexuée. Elle met en jeu des organes responsables de la production, puis de la rencontre, de deux cellules issues de deux partenaires de sexe différent. Cette union de deux cellules haploïdes parentales donne naissance à une cellule-œuf diploïde, le zygote, à l'origine d'un nouvel être humain. Le zygote contient un patrimoine génétique original, issu de chacun des parents.

les notions et contenus	les capacités exigibles
l'anatomie des appareils reproducteurs	• identifier les organes des appareils reproducteurs
la gamétogenèse et la folliculogenèse l'haploïdie et la diploïdie	• identifier les cellules de la spermatogenèse et de l'ovogenèse et leurs caractéristiques chromosomiques • repérer les différents stades de développement du follicule

1 L'organisation des appareils reproducteurs

VIDÉO
L'évolution des appareils
www.lienmini.fr/10449-19

Document 1 les organes de la reproduction

L'appareil reproducteur (ou génital) de chaque sexe est composé de quatre éléments :
- des **gonades** : ces glandes produisent des gamètes et des hormones sexuelles ;
- des **voies génitales** : elles permettent le déplacement des gamètes ; les voies génitales féminines sont adaptées à la rencontre des gamètes et au développement de l'embryon ;
- un **organe copulateur** : il permet l'accouplement entre les deux partenaires ;
- des **glandes annexes** : elles participent au fonctionnement de l'appareil génital.

1.1. Localiser dans l'organisme les organes internes des appareils reproducteurs masculin et féminin.

....

1.2. À l'aide du texte du **document 1** et des connaissances, compléter le tableau. Utiliser les expressions et termes suivants : *le canal déférent, la glande vestibulaire (glande de Bartholin), les œstrogènes, l'ovaire, l'ovocyte II, le pénis, la progestérone, la prostate, le spermatozoïde, le testicule, la testostérone, la trompe utérine (ou trompe de Fallope), le tube séminifère, l'utérus, le vagin, la vésicule séminale.*

	l'appareil génital masculin	l'appareil génital féminin
les gonades		
les gamètes		
les hormones sexuelles		
les voies génitales		
l'organe copulateur		
les glandes annexes		

Document 2 l'appareil reproducteur masculin

Les deux testicules sont logés à l'extérieur de la cavité abdominale dans le **scrotum** (les bourses). Chaque **testicule** est un organe de forme ovoïde, pesant 30 à 40 g. Son plus grand diamètre mesure 2 à 5 cm. Il est formé de 200 à 300 lobules séparés par de fines cloisons. Chaque lobule contient 3 ou 4 tubes séminifères pelotonnés (l'ensemble mesure environ 1 km !). Les tubes séminifères se rassemblent en un canal de 6 mètres de long, pelotonné sur lui-même : l'**épididyme**. L'épididyme coiffe le testicule. Il est prolongé par le canal déférent, premier segment du **spermiducte**, long de 40 à 45 cm. À proximité de la vessie, le spermiducte se renfle en s'associant à la **vésicule séminale**. Cette glande de 5 cm de long présente un aspect bosselé. Le spermiducte traverse ensuite la **prostate**. Cette glande est disposée autour de l'urètre, en dessous de la vessie. Les sphincters de l'urètre sont étroitement associés à la prostate : ils évitent le mélange entre le sperme et l'urine. Le spermiducte rejoint l'urètre : les voies génitales et urinaires deviennent communes. L'**urospermiducte** continue jusqu'à l'**orifice urogénital**. Le pénis ou la verge est essentiellement constitué de 2 tissus érectiles : deux **corps caverneux** dans la partie supérieure, et le **corps spongieux** qui entoure l'urospermiducte. La partie distale du pénis, formée uniquement de corps spongieux, correspond au **gland**. Cet élément est recouvert par le **prépuce**. Les corps érectiles du pénis sont vascularisés. Une stimulation sexuelle conduit à une vasodilatation des artères des corps érectiles de type réflexe : l'afflux de sang artériel augmente et le retour veineux est limité par compression des veines. L'accumulation de sang dans les corps érectiles est amplifié, le pénis gonfle et se rigidifie : ce phénomène correspond à l'érection masculine.

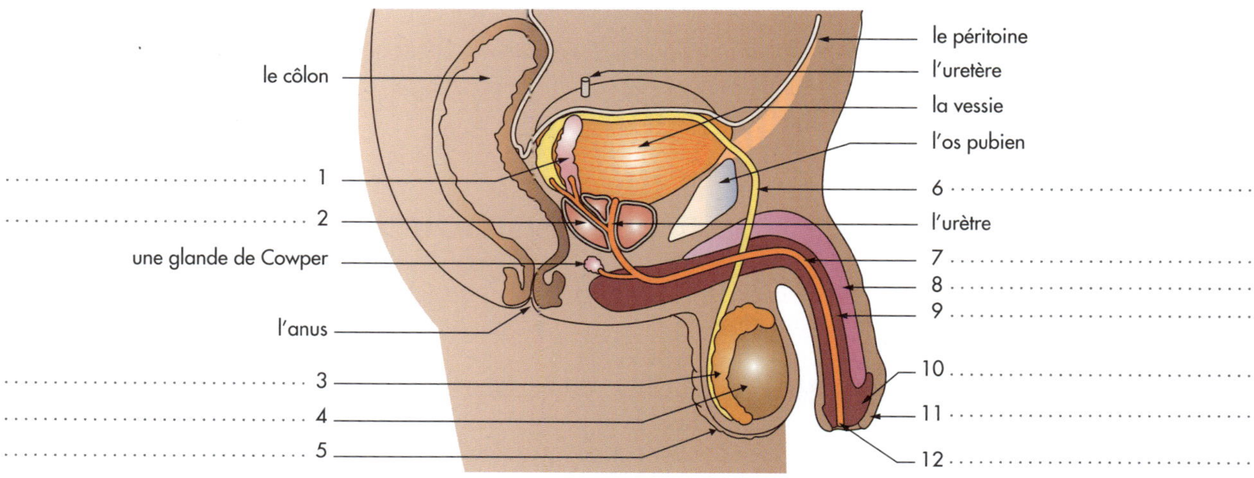

titre : ....

1.3. Donner un titre au schéma du **document 2**, en précisant l'orientation de la coupe.

- Annoter le schéma. Utiliser les termes en gras du texte du **document 2**.
- Marquer d'une croix les éléments qui constituent le pénis.
- Souligner en rouge les gonades, en vert les organes qui font partie des voies génitales.
- Tracer sur le schéma le trajet emprunté par les spermatozoïdes.

WEB
L'appareil reproducteur masculin
www.lienmini.fr/10449-20

1.4. Relier chaque organe à son rôle.

l'épididyme ❶
la prostate ❷
le testicule ❸
l'urospermiducte ❹
la vésicule séminale ❺

ⓐ la production des spermatozoïdes ; la sécrétion de la testostérone
ⓑ la maturation et le stockage des spermatozoïdes
ⓒ l'évacuation de l'urine pendant la miction ; le transport du sperme pendant l'éjaculation
ⓓ la production d'un liquide blanchâtre contenant des enzymes qui assurent la mobilité des spermatozoïdes ; ce liquide représente environ 10 à 30 % du volume du sperme
ⓔ la sécrétion d'un liquide riche en fructose qui nourrit les spermatozoïdes ; ce liquide est le premier à être associé aux gamètes ; il représente environ 60 % du volume du sperme

1.5. Nommer les 3 éléments qui composent le sperme.

1. .... 2. .... 3. ....

Document 3 l'appareil reproducteur féminin

Les **ovaires** sont deux organes ovoïdes. Le plus grand diamètre mesure de 2 à 5 cm. Les **trompes utérines** (les trompes de Fallope) sont deux conduits de 10 à 14 cm de long. Elles ne sont pas reliées directement aux ovaires : leur extrémité en forme de **pavillon** à bords frangés coiffe l'ovaire. La lumière des trompes est plissée et bordée de cellules ciliées. Les deux trompes sont reliées à la partie supérieure renflée de l'**utérus**. L'utérus est un organe musculaire creux, long de 6 à 8 cm. Sa paroi, très épaisse, est constituée par le myomètre (une tunique de muscle lisse) et par l'endomètre (une muqueuse richement vascularisée). Sa partie inférieure forme le **col de l'utérus**, plus étroit, qui communique avec le **vagin**. Le vagin est un conduit à paroi souple, de 7 à 10 cm de long, tapissé d'une muqueuse fine et plissée. Des **glandes vestibulaires** (les glandes de Bartholin) sont associées au vagin : leurs sécrétions assurent la lubrification du vagin lors du rapport sexuel. La vulve désigne l'ensemble des organes génitaux externes. Sa partie centrale présente deux orifices distincts ; l'**orifice urinaire** en avant, l'**orifice vaginal** en arrière. Elle est bordée par des replis charnus, les **grandes lèvres** et les **petites lèvres** ; à la jonction des lèvres se trouve le **clitoris**, formé d'une zone externe (le gland du clitoris) et de deux racines internes, en forme de fourche, qui entourent l'uretère et le vagin. Le clitoris est un organe richement innervé et formé de tissus érectiles : les corps spongieux et caverneux dont le fonctionnement est similaire à ceux de l'homme.

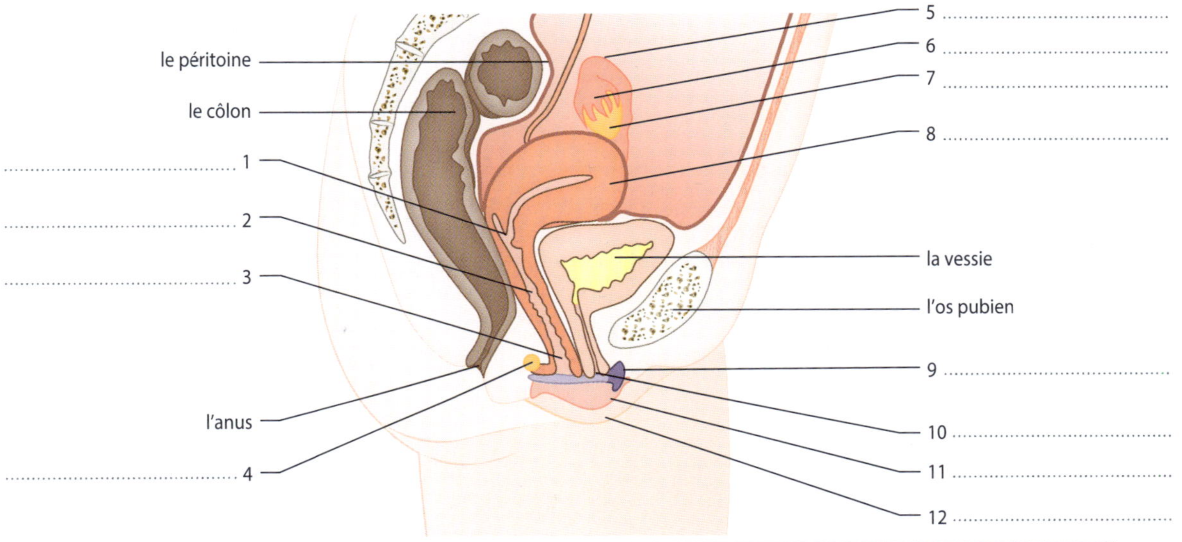

titre : ....

1.6. Donner un titre au schéma du **document 3**, en précisant l'orientation de la coupe.

- Annoter le schéma. Utiliser les termes en gras du texte du **document 3**.
- Marquer d'une croix les éléments qui constituent l'organe copulateur.
- Souligner en rouge les gonades, en vert les organes qui font partie des voies génitales.

> **WEB**
> **L'appareil reproducteur féminin**
> www.lienmini.fr/10449-21

1.7. Chaque organe assure une fonction précise. Compléter le tableau.

l'organe	le rôle
	le recueil de l'ovocyte au moment de l'ovulation
	la production des ovocytes ; la sécrétion des œstrogènes et de la progestérone
la glande de Bartholin	
	le lieu de développement de l'embryon, puis du fœtus
le vagin	

1.8. La photographie ci-dessous est un cliché d'imagerie médicale de la région pelvienne d'une femme.

- Nommer l'examen mis en œuvre :

....

- Repérer et annoter un maximum d'éléments de l'appareil reproducteur féminin.

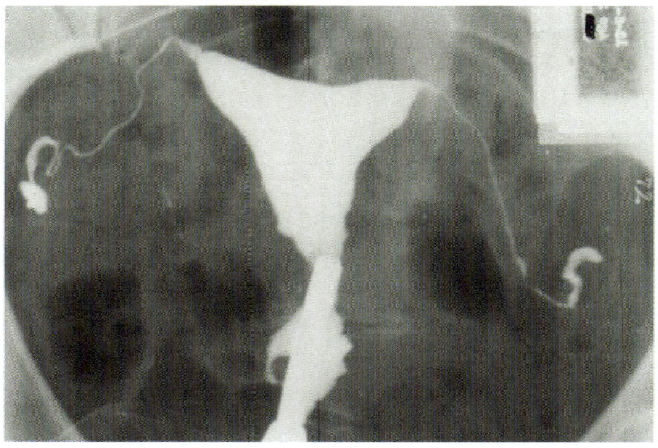

2 La spermatogenèse

Document 4 une description des événements

La spermatogenèse a lieu dans la **paroi** des **tubes séminifères**. Cette paroi est constituée par deux principaux types de cellules : des cellules germinales et les **cellules de Sertoli** (des cellules nourricières). La spermatogenèse commence à la puberté et se poursuit durant toute la vie. Ce processus est contrôlé par la testostérone, une hormone produite par des cellules interstitielles, localisées entre les tubes séminifères : les **cellules de Leydig**.

■ schéma n° 1 : un testicule (CL)

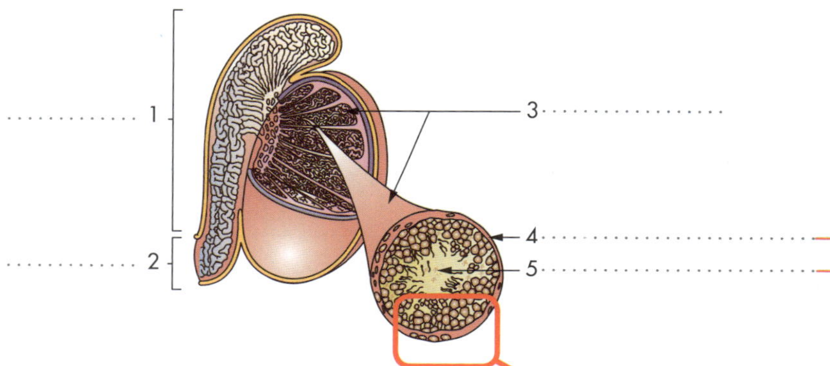

■ image n° 2 : des tubes séminifères (CT)

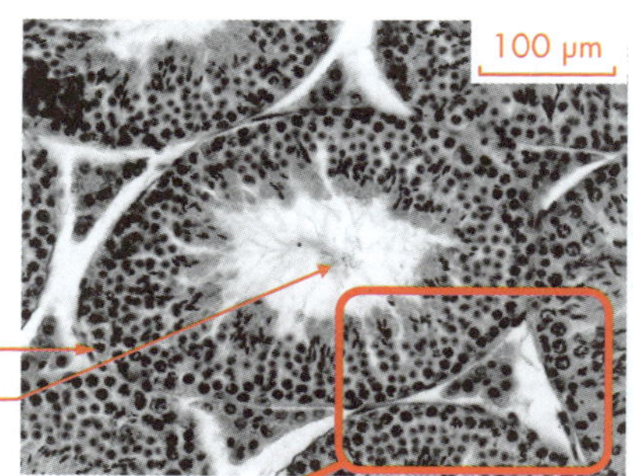

■ schéma n° 3 : la paroi d'un tube séminifère (CT)

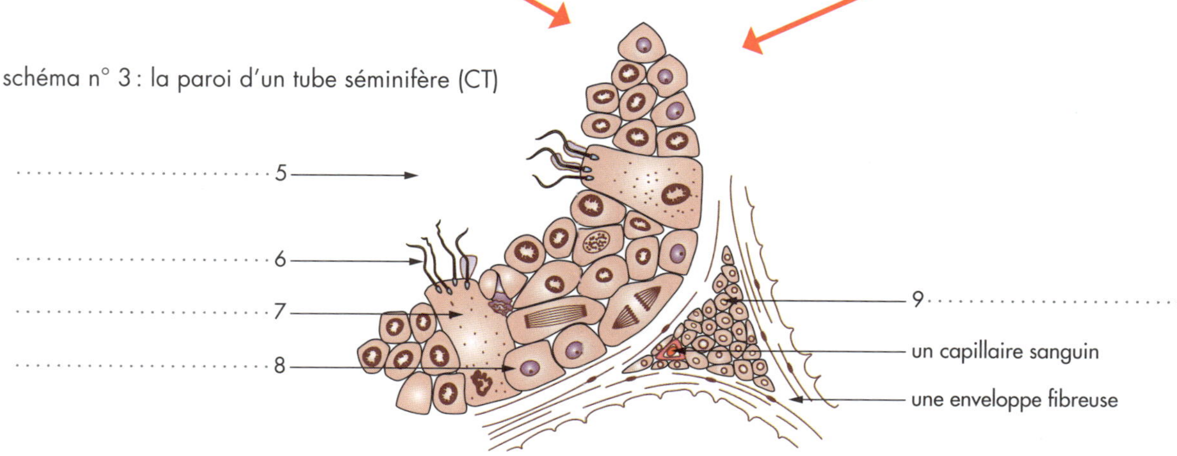

La spermatogenèse se déroule en plusieurs phases sur une durée moyenne de 72 jours :

- Les **spermatogonies**, situées en périphérie du tube, se multiplient par mitoses. Chacune de ces cellules souches produit deux autres cellules : une première spermatogonie reste à l'état de cellule souche ; la seconde poursuit le processus : elle devient un spermatocyte de premier ordre, un spermatocyte I.
- Le **spermatocyte I** subit une première division particulière[1] : les chromosomes de chaque paire sont répartis entre les 2 cellules filles, des spermatocytes II.
- Le **spermatocyte II**, haploïde, subit une seconde division particulière[2] : les chromatides de chaque chromosome sont réparties entre les deux cellules filles : des spermatides ; les spermatides sont des cellules immobiles.
- Le spermatide se différencie en **spermatozoïde** au cours de la spermiogenèse ; il perd la majeure partie de son cytoplasme ; des structures spécialisées apparaissent : un flagelle d'environ 50 µm de longueur, une pièce intermédiaire (riche en mitochondries) et une tête dont le plus grand diamètre est d'environ 5 µm ; la tête contient le noyau et l'acrosome.
- Le spermatozoïde se décroche de la paroi pour rejoindre la **lumière** du tube séminifère.

1. cette première division se nomme la méiose 1 ou division réductionnelle.
2. cette seconde division se nomme la méiose 2 ou division équationnelle.

2.1. Définir les termes suivants.

- la spermatogenèse : ....

....

- la spermiogenèse : ....

....

■ Préciser la signification des sigles CT et CL utilisés dans les titres des illustrations du **document 4**.

- CL : ....
- CT : ....

■ Annoter les illustrations du **document 4**.

2.2. Le testicule est constitué par trois types cellulaires localisés dans des zones différentes. Chaque type cellulaire a une fonction particulière. Relier chaque type cellulaire à sa localisation et à sa fonction.

les cellules de Sertoli ❶	ⓐ dans la paroi des tubes séminifères
les cellules de Leydig ❷	ⓑ entre les tubes séminifères
les cellules germinales et leurs dérivés ❸	ⓒ des cellules nourricières et de soutien
	ⓓ la production de testostérone
	ⓔ la production des gamètes masculins

2.3. Nommer les cellules 1 à 6 représentées sur le schéma du **document 5**.

■ Cocher les propositions correctes.

- les cellules souches sont situées :
  - ☐ en périphérie du tube
  - ☐ à proximité de la lumière
- les gamètes sont situés :
  - ☐ en périphérie du tube
  - ☐ à proximité de la lumière

Document 5 l'évolution des cellules germinales

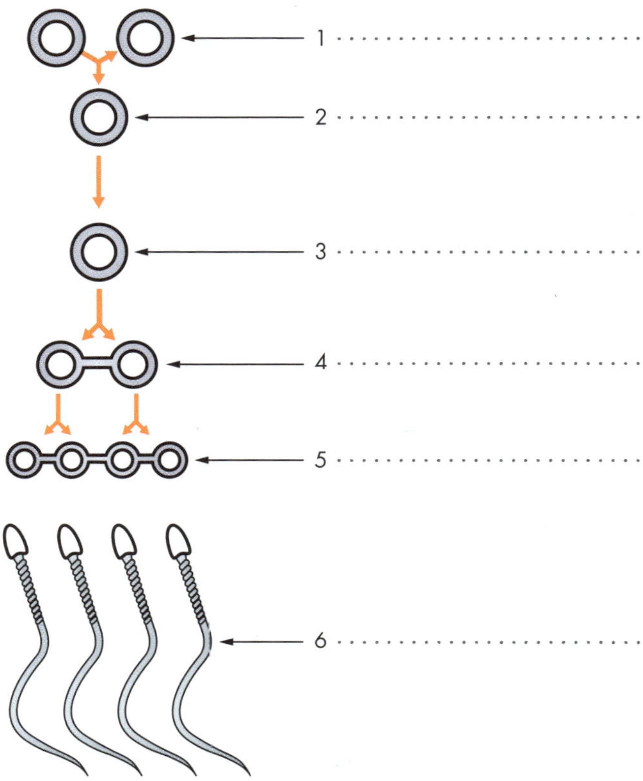

2.4. Les cellules germinales possèdent un noyau haploïde ou diploïde.

- Relier chaque expression à sa définition.

une cellule diploïde humaine ❶	ⓐ une cellule qui contient 23 chromosomes à 1 chromatides
une cellule haploïde humaine ❷	ⓑ une cellule qui contient 46 chromosomes à 2 chromatides ou à 1 chromatide

- Colorier sur le schéma les noyaux diploïdes en bleu et les noyaux haploïdes en rouge.

WEB
Un spermatozoïde
www.lienmini.fr/10449-22

2.5. Le schéma suivant représente un spermatozoïde. Annoter le schéma, puis relier chaque structure à sa fonction.

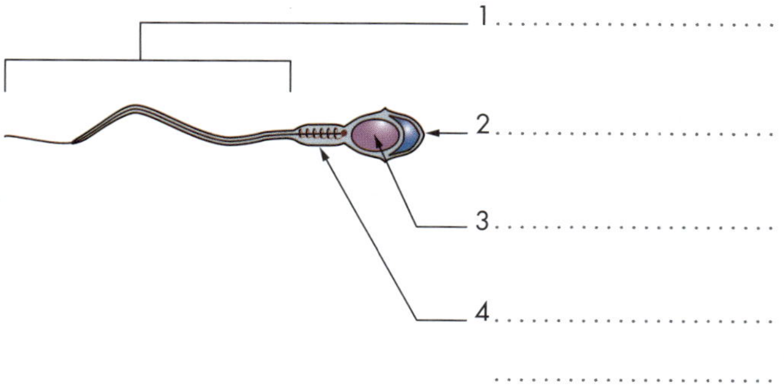

1 ●	ⓐ une participation à la fécondation grâce à des enzymes
2 ●	ⓑ la localisation du patrimoine génétique paternel
3 ●	ⓒ la mobilité de la cellule
4 ●	ⓓ la production de l'énergie nécessaire à la mobilité cellulaire grâce aux mitochondries

3 L'ovogenèse

Document 6 une description des évènements

L'ovogenèse commence dès la vie embryonnaire. Les cellules souches, les ovogonies, sont présentes dans le cortex ovarien. Elles se multiplient par mitoses. Au 5e mois de la vie du fœtus, l'ovaire a produit près de 6 millions d'ovogonies. Certaines ovogonies augmentent en taille et constituent des ovocytes I. Dès la vie embryonnaire, chaque ovaire contient un stock d'ovocytes I. Chaque ovocyte I est entouré de quelques cellules granuleuses qui constituent un **follicule primordial**. L'ovocyte I commence une première division cellulaire particulière, mais il reste bloqué en début de division. Entre la puberté et la ménopause, deux à trois mois avant chaque cycle, un groupe d'ovocytes I est activé. Parallèlement, les cellules folliculaires évoluent progressivement, au cours d'un processus nommé la folliculogenèse. Les cellules folliculaires granuleuses se multiplient : elles forment un épithélium autour de l'ovocyte I. Il s'agit d'abord un épithélium simple, qui constitue le **follicule primaire**, puis un épithélium stratifié, qui constitue le **follicule secondaire**. En général, un seul des ovocytes I poursuit son évolution. Deux cellules haploïdes de taille très inégale sont produites : un globule polaire et un **ovocyte II**. L'ovocyte II entame une seconde division, mais il reste à nouveau bloqué sans la terminer.
Parallèlement, les cellules folliculaires poursuivent leur développement : elles constituent la granulosa. Le liquide sécrété par la granulosa s'accumule dans des cavités : le **follicule cavitaire** se constitue.
Le tissu conjonctif qui entoure un follicule se différencie en une thèque folliculaire interne et une thèque externe. Les cellules de la thèque et de la granulosa synthétisent les œstrogènes. Les cavités folliculaires fusionnent en une cavité unique qui occupe une place très importante, l'antrum, rempli de liquide folliculaire.
Le follicule mûr est nommé le **follicule de De Graaf**. Il fait saillie à la surface de l'ovaire. Au 14e jour du cycle menstruel, la paroi ovarienne se rompt : l'ovocyte II entouré de cellules folliculaires, est libéré dans le pavillon d'une trompe utérine. Dans le cortex ovarien, les cellules de la thèque et la granulosa évoluent : elles constituent le **corps jaune**, sécréteur de progestérone. En absence de fécondation, le corps jaune dégénère en **corps blanc** au cours de la 2de partie du cycle menstruel.
En cas de fécondation, l'ovocyte II termine sa division : un 2d globule polaire et un ovule sont produits.

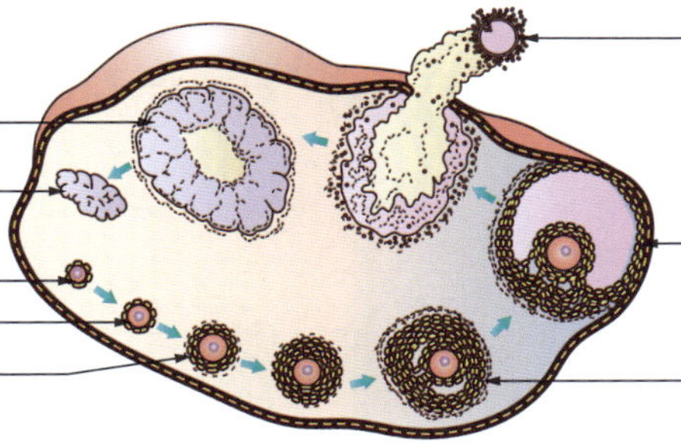

■ le schéma d'une coupe sagittale d'ovaire

3.1. Préciser le lieu de l'ovogenèse : ....

■ Définir les termes suivants.

- l'ovogenèse : ....

....

- la folliculogenèse : ....

....

3.2. Sur le schéma du **document 6**, annoter les structures 1 à 6. Souligner en vert les structures qui contiennent un ovocyte I, en rouge celles qui contiennent un ovocyte II.

■ Sur le schéma du **document 6**, annoter les structures A et B. Préciser le lien entre ces structures et les follicules.

....

3.3. La photographie ci-dessous est une coupe histologique d'ovaire. Repérer et annoter un maximum de structures décrites dans le **document 6**.

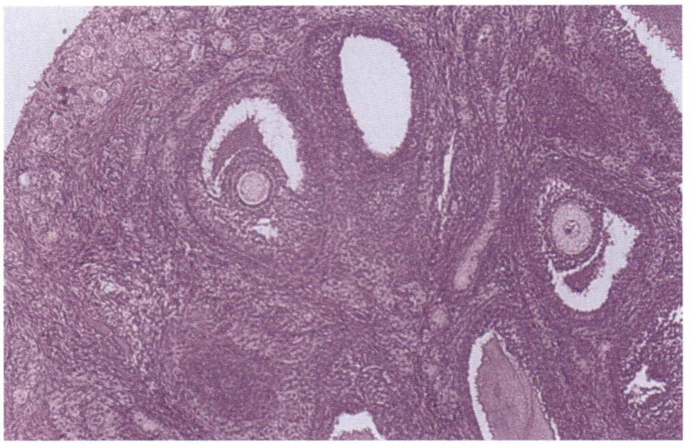

- Deux types cellulaires jouent un rôle particulier au cours de ce processus. Relier chaque type cellulaire à son rôle.

les cellules folliculaires et leurs dérivés	1
les cellules germinales et leurs dérivés	2

a	la production des gamètes féminins
b	la synthèse d'œstrogènes
c	la synthèse de progestérone

Document 7 l'évolution des cellules germinales

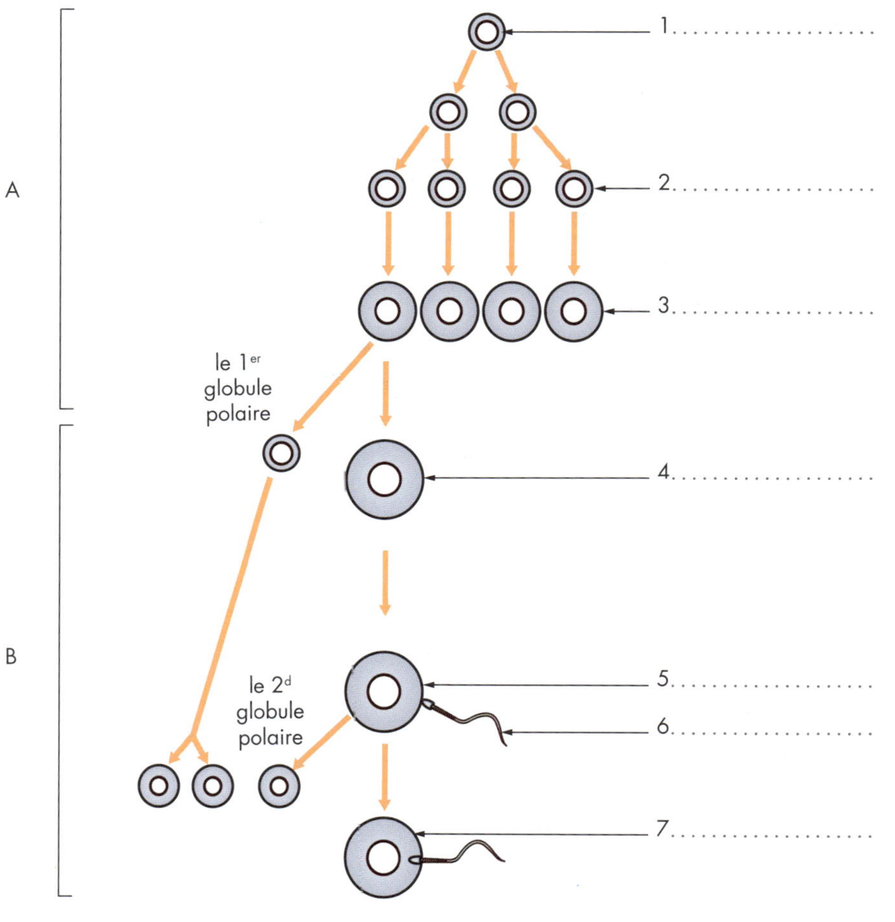

3.4. Nommer les cellules 1 à 7 représentées sur le schéma du **document 7**.

- Les cellules 1 à 6 possèdent un noyau haploïde ou diploïde. Colorier sur le schéma les noyaux diploïdes en bleu et les noyaux haploïdes en rouge.
- Préciser la particularité du noyau de la cellule 7.

....

....

- L'ovogenèse a lieu sur deux périodes de la vie d'une femme repérées par les lettres A et B. Nommer ces deux périodes.

A. ....

B. ....

> Un événement cyclique se produit au cours de la vie d'une femme : l'ovulation. Un événement particulier de la vie d'un couple peut se réaliser : une fécondation.

3.5. Situer l'ovulation et la fécondation sur le **document 7**.

Document 8 une coupe d'un ovaire animal

- une image de follicules ovariens en microscopie optique

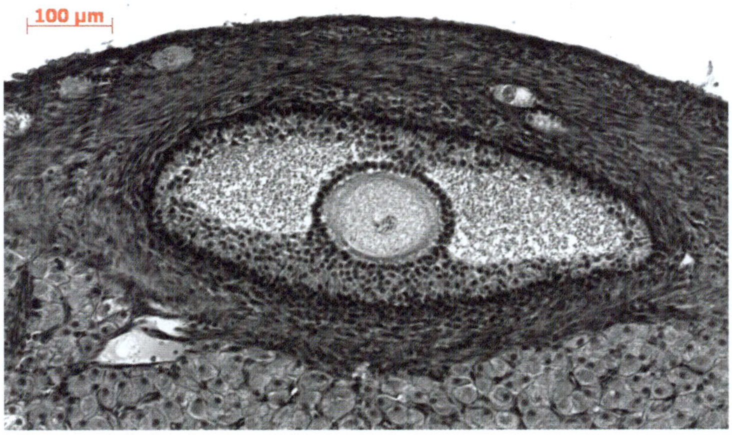

- un schéma du follicule de De Graaf

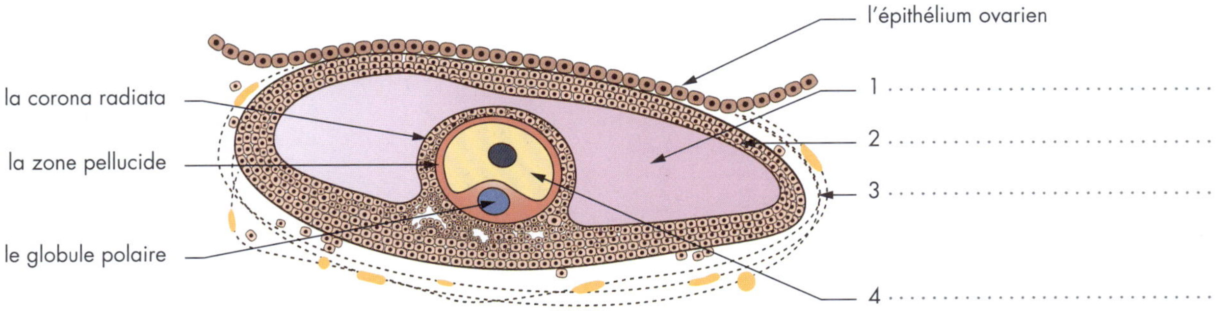

3.6. Annoter le schéma du **document 8** en utilisant le **document 6**.

L'ESSENTIEL DU COURS

LES APPAREILS REPRODUCTEURS

la femme		l'homme
les **ovaires** 2 organes intra-abdominaux coiffés par les **pavillons**	**LES GONADES** des organes à double fonction *une fonction de reproduction : la production des gamètes* *une fonction endocrine : la sécrétion d'hormones*	les **testicules** 2 organes extra-abdominaux, coiffés par les **épididymes** logés dans le **scrotum** ou les bourses
les **ovocytes II** *dans la zone corticale de l'ovaire*	**LES GAMÈTES** les cellules sexuelles	les **spermatozoïdes** *dans les tubes séminifères*
les **œstrogènes**, la **progestérone**	**LES HORMONES SEXUELLES** les molécules qui participent à la régulation de la fonction de reproduction	la **testostérone**
les **oviductes** ou trompes utérines les **pavillons**, **l'utérus**, organe creux constitué par le myomètre et l'endomètre, le **col de l'utérus**	**LES VOIES GÉNITALES et les glandes associées** un ensemble d'organes qui participent au déplacement des gamètes	les **spermiductes** formés par les **épididymes**, les **canaux déférents**, l'**urospermiducte**, associés à des glandes : les *vésicules séminales*, les *glandes de Cowper*, la *prostate*
le **vagin** et les **glandes vestibulaires** le **clitoris**, la **vulve** avec les grandes et petites lèvres	**L'ORGANE COPULATEUR** l'organe qui permet l'accouplement entre les deux partenaires	le **pénis** ou la **verge** le **gland** et le **prépuce**

LA GAMÉTOGENÈSE

LA FOLLICULOGENÈSE – L'OVOGENÈSE

dans la zone corticale des ovaires

la vie embryonnaire

- un **follicule primordial** – des cellules folliculaires
- **une ovogonie** – une cellule diploïde, non différenciée ⇓ **des ovocytes I**

de la puberté à la ménopause

- **1 ovocyte I** ⇓ **1 ovocyte II** – une cellule spécialisée, haploïde, génétiquement originale (+ 1 globule polaire)
- un **follicule primaire** – une couche cellulaire
- le **follicule secondaire** – plusieurs couches cellulaires
- un **follicule cavitaire** – plusieurs couches cellulaires, des cavités remplies de liquide
- un **follicule mûr de De Graaf** – fusion des cavités en antrum

l'ovulation

⇓

- le **corps jaune** – une évolution des cellules folliculaires
- le **corps blanc** – une dégénérescence du corps jaune, en absence de fécondation

LA SPERMATOGENÈSE

dans la paroi des tubes séminifères des testicules

une spermatogonie
une cellule diploïde, non différenciée

⇓

des spermatocytes I

1 spermatocyte I

⇓

2 spermatocytes II
2 cellules haploïdes

⇓

4 spermatides

⇓ *la spermiogenèse* – une différenciation

⇓

4 spermatozoïdes
des cellules spécialisées, haploïdes, génétiquement originales

THÈME 2

La régulation de la fonction reproductrice

➜ La physiologie des appareils reproducteurs masculin et féminin est liée à l'activité hormonale du testicule et de l'ovaire. Ces deux glandes endocrines sont elles-mêmes contrôlées par un centre intégrateur : le complexe hypothalamo-hypophysaire.

les notions et contenus	les capacités exigibles
le complexe hypothalamo-hypophysaire	• localiser le complexe hypothalamo-hypophysaire et en identifier les principaux éléments
chez l'homme : les rôles de la testostérone, la régulation de sa sécrétion	• identifier les rôles de la testostérone • mettre en évidence la régulation de sa sécrétion • construire un schéma de synthèse intégrant le rétrocontrôle négatif
chez la femme : un fonctionnement cyclique	• repérer le fonctionnement cyclique de l'utérus et des ovaires, en déduire la période de fécondité optimale • identifier les rôles des œstrogènes et de la progestérone et mettre en évidence la régulation de leur sécrétion • construire un schéma de synthèse intégrant les rétrocontrôles négatif et positif

1 Le complexe hypothalamo-hypophysaire

Document 1 le complexe hypothalamo-hypophysaire

WEB
L'hypothalamus
www.lienmini.fr/10449-23

Des glandes endocrines assurent le contrôle et la coordination de nombreuses fonctions de l'organisme. Or, les besoins de l'organisme en hormones sont variables dans le temps. Ils peuvent dépendre des conditions extérieures, de l'état psychique, de l'âge, etc.
Pour répondre à ces variations un centre intégrateur présent dans l'encéphale contrôle le système endocrinien : le complexe hypothalamo-hypophysaire.
Le premier élément qui forme ce complexe est l'hypothalamus. Il est composé de plusieurs amas de cellules nerveuses particulières : des **noyaux gris**, qui sécrètent des libérines. Ces molécules sont synthétisées dans le **péricaryon** des neurones, puis transportées le long de l'**axone** jusqu'aux boutons terminaux.
Le second élément du complexe est l'hypophyse. Elle est composée de deux parties distinctes :
- l'**antéhypophyse** ou l'hypophyse antérieure : elle est constituée de cellules glandulaires,
- la **posthypophyse** ou l'hypophyse postérieure : elle contient les prolongements axoniques de neurones de l'hypothalamus.

L'hypothalamus sécrète des *libérines* dans le système porte hypothalamo-hypophysaire, le réseau de capillaires sanguins situé dans la tige pituitaire, entre la veine qui part de l'hypothalamus et la veine qui arrive à l'antéhypophyse. Les libérines contrôlent l'activité de l'antéhypophyse. Cette 1re glande sécrète des *stimulines* dans la circulation sanguine : les stimulines contrôlent l'activité d'une 2de glande endocrine, ici une gonade. Cette 2de glande sécrète une *hormone H* qui agit sur un organe cible.
L'hormone sécrétée par la glande endocrine stimulée contrôle à son tour l'activité des deux éléments du complexe, l'hypothalamus et l'antéhypophyse.
Ce processus constitue une boucle de régulation, appelée un rétrocontrôle ou un feed-back.

■ schéma n° 1 : une coupe de l'encéphale

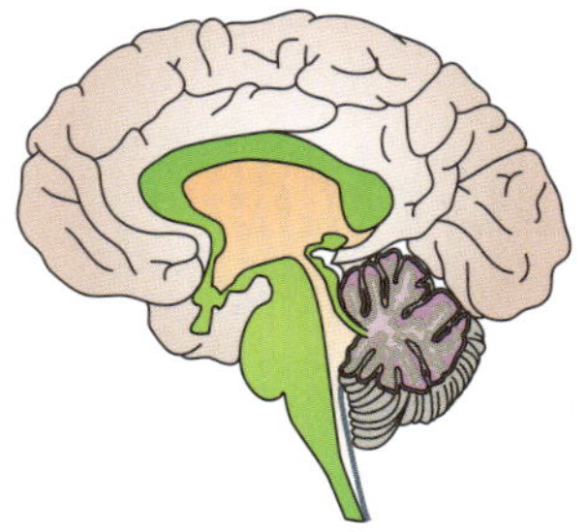

■ schéma n° 2 : l'anatomie du complexe hypothalamo-hypophysaire

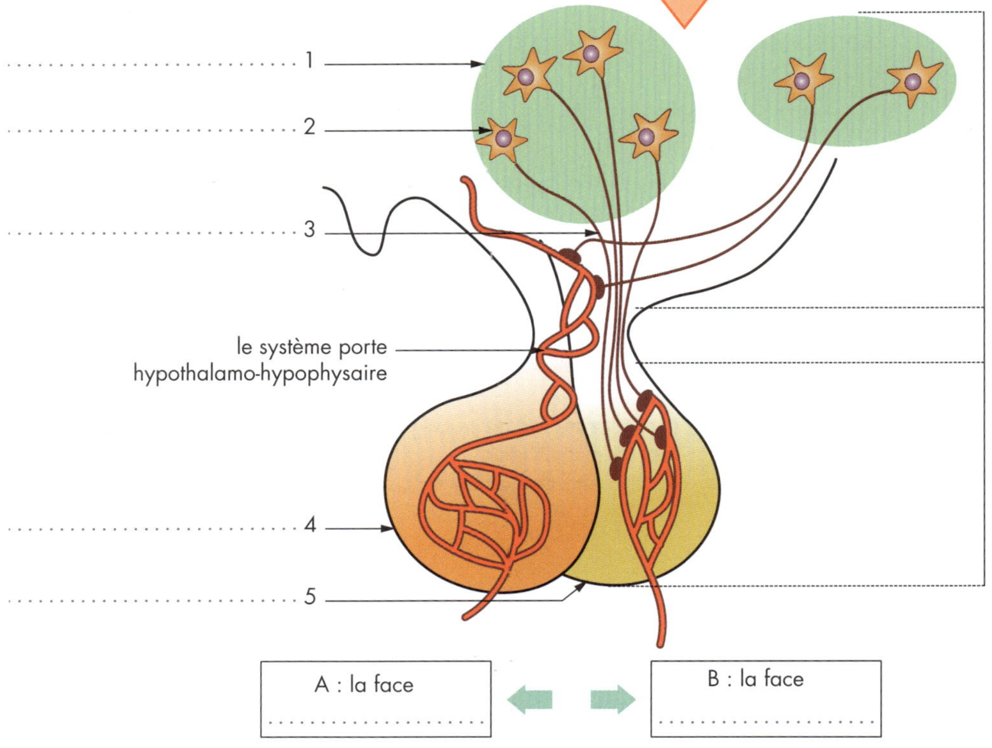

1.1. Encadrer le complexe hypothalamo-hypophysaire sur le schéma n° 1 du **document 1**.

1.2. Indiquer le plan de coupe des schémas n° 1 et n° 2 du **document 1** : ....

- Préciser l'orientation de la coupe en complétant les cadres A et B du schéma n° 2.
- Annoter le schéma n° 2 du **document 1**, en utilisant les termes en gras dans le texte.

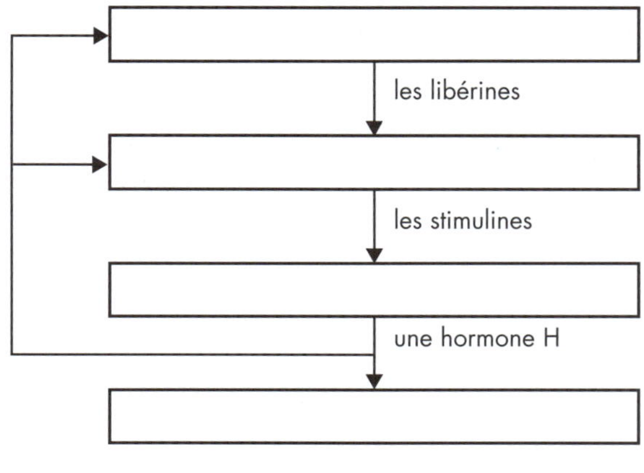

1.3. Le schéma ci-contre représente une boucle de régulation. Compléter ce schéma à l'aide des termes soulignés dans le **document 1**.

1.4. Les deux parties de l'hypophyse sont désignées par deux autres noms : l'adénohypophyse et la neurohypophyse. Attribuer le nom correct à chacune des parties de l'hypophyse. Justifier.

	le nom	la justification
la posthypophyse		
l'antéhypophyse		

2 La fonction reproductrice de l'homme

Document 2 les castrats

Pendant la période baroque (XVIIe et XVIIIe siècles), les castrats sont à la mode dans le domaine de la musique. Pour interpréter certaines œuvres vocales qui demandaient une voix féminine, de jeunes chanteurs subissaient une castration, une ablation chirurgicale des testicules, plusieurs années avant la puberté. Ainsi, ces garçons ne développaient pas une voix masculine, mais conservaient le registre aigu de leur voix enfantine, tout en obtenant un volume sonore équivalent à celui d'un adulte.
Les castrats adultes ne présentaient pas de pilosité masculine et avaient une morphologie féminine, caractérisée une musculature peu développée, une répartition féminine du tissu adipeux. Leurs organes sexuels étaient présents mais peu développés avec une stérilité, autrement dit une absence de production de spermatozoïdes. La castration de ces jeunes chanteurs est une mutilation, interdite par le pape Clément XIV à la fin du XVIIIe siècle. Elle était inutile sur un plan vocal : un chanteur de sexe masculin peut exercer sa voix pour chanter en haute-contre, c'est-à-dire dans la même tessiture qu'un castrat.

2.1. Relever dans le texte du **document 2** les caractères sexuels masculins primaires (ou nécessaires à la fonction de reproduction) et secondaires (ou annexes). Préciser dans chaque cas le ou les organe(s) concerné(s). Compléter le tableau.

	les caractères sexuels	les organes
primaires		
secondaires		le larynx
	le comportement sexuel masculin, la libido masculine	

- D'après le **document 2**, nommer la glande qui détermine les caractères sexuels d'un homme.

....

- Rappeler les deux rôles de cette glande dans la fonction de reproduction.

....

....

2.2. Une cause de la stérilité masculine peut être un déficit hormonal. Dans le cas des castrats, ce déficit hormonal conduit à une *azoospermie*, dans d'autres cas, elle peut conduire à une *oligospermie*.
Définir ces deux termes.
– une azoospermie : ....
– une oligospermie : ....

- Rappeler la définition d'une hormone.

....

....

- La testostérone est une hormone : ☐ oui ☐ non
Justifier.

....

....

....

■ Donner la cause anatomique d'une azoospermie dans le cas des castrats.

....

■ Donner la cause cellulaire d'une azoospermie.

....

3 Le contrôle de l'activité testiculaire

VIDÉO
Le fonctionnement des testicules
www.lienmini.fr/10449-24

Document 3 le contrôle de l'activité testiculaire

L'évolution de la concentration plasmatique en testostérone au cours de la vie d'un homme est irrégulière. Deux pics sont observés respectivement chez le fœtus et le nouveau-né. La concentration est très faible jusqu'à la puberté. La concentration moyenne augmente à partir de la puberté, pour atteindre un maximum puis une diminution progressive avec l'âge.
Chez l'homme adulte, sur une période de temps de 15 jours, la concentration en testostérone est relativement constante (VR : 2 à 8 mg.L^{-1}). Les besoins de l'organisme varient dans le temps ; par ailleurs l'hormone est dégradée en permanence et éliminée dans l'urine. La sécrétion de la testostérone est donc contrôlée. Ce contrôle est assuré par le complexe hypothalamo-hypophysaire.
L'hypothalamus sécrète la **GnRH** (gonadotropin releasing hormon) de la famille des gonadolibérines. Ces libérines stimulent l'antéhypophyse qui sécrète deux gonadostimulines : la **LH** (luteotropic hormon) et la **FSH** (follicule stimulating hormon). L'organe-cible de ces hormones est le testicule.
La **LH** agit sur les cellules de Leydig : elle stimule la sécrétion de testostérone.
La **FSH** agit principalement sur les cellules de Sertoli : elle stimule la spermatogenèse.
La **testostérone** assure un rétrocontrôle négatif : l'augmentation de la concentration plasmatique en testostérone inhibe les sécrétions de l'hypothalamus et de l'adénohypophyse. Une autre hormone augmente l'effet de ce rétrocontrôle : l'**inhibine**, sécrétée par les cellules de Sertoli.

■ schéma : la boucle de régulation de la sécrétion de testostérone

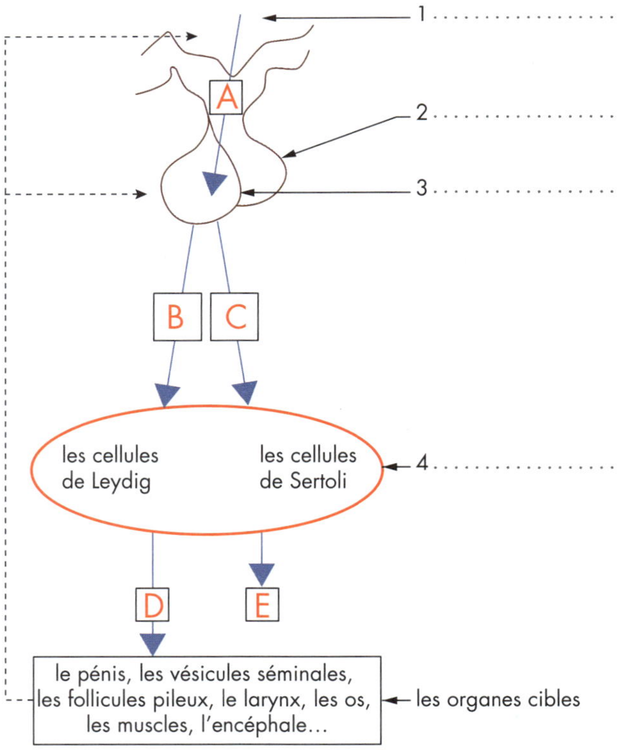

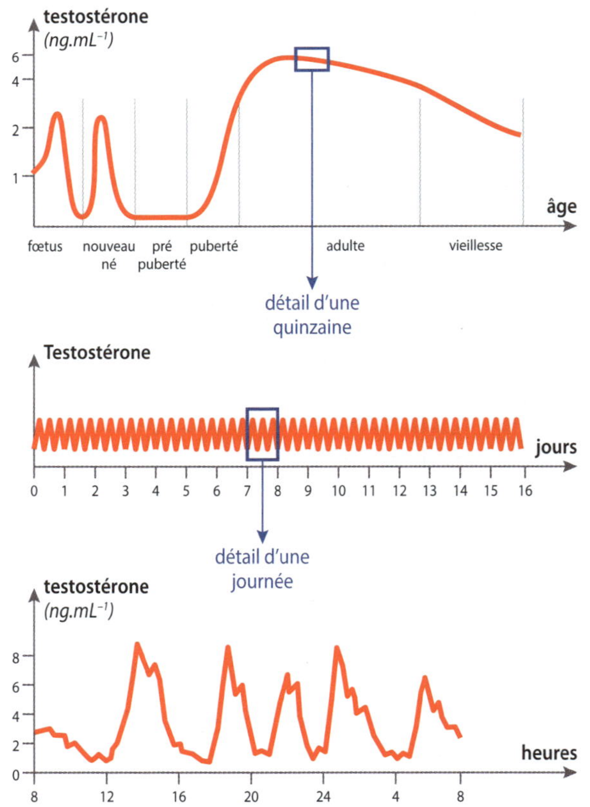

3.1. Analyser le graphique n° 3 du **document 3**.

....

....

■ Proposer une explication aux phases d'augmentation et de diminution de la concentration en testostérone.

– les augmentations : ....

– les diminutions : ....

3.2. Annoter les organes 1 à 4 du schéma du **document 3**.

3.3. Nommer les molécules A à E. Préciser l'origine cellulaire de leur sécrétion. Déduire le type de molécules auxquelles elles correspondent. Compléter le tableau en utilisant les **documents 1 et 3**.

	le nom de la molécule	l'origine cellulaire de la sécrétion	le type de molécule
A			
B			
C			
D			
E			

3.4. Sur le schéma anatomique du **document 3**, ajouter au niveau de chaque flèche le signe + ou – pour montrer s'il s'agit d'une stimulation ou d'une inhibition.

■ La testostérone exerce sur l'adénohypophyse un rétrocontrôle ☐ positif ☐ négatif

■ Justifier : ....

....

4 La fonction reproductrice de la femme

VIDÉO
Cycles ovariens et utérins
www.lienmini.fr/10449-25

4.1. Nommer et définir les deux termes qui désignent respectivement le début et la fin de la fonction reproductrice de la femme. Indiquer l'âge moyen pour chacun de ces moments. Compléter le tableau.

	le terme	la définition	l'âge moyen
le début			
la fin			

■ La fonction reproductrice de la femme est : ☐ continue ☐ cyclique ☐ périodique

– Chaque cycle féminin dure en moyenne : ☐ 5 jours ☐ 14 jours ☐ 28 jours

– Chaque cycle féminin est marqué par des événements réalisés par des organes. Cocher les événements qui correspondent à un cycle féminin. Lier chaque événement à l'organe qui lui correspond.

☐ une fécondation	1	a	l'ovaire
☐ une ovulation	2	b	l'utérus
☐ les règles	3	c	le vagin

- Un cycle féminin est également nommé un cycle menstruel. Justifier cette expression.

....

– En déduire une autre dénomination des règles : ....

- Le schéma ci-dessous représente deux cycles féminins consécutifs. Situer sur ce schéma les jours marquants et les deux événements majeurs de chaque cycle.

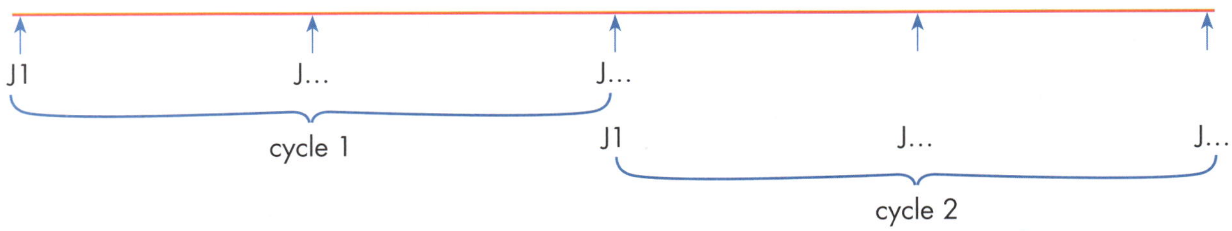

Document 4 le cycle utérin

L'**utérus** est soumis à des modifications importantes lors de chaque cycle féminin.
L'endomètre utérin prolifère : la **muqueuse** s'épaissit de trois à quatre fois. Les **glandes** s'allongent et deviennent de plus en plus sinueuses; elles sécrètent du mucus et du glycogène; elles donnent à la muqueuse un aspect particulier de *dentelle utérine*. La vascularisation augmente : les artérioles sanguines se multiplient et s'enroulent en spirales. À la fin du cycle, les artérioles de l'endomètre utérin s'oblitèrent, les tissus se nécrosent, une hémorragie apparaît avec une élimination des débris d'endomètre desquamé. La dentelle utérine est évacuée : c'est la menstruation.
Au niveau du **col de l'utérus**, les glandes de la muqueuse sécrètent un mucus : la glaire cervicale. Autour du 14e jour, la glaire cervicale est filante et abondante (un filet à mailles lâches) et son pH est alcalin. Le diamètre du col augmente. En dehors de la période de l'ovulation, la glaire est collante et peu abondante (un filet à maille serrée) ; son pH est neutre. Le diamètre du col est étroit.
L'intensité et la fréquence des contractions du **myomètre** utérin sont variables au cours du cycle. Ces contractions péristaltiques sont puissantes et peu nombreuses pendant les premiers jours du cycle; elles peuvent provoquer des douleurs abdominales paroxystiques. Les contractions deviennent plus nombreuses, mais de faible amplitude pendant l'ovulation. Un « silence utérin » s'installe après l'ovulation.

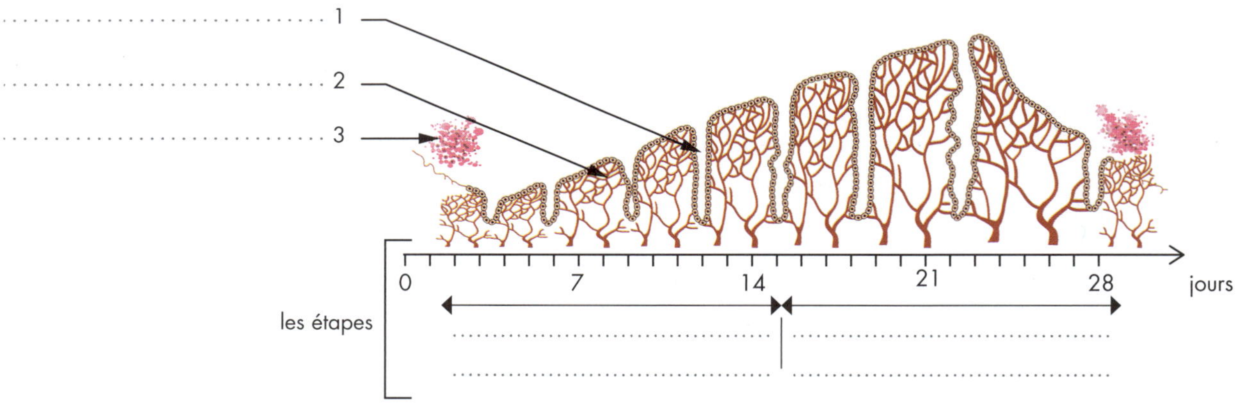

titre : ....

4.2. Titrer le schéma du **document 5**. Annoter les éléments numérotés de 1 à 3.

- Un cycle utérin est constitué de deux phases successives, délimitées sur l'axe du temps du schéma. Deux expressions désignent chaque phase d'un cycle utérin : *la phase proliférative* et *la phase sécrétoire*. Compléter le schéma du **document 5** en utilisant ces expressions. Justifier.

....

....

....

■ Identifier l'évènement ovarien qui se produit entre les 2 phases du cycle utérin : ....

4.3. Décrire l'évolution des caractéristiques de l'utérus au cours d'un cycle féminin. Compléter le tableau.

	pendant les premiers jours du cycle féminin	pendant la période d'ovulation	après la période d'ovulation
le diamètre du col utérin			
la consistance de la glaire cervicale			
le pH de la glaire cervicale			
le myomètre			

Document 5 le cycle ovarien

Au cours d'un cycle féminin, les ovaires sécrètent deux hormones : elles déterminent le fonctionnement cyclique de l'ovaire selon deux phases successives. Les résultats d'un dosage des hormones ovariennes au cours d'un cycle sont présentés en synchronisation avec la folliculogenèse.

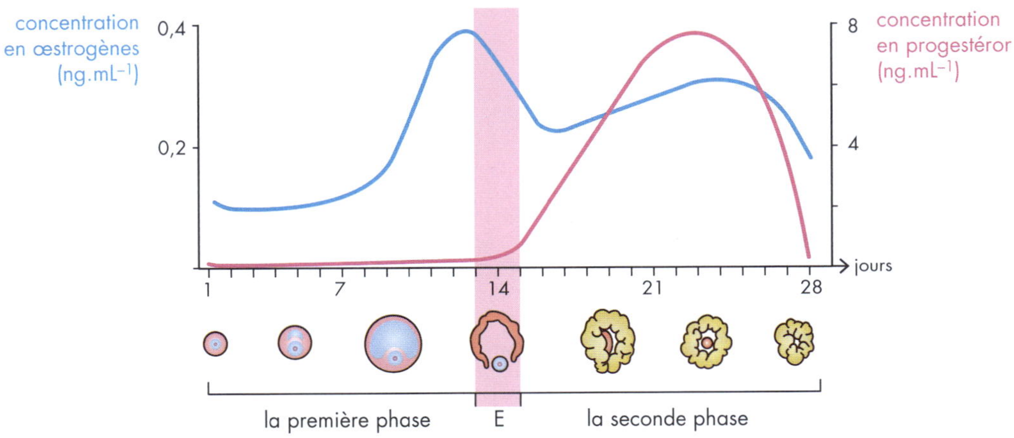

4.4. Nommer l'événement E qui a lieu entre les 2 phases du cycle ovarien : ....

– Rappeler le nom de la cellule libérée lors de cet événement : ....

■ Quatre noms différents sont donnés à chacune des deux phases du cycle ovarien : la phase folliculaire, la phase lutéale, la *phase pré-ovulatoire*, la *phase post-ovulatoire*. Compléter le tableau.

	1re phase du cycle ovarien	2de phase du cycle ovarien
les noms possibles		
la justification du nom des phases		

■ Nommer les deux hormones sécrétées par l'ovaire. Rappeler le nom des structures qui sécrètent chacune de ces hormones. Compléter le tableau.

	le nom	l'origine
l'hormone 1		
l'hormone 2		

- Analyser et interpréter l'évolution de la concentration sanguine en œstrogènes durant le cycle ovarien.

	l'analyse	l'interprétation
de J1 à J12		
de J13 à J15		
de J16 à J28		

- Analyser et interpréter l'évolution de la concentration plasmatique en progestérone durant le cycle ovarien.

	l'analyse	l'interprétation
de J1 à J13		
de J14 à J23		
de J24 à J28		

4.5. Les hormones ovariennes contrôlent le cycle utérin. Relier le nom de chaque phase du cycle utérin aux noms correspondants des phases du cycle ovarien.

la phase proliférative ❶	ⓐ la phase pré-ovulatoire
la phase sécrétoire ❷	ⓑ la phase post-ovulatoire
	ⓒ la phase lutéale
	ⓓ la phase folliculaire

- Donner la caractéristique de la muqueuse utérine après l'ovulation. Préciser l'intérêt de cette caractéristique.

....

- Indiquer l'action de chacune des hormones ovariennes sur l'utérus au cours de deux moments clefs du cycle.

	l'action des œstrogènes avant l'ovulation	l'action des œstrogènes et de la progestérone après l'ovulation
l'endomètre utérin		
le myomètre utérin		
le diamètre du col de l'utérus		
la consistance de la glaire cervicale		
le pH de la glaire cervicale		

■ Proposer des arguments qui justifient chacune des affirmations suivantes.

• Les œstrogènes favorisent la rencontre des gamètes, donc la fécondation.

• La progestérone prépare l'utérus à l'implantation de l'œuf après la fécondation.

5 Le contrôle de l'activité ovarienne

VIDÉO Le contrôle hormonal sur les cycles féminins www.lienmini.fr/10449-26

Document 6 des cycles synchrones

Toutes les modifications décrites au cours d'un cycle génital sont synchronisées : elles sont imposées par les hormones ovariennes, qui sont elles-mêmes produites de manière cyclique.
Comme chez l'homme, la sécrétion des hormones ovariennes est sous le contrôle du complexe hypothalamo-hypophysaire.
Cependant, chez la femme, la sécrétion de FSH et de LH n'est pas continue. La concentration sanguine de ces hormones varie selon une période de 28 jours, avec des pics et des minima de sécrétion.
La régulation se fait par une alternance de rétrocontrôles positifs et négatifs entre l'ovaire et le complexe hypothalamo-hypophysaire. L'adénohypophyse est elle-même contrôlée par l'hypothalamus qui réagit à divers stimuli : une émotion, un voyage, une maladie, la fréquence des rapports sexuels. Les graphiques présentent les résultats d'un dosage des hormones au cours d'un cycle.

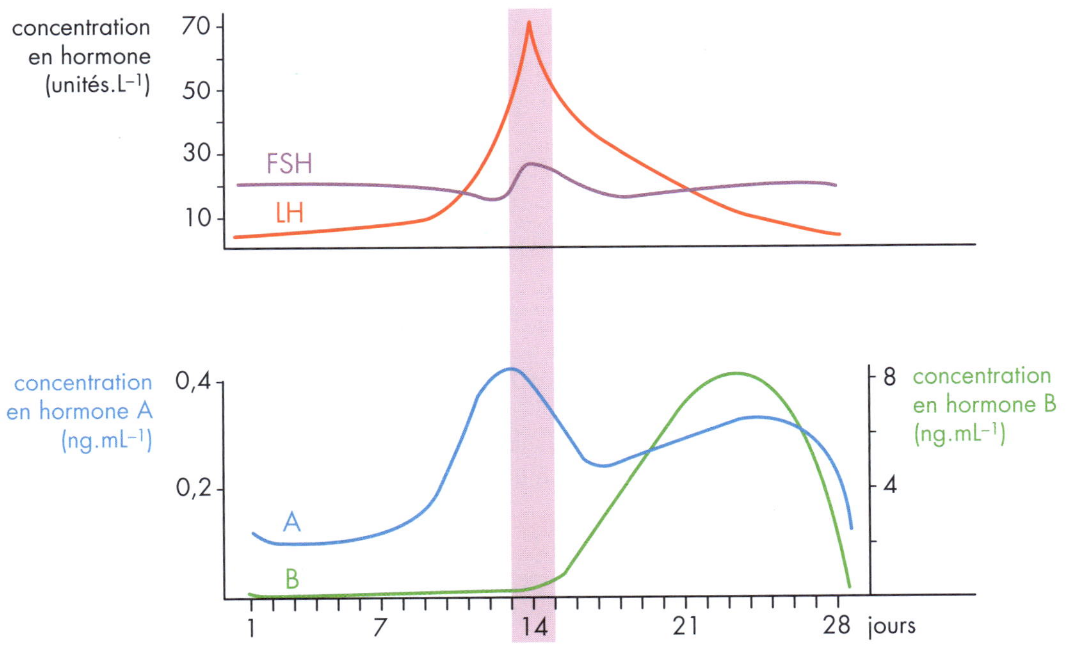

5.1. Rappeler le nom et l'origine des hormones désignées par les lettres A et B sur le graphique du **document 6**. Compléter le tableau.

	le nom	l'origine
l'hormone A		
l'hormone B		

5.2. Rappeler la signification des sigles LH et FSH. Préciser l'origine de ces hormones.

	la signification du sigle	l'origine
la LH		
la FSH		

5.3. Les ovaires sont sous le contrôle de la LH et la FSH. Cocher les propositions correctes.

- Au début du cycle, la LH et la FSH
  - ☐ stimulent la folliculogenèse
  - ☐ inhibent la folliculogenèse
  - ☐ stimulent la synthèse des œstrogènes
  - ☐ inhibent la synthèse des œstrogènes
- À J14, un pic de LH et de FSH
  - ☐ provoque la folliculogenèse
  - ☐ provoque l'ovulation
  - ☐ stimule la synthèse de la progestérone
  - ☐ inhibe la synthèse des œstrogènes

5.4. Justifier chaque affirmation en utilisant les graphiques du **document 6**.

- Jusqu'au 8ᵉ jour environ, les œstrogènes exercent un contrôle négatif sur l'adénohypophyse.

....

....

- À partir du 8ᵉ jour, le contrôle des œstrogènes sur l'adénohypophyse devient positif.

....

....

- Déterminer graphiquement la concentration sanguine approximative en œstrogènes à partir de laquelle le contrôle devient positif.

....

5.5. Cocher la proposition correcte.

- La progestérone exerce sur l'adénohypophyse un contrôle : ☐ positif ☐ négatif
- Justifier : ....

....

5.6. Annoter les organes 1 à 4 du schéma du **document 7**.

5.7. Nommer les molécules A à E. Préciser l'origine cellulaire de leur sécrétion. Déduire le type de molécules auxquelles correspondent. Compléter le tableau en utilisant les **documents 1 et 7**.

	le nom de la molécule	l'origine cellulaire de la sécrétion	le type de molécule
A			
B			
C			
D			
E			

5.8. Sur le schéma anatomique du **document 7**, ajouter au niveau de chaque flèche le signe + ou – pour montrer s'il s'agit d'une stimulation ou d'une inhibition.

Document 7 le contrôle de l'activité ovarienne

Le schéma suivant représente une partie de la boucle de régulation des sécrétions ovariennes.

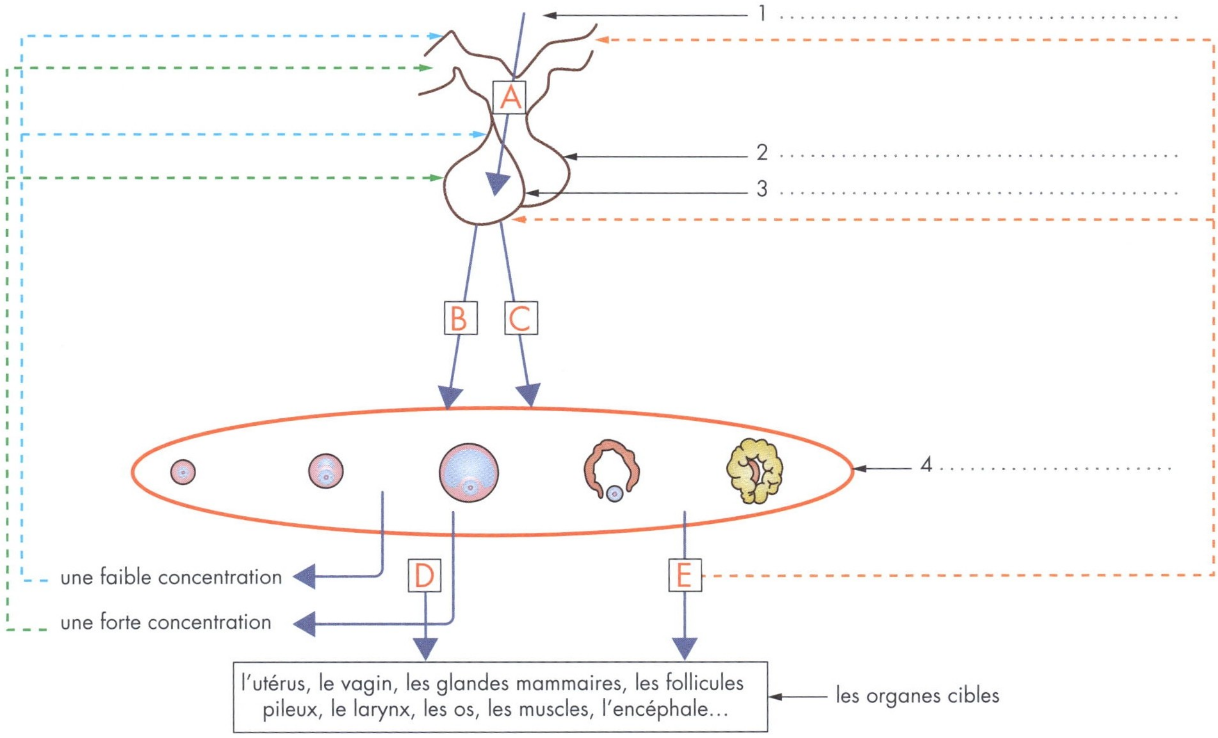

L'ESSENTIEL DU COURS

la régulation de la fonction reproductrice

L'HYPOTHALAMUS

la GnRH ↓

L'ANTÉHYPOPHYSE

la LH
la FSH

CHEZ LA FEMME

- un rétrocontrôle négatif (−)
- un rétrocontrôle positif (+)
- un rétrocontrôle négatif (−)

la FSH et la LH

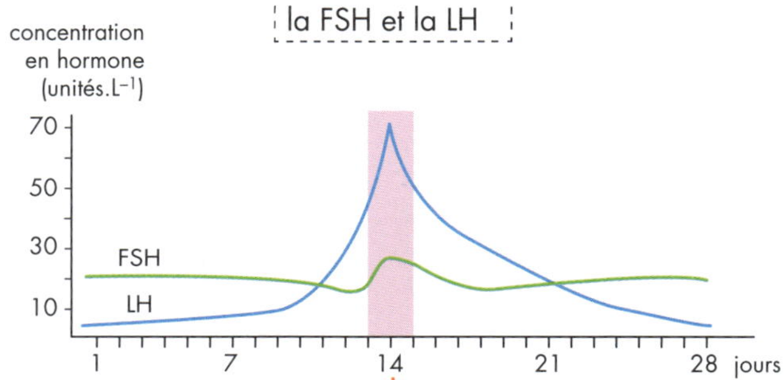

LES OVAIRES

la phase pré-oestrus :
J0 à J13
la folliculogenèse
les cellules folliculaires
(la granulosa ; les thèques)

l'ovulation : J14

la phase post-oestrus :
J15 à J28
→ le corps jaune

l'ovogenèse

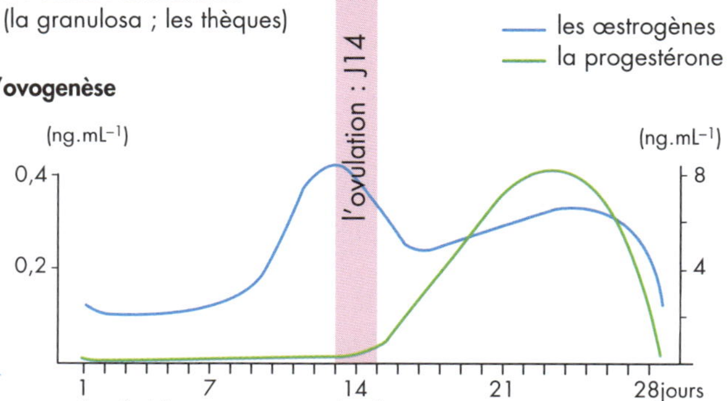

une faible concentration

une forte concentration

CHEZ L'HOMME

(−) un rétrocontrôle négatif

la FSH → les cellules de Sertoli

la LH → les cellules de Leydig → la testostérone

LES TESTICULES

la spermatogenèse
en continu sur 2,5 mois
– l'érection
– l'éjaculation

L'UTÉRUS

	la phase pré-œstrus : J0 à J13	l'ovulation : J14	la phase post-œstrus : J15 à J28
l'endomètre	**la phase proliférative** – la prolifération, – l'épaississement – un allongement des glandes		**la phase sécrétoire** la mise en place de la dentelle utérine avec une multiplication des artérioles, leur enroulement en spirales, une sécrétion de mucus et de glycogène
le myomètre	des contractions péristaltiques puissantes et peu nombreuses au début (l'évacuation des règles)	des contractions fréquentes et de faible amplitude	un « silence utérin »
le col utérin	un diamètre étroit	une augmentation du diamètre	un diamètre étroit
la glaire cervicale	une consistance collante, un pH neutre	une consistance filante, un pH alcalin	une consistance collante, un pH neutre

THÈME 3

La grossesse

→ La grossesse est le processus de développement d'un être humain dans les organes reproducteurs féminins, à partir du zygote issu de l'union de deux cellules haploïdes parentales.

les notions et contenus	les capacités exigibles
la fécondation, la nidation et la grossesse les échanges transplacentaires	• repérer le trajet des gamètes dans les voies génitales féminines • localiser fécondation et nidation • différencier embryon et fœtus • repérer sur un schéma circulation maternelle et circulation fœtale • comparer sang fœtal et sang maternel pour mettre en évidence la fonction d'échange du placenta • justifier les mesures de prévention pour la femme enceinte
les examens de suivi de grossesse : • l'échographie • un exemple de sérologie • l'amniocentèse et l'examen cytogénétique	• présenter l'intérêt de l'échographie dans le suivi de la grossesse ; montrer l'avantage de l'échographie par rapport aux autres techniques d'imagerie médicale • mettre en relation présence d'anticorps et infection (en cours ou passée) ; expliquer l'intérêt du diagnostic dans le cadre du suivi de grossesse • repérer une anomalie sur un caryotype ; citer les risques et les intérêts d'une amniocentèse
l'interruption de grossesse	• relever les principales causes d'interruption physiologique de grossesse • présenter le principe des interruptions médicamenteuse et chirurgicale de grossesse

1 De la fécondation à la nidation

Document 1 de la migration des gamètes à l'implantation de l'embryon

Au cours d'un rapport sexuel, l'éjaculation expulse le sperme hors des voies génitales de l'homme. Les gamètes masculins, déposés au fond du vagin de la femme, franchissent alors des obstacles successifs pour atteindre l'ovocyte II. Pendant ce temps, l'ovocyte II éjecté lors de l'ovulation effectue un lent déplacement en direction du corps de l'utérus.

Sur les millions de spermatozoïdes contenus dans les 2 à 4 mL de sperme éjaculé, quelques dizaines seulement atteindront le lieu de la fécondation : le premier tiers d'une trompe utérine.

Ces spermatozoïdes passent entre les cellules folliculaires qui entourent l'ovocyte II. Un seul spermatozoïde entre en contact avec le gamète féminin. Le contenu de son noyau pénètre dans le cytoplasme de l'ovocyte II. Cette pénétration permet à l'ovocyte II d'achever sa maturation : il devient un ovule. Les noyaux haploïdes de chaque gamète fusionnent pour former le zygote.

Aussitôt après la fécondation, le zygote subit une série de mitoses. L'amas de cellules obtenu migre vers le corps de l'utérus grâce aux contractions de la trompe.

Au bout de quatre jours, l'embryon atteint la cavité utérine. Sans s'accrocher à la muqueuse utérine, il poursuit son développement pendant deux à trois jours. Il est composé d'une centaine de cellules, qui se différencient en deux catégories :
– les cellules centrales qui forment le bouton embryonnaire, à l'origine des organes du futur nouveau-né ;
– les cellules périphériques qui constituent le trophoblaste, à l'origine des annexes embryonnaires : le placenta et le cordon ombilical.

À partir du septième jour commence la nidation : des enzymes sécrétées par le trophoblaste dégradent localement l'endomètre utérin. L'embryon s'implante dans la muqueuse utérine. Au dixième jour, il est complètement associé à l'endomètre de l'utérus.

■ schéma n° 1 : une vue frontale de l'appareil reproducteur féminin

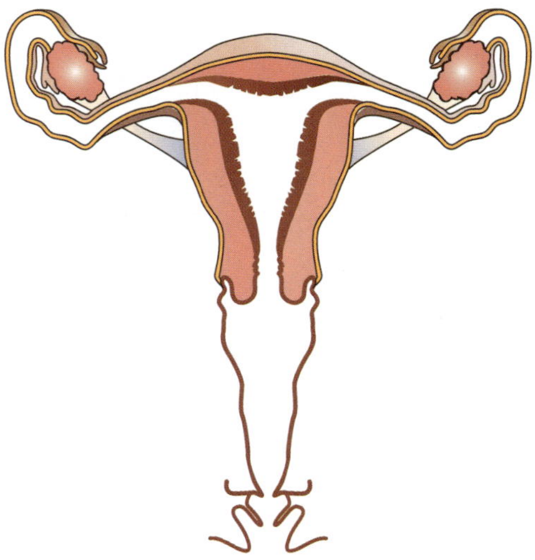

■ schéma n° 2 : la migration du zygote

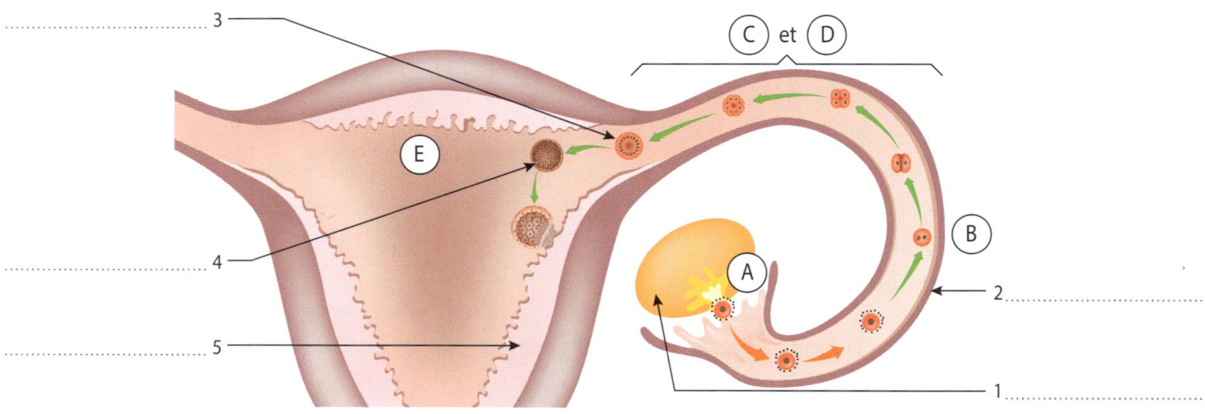

1.1. Rappeler le nom des gamètes masculins : ....

- Ces cellules ont un noyau : ☐ haploïde ☐ diploïde
- Ces cellules ont une mobilité propre. Rappeler la structure qui assure la mobilité du gamète masculin :

....

- Lister les organes et les structures rencontrés par les gamètes masculins pendant leur progression jusqu'au lieu de rencontre avec le gamète féminin.

....

1.2. Rappeler le nom du gamète féminin : ....

- Ces cellules ont un noyau : ☐ haploïde ☐ diploïde
- Cocher les propositions correctes. Le gamète féminin se déplace jusqu'au lieu de rencontre avec le gamète masculin grâce :

☐ aux contractions du myomètre utérin ☐ aux contractions de la trompe utérine
☐ aux mouvements des cils de la trompe ☐ à sa propre mobilité

1.3. Annoter les organes de l'appareil reproducteur féminin représenté sur le schéma n° 1 du **document 1**.

- Tracer sur ce schéma le trajet emprunté par chaque gamète jusqu'à leur rencontre. Utiliser une couleur différente pour chaque gamète. Marquer d'une croix bleue le lieu de la rencontre.
- Donner le terme biologique qui désigne cette rencontre : ....

1.4. L'ovocyte II a une durée de vie de 12 à 24 heures après son expulsion. Les spermatozoïdes gardent leur pouvoir fécondant jusqu'à 48 heures après leur éjaculation. Déduire la période de fertilité de la femme au cours d'un cycle sexuel.

....

....

■ La période du cycle féminin favorable à la fécondation est également favorable au déplacement des gamètes masculins dans les voies génitales féminines. Donner quatre arguments, en utilisant les connaissances acquises.

– ....

– ....

– ....

– ....

1.5. À l'aide du texte, annoter le schéma n° 2 du **document 1**.

■ Nommer les étapes désignées par les lettres A à E.

A. ....

B. ....

C. ....

D. ....

E. ....

■ Définir la nidation. Préciser sa localisation.

....

• Sur le schéma n° 1 du **document 1**, marquer d'une croix verte le lieu de la nidation.

• Donner l'âge de l'embryon au moment de la nidation :

....

2 Les stades de la grossesse

Document 2 de l'embryon au fœtus

Le stade embryonnaire débute après la fécondation. Après de nombreuses mitoses, les cellules se différencient : trois feuillets embryonnaires superposés se mettent en place au niveau du bouton embryonnaire. Chaque feuillet est à l'origine de tissus différents. De nombreuses migrations et différenciations cellulaires ont lieu. Une ébauche de tous les organes se met en place. Par exemple, la circulation sanguine, encore rudimentaire, s'établit et le cœur de l'embryon commence à battre dès la fin de la 3e semaine de grossesse.

À la fin de la 8e semaine, les organes sont différenciés : l'embryon mesure environ 3 cm et sa masse est de 3 g. Le stade embryonnaire se termine, le stade fœtal commence : il correspond à la croissance des tissus et des organes. Le fœtus connaît une augmentation significative de la taille et de sa masse. Par exemple, à la fin du 3e mois de grossesse, le fœtus mesure 11 cm et sa masse est de 50 g.

Ce stade dure jusqu'à la fin de la grossesse.

Les dates sont évaluées de 2 manières :
– en nombre de jours, de semaines ou de mois de gestation, comptés à partir du jour de la fécondation ;
– en nombre de jours, de semaines ou de mois d'aménorrhée, comptés à partir du 1er jour des dernières règles.

La durée d'une gestation varie, selon la méthode de calcul, entre :
– 38 et 39 semaines, à partir de la fécondation ;
– 280 jours (ou 40 semaines) et 290 jours (ou 41 semaines et 3 jours) d'aménorrhée.

2.1. Définir les termes suivants.

– une aménorrhée : ....

....

– un embryon : ....

....

– un fœtus : ....

....

2.2. Pour chaque stade, dater le début et la fin de la période concernée, et calculer sa durée.

		le stade embryonnaire	le stade fœtal
la date de début	en nombre de semaines d'aménorrhée		
	depuis la fécondation		
la date de fin	en nombre de semaines d'aménorrhée		
	depuis la fécondation		
la durée			

2.3. Préciser les caractéristiques biologiques qui marquent le passage du stade embryon au stade fœtus.

....

....

3 Les échanges sanguins entre la mère et le fœtus

3.1. À l'aide des connaissances, relier chaque type de vaisseau sanguin à sa fonction dans l'organisme.

une artère ❶	ⓐ les échanges entre le sang et un tissu
une veine ❷	ⓑ le déplacement du sang d'un organe vers un atrium cardiaque
un capillaire ❸	ⓒ le déplacement du sang d'un ventricule cardiaque vers un organe

■ Associer chaque vaisseau sanguin à son rôle.

une artère utérine ❶	ⓐ le transport du sang non hématosé d'un ventricule fœtal vers le placenta
une veine utérine ❷	ⓑ le transport du sang hématosé d'un ventricule maternel vers le placenta
une veine fœtale ❸	ⓒ le transport du sang hématosé du placenta vers un atrium fœtal
une artère fœtale ❹	ⓓ le transport du sang non hématosé du placenta vers un atrium maternel

3.2. Le schéma ci-après représente la circulation sanguine du fœtus. Donner les annotations repérées par les numéros 1 à 8. Indiquer par des flèches le trajet du sang dans les cavités et les vaisseaux, en utilisant les couleurs conventionnelles. Préciser la légende des couleurs.

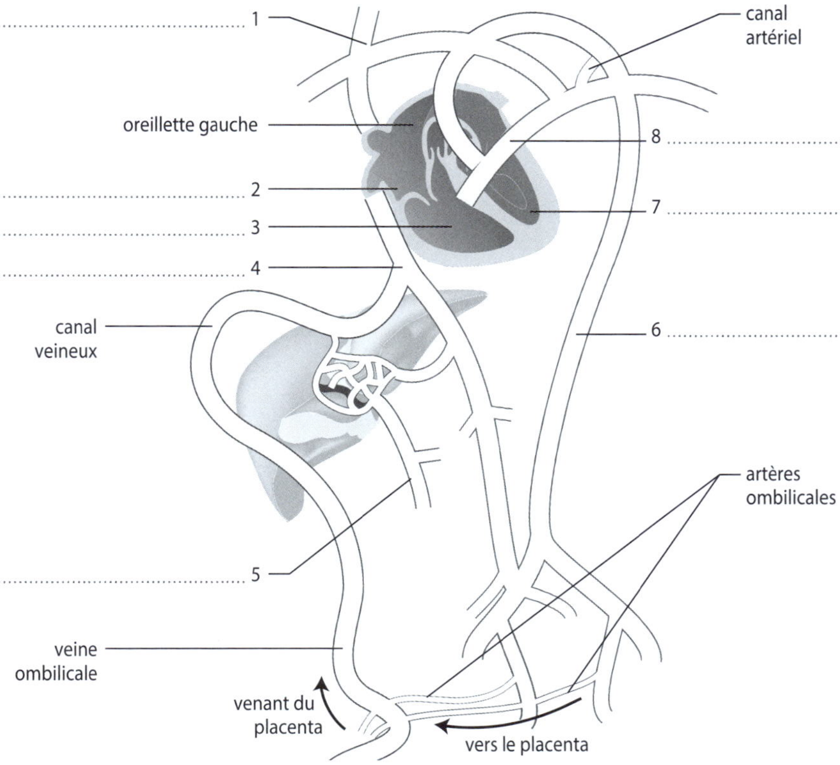

Document 3 le placenta et le cordon ombilical

Au moment de la nidation, les cellules périphériques de l'embryon (le trophoblaste) détruisent localement la paroi des vaisseaux sanguins de l'endomètre utérin. Le sang maternel est libéré dans des lacunes. Le trophoblaste s'organise ensuite en villosités : celles-ci s'enfoncent comme des racines dans les lacunes sanguines. Cette association entre les villosités trophoblastiques et l'endomètre utérin constitue le placenta. Au cours de son développement, le placenta prend la forme d'un disque de 20 cm de diamètre sur 3 cm d'épaisseur. À la fin de la grossesse, sa masse est d'environ 500 g. Il est le siège d'échanges permanents entre la mère et le fœtus. Cependant il n'y a jamais de communication directe entre les circulations maternelle et fœtale : l'épithélium du trophoblaste et la paroi des vaisseaux fœtaux constituent la barrière placentaire. Cette barrière a une épaisseur de 2 à 6 µm. Le placenta assure de nombreuses fonctions, notamment celles d'organes vitaux encore immatures chez le fœtus : les reins, les poumons, les intestins.
Le placenta est lié au fœtus par le cordon ombilical. Le cordon contient les vaisseaux sanguins reliés à la circulation fœtale : le sang fœtal arrive au placenta par deux artères ombilicales, et repart par une veine ombilicale.
Les schémas représentent l'évolution du placenta au cours du développement du fœtus.

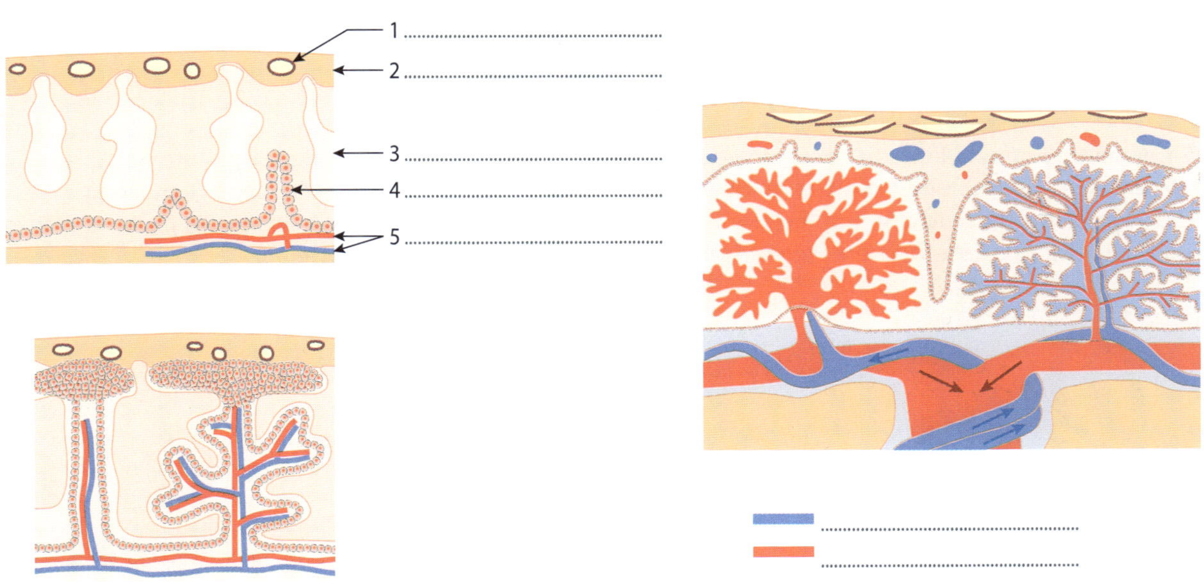

3.3. À l'aide de la description, donner les annotations du schéma n° 1 du **document 3**.

- Repérer ces structures en reportant le chiffre des annotations sur les schémas n° 2 et 3 du **document 3**.
- Sur le schéma n° 3 du **document 3**, repérer et annoter les structures suivantes : *le cordon ombilical ; la veine fœtale ; les artères fœtales.*
- Indiquer par des flèches le sens de la circulation du sang dans les vaisseaux du cordon.
- Compléter la légende associée au schéma, en donnant la signification des couleurs.
- Pour chacun des organes suivants, préciser son appartenance à la mère ou au fœtus.

– le cordon ombilical : ....

– le placenta : ....

– l'utérus : ....

3.4. Décrire la structure de la barrière placentaire.

....

....

- Encadrer sur le schéma n° 3 du **document 3** une zone qui correspond à la barrière placentaire.
- Cocher les propositions correctes.

☐ la barrière placentaire est très épaisse
☐ la surface de la barrière placentaire est très importante
☐ les échanges à travers la barrière placentaire sont bidirectionnels
☐ la barrière placentaire est imperméable

3.5. À chaque description du tableau, attribuer la fonction du placenta, choisie dans la liste suivante : *la fixation, la respiration, la nutrition, l'excrétion, des fonctions métaboliques, la fonction immunologique, la fonction endocrine.*

	la description	la fonction
1	les déchets du métabolisme fœtal sont pris en charge par le sang maternel	
2	le sang maternel procure les nutriments et l'eau nécessaires au développement du fœtus	
3	les villosités trophoblastiques ancrent le fœtus dans l'endomètre utérin	
4	le placenta synthétise de nombreuses protéines, pour sa propre croissance et celle du fœtus	
5	le placenta synthétise des hormones	
6	le O_2 et le CO_2 traversent la barrière par diffusion entre les sangs maternel et fœtal	
7	certains anticorps maternels (les IgG) protègent le fœtus (cette protection est prolongée au-delà de la naissance, durant les premières semaines)	

3.6. La première ligne du tableau contient une liste d'éléments présents soit dans le sang maternel, soit dans le sang fœtal. Compléter le tableau en indiquant par des flèches le sens des échanges à travers la barrière placentaire. Encadrer les éléments bénéfiques au fœtus. *Attention : certains éléments ne traversent pas cette barrière ; certains éléments la traversent dans les deux sens.*

les substances	le dioxygène	le dioxyde de carbone	l'eau	le glucose	l'urée	des anticorps	des hormones	**les éléments figurés du sang**	l'alcool	la nicotine	des bactéries	des virus	des médicaments
le sang maternel													
le sang fœtal													

■ Le placenta est *un filtre imparfait.* Expliquer cette expression : ....

....

■ Déduire des réponses précédentes 3 mesures de prévention recommandées à une femme enceinte.

....

....

■ Une embryopathie peut être une conséquence du non-respect de l'une de ces mesures.

Définir *une embryopathie* : ....

....

4 Le suivi de la grossesse

Document 4 un cas clinique

Monsieur et madame W. souhaitent un 2e enfant. Madame W. a 39 ans. Le 6 avril, au 3e jour de retard des règles, elle réalise un test de grossesse : le résultat est positif. Madame W. consulte son gynécologue-obstétricien. Le médecin interroge madame W. sur ses antécédents personnels et familiaux, et sur son hygiène de vie. Il mesure sa masse (63 kg) et sa tension artérielle (12•7 cm Hg).
Une analyse d'urine et de sang est prescrite. L'analyse sanguine comporte un sérodiagnostic de la toxoplasmose et de la rubéole. Elle consiste à rechercher dans le sang maternel les anticorps spécifiques du toxoplasme et du virus de la rubéole. En effet, le parasite responsable de la toxoplasmose et le virus de la rubéole sont deux agents tératogènes. Une contamination de la mère au cours de la grossesse pourrait entraîner des embryopathies graves. L'examen sérologique de madame W. est positif pour la rubéole, mais négatif pour la toxoplasmose. L'un des examens devra être refait tous les mois.
Le médecin établit avec madame W. un planning de suivi de sa grossesse. Quatre examens légaux et remboursés par la Sécurité Sociale sont prévus.

4.1. À l'aide d'un dictionnaire, définir les termes suivants.

– un gynécologue : ....

– un obstétricien : ....

– tératogène : ....

■ Donner la signification des résultats des examens sérologiques de madame W :

– le sérodiagnostic de la rubéole : ....

....

....

– le sérodiagnostic de la toxoplasmose : ....

....

....

■ Cocher l'examen qui devra être répété tous les mois. Justifier.

☐ le sérodiagnostic de la toxoplasmose ☐ le sérodiagnostic de la rubéole

....

....

• Expliquer pourquoi la contamination de la mère peut entraîner des conséquences chez le fœtus.

....

• Le médecin donne à madame W. des conseils appropriés. Cocher les conseils corrects.

☐ éviter le contact avec des enfants
☐ éviter le contact avec des chats
☐ ne pas manger de viande cuite
☐ ne pas manger de viande crue

VIDÉO
L'échograhie
www.lienmini.fr/10449-27

Document 5 l'échographie

Le suivi de madame W. comporte un certain nombre d'examens pour assurer un bon déroulement de la grossesse.
Parmi ces examens, trois échographies sont obligatoires. Les images ci-dessous correspondent à des échographies réalisées aux dates indiquées.

image n° 1 : 28 mai	image n° 2 : 11 août	image n° 3 : 13 octobre
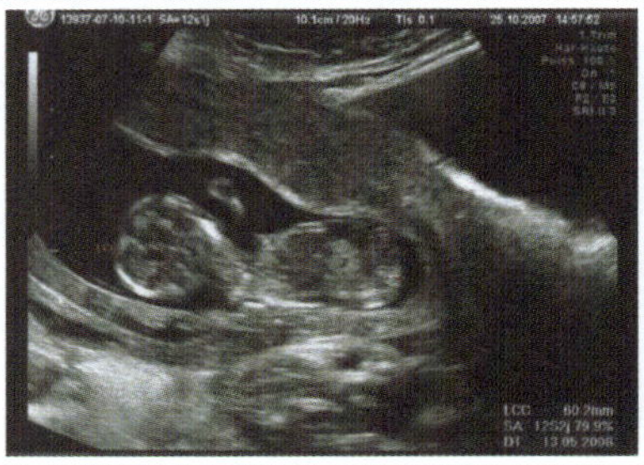	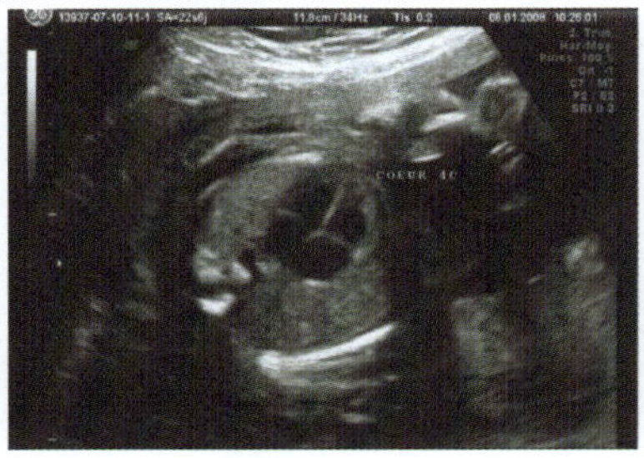	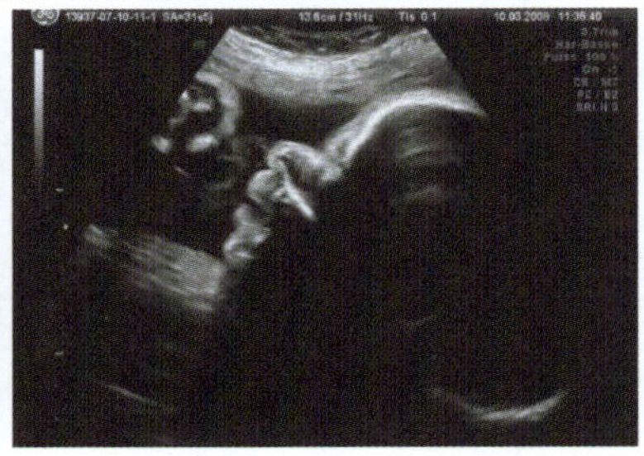
l'âge :	l'âge :	l'âge : ....
le stade :	le stade :	le stade : ....

Les ultrasons ont la propriété de traverser les tissus de l'organisme et d'être réfléchis sous forme d'échos quand il y a un changement de densité tissulaire. Chaque tissu offre une résistance différente à la pénétration des ultrasons. Un écho se produit chaque fois que l'ultrason arrive sur un tissu différent.
Une sonde en contact étroit avec la peau émet des ultrasons et capte les échos renvoyés. Le temps mis par les échos pour revenir à la sonde et les échos sont enregistrés. Les données sont traitées par informatique pour construire une image. La peau est enduite d'un gel qui améliore l'acoustique et facilite le déplacement de la sonde.

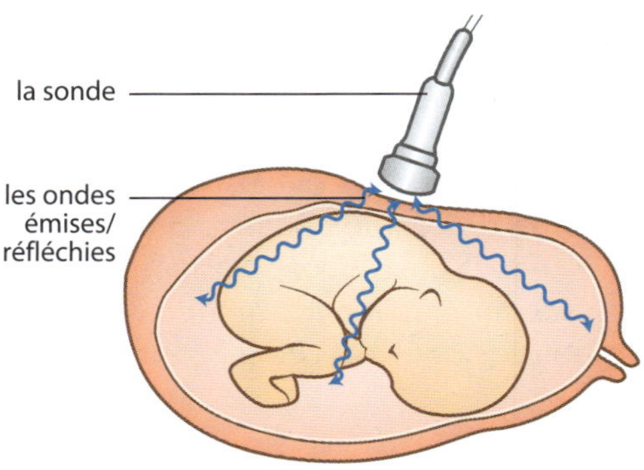

4.2. Cochez les propositions exactes concernant l'échographie fœtale :

– L'échographie est une technique d'imagerie médicale : ☐ diagnostique ☐ thérapeutique

– Elle utilise :

☐ des rayons UV ☐ des micro-ondes ☐ des ultrasons
☐ des ondes magnétiques ☐ des rayons X ☐ des rayons γ

• À l'aide des connaissances et du schéma du **document 5**, présenter le principe de l'échographie.

....
....
....
....

• Citer les avantages de l'échographie.

....

• Cocher les propositions qui correspondent à un intérêt de l'échographie obstétricale.

☐ visualiser la morphologie du fœtus
☐ visualiser les différents organes
☐ détecter une grossesse multiple
☐ surveiller la croissance du fœtus
☐ visualiser toutes les anomalies fœtales
☐ suspecter une trisomie 21
☐ suspecter une myopathie de Duchenne
☐ observer la vitalité du fœtus
☐ déterminer l'âge du fœtus
☐ déterminer le sexe du fœtus
☐ intervenir sur une malformation

- L'aspect des organes dépend du stade de leur croissance, donc de l'âge du futur bébé à la date de l'échographie. Repérer sur les images n° 1 à 3 du **document 5** un maximum d'organes visibles.
- D'après les données des **documents 2**, **4** et **5**, calculer la date présumée de la fécondation pour Mme W.

....

....

- D'après la date des trois échographies, calculer pour chaque image l'âge de la grossesse.

- Préciser pour chaque image le stade de développement : un *embryon* ou un *fœtus*.
- Calculer la date prévue pour l'accouchement de madame W. :

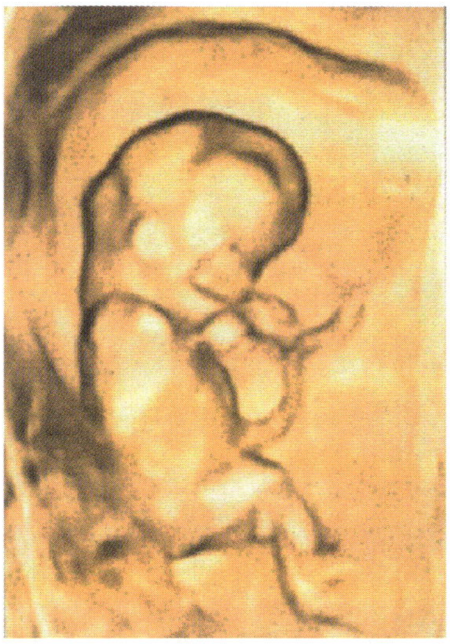

....

....

- L'image ci-contre correspond à une technique d'échographie différente, réalisée en même temps que l'image n° 1 du **document 5**.
- D'après l'aspect de cette image, indiquer la particularité de cette technique d'échographie :

....

- Repérer sur cette image les grandes régions corporelles du fœtus, ainsi que le cordon ombilical.

....

....

....

Document 6 un caryotype, un diagnostic prénatal

Le frère de monsieur W., Louis, est atteint d'une anomalie chromosomique, le syndrome de Down.
Devant l'inquiétude des futurs parents, le gynécologue leur suggère la possibilité de réaliser une amniocentèse pour établir le caryotype du fœtus. Les risques de fausse couche liés à une amniocentèse (environ 0,5 %) sont présentés au couple.
L'amniocentèse est basée sur le prélèvement d'une petite quantité de liquide de la cavité amniotique, c'est-à-dire du liquide dans lequel baigne le fœtus. Elle est réalisée sous contrôle échographique : une longue aiguille montée sur une seringue est introduite à travers la paroi abdominale de la mère, jusqu'au liquide amniotique.

L'échantillon de liquide amniotique prélevé sur madame W. est pris en charge dans un laboratoire spécialisé. L'objectif est la réalisation d'un caryotype selon 3 étapes clefs :
- le cycle des cellules prélevées est bloqué en mitose : l'ADN est sous la forme de chromosomes ;
- les cellules sont mises en contact avec une solution hypotonique : elles éclatent, les chromosomes sont libérés par un choc hypotonique ;
- les chromosomes sont colorés, observés puis classés par le technicien ; le **classement** des chromosomes est basé sur des critères précis : la taille du chromosome, la position du centromère, la disposition des bandes claires et sombres révélées par la coloration ; les chromosomes sont classés par taille décroissante ; les **paires de chromosomes** sont ensuite reconstituées et identifiées par un numéro de 1 à 22 et par les lettres X ou Y.

Ainsi réalisé, le caryotype permet de repérer des aberrations chromosomiques, à savoir des anomalies du nombre de chromosomes (une trisomie, une monosomie) ou des anomalies de structure par perte d'un fragment de chromosome (une délétion) ou d'un déplacement d'un fragment de chromosome sur un autre (une translocation).
Les images ci-après présentent 2 caryotypes.

■ image 1 : le caryotype du frère de monsieur W.

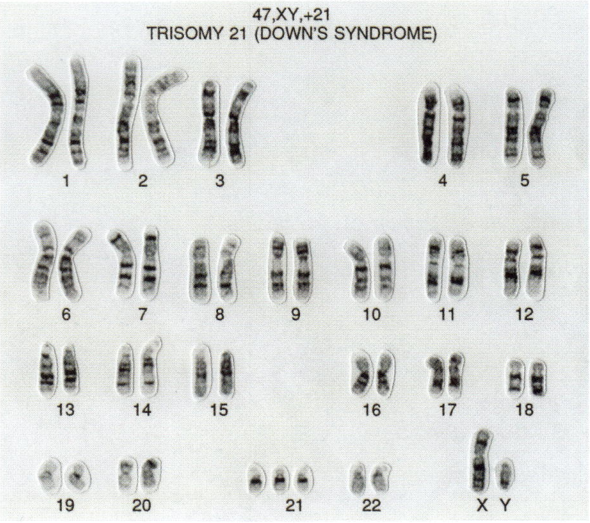

■ image 2 : le caryotype réalisé sur les cellules du liquide amniotique amniotique prélevé chez Mme W.

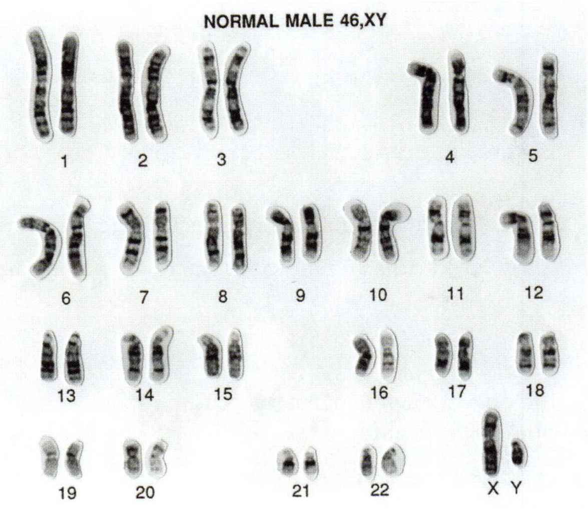

4.3. Souligner dans le texte du **document 6** le principe d'une amniocentèse.

- Déduire la signification du suffixe *-centèse* : ....

- Citer et définir un autre terme médical construit avec ce suffixe : ....

■ L'amniocentèse est proposée à madame W. dans le cadre d'un diagnostic prénatal (ou anténatal). Définir l'expression *un diagnostic prénatal*.

....

....

4.4. L'amniocentèse permet de réaliser *un caryotype*. Définir *un caryotype* à l'aide du **document 6**.

....

- Les cellules sur lesquelles le caryotype est réalisé sont d'origine : ☐ fœtale ☐ maternelle

- Donner le but de cet examen.

....

....

- Le gynécologue a 2 raisons de prescrire un caryotype à madame W. Citer ces deux indications.

1. ....
2. ....

■ Dans un caryotype, les autosomes sont classés par paires de chromosomes homologues. Proposer une explication à l'origine de ces chromosomes homologues.

....

- Dans le cas du caryotype masculin, préciser l'origine :

– du chromosome Y : ....

– du chromosome X : ....

- Cocher les affirmations exactes :

☐ les chromosomes d'une cellule sont identiques deux à deux
☐ le gonosome X est toujours d'origine maternelle
☐ le gonosome Y est toujours d'origine paternelle
☐ le caryotype humain normal comporte 23 types différents de chromosomes
☐ le caryotype est identique chez toutes les espèces vivantes

4.5. Le caryotype du frère de monsieur W. révèle une aberration chromosomique.

■ Définir l'expression *une aberration chromosomique*.

....

■ Repérer l'anomalie présentée par le caryotype de Louis.

....

■ Déduire une dénomination commune donnée au syndrome de Down dont souffre Louis.

....

■ Analyser le caryotype de l'image n° 2.

....

....

• Conclure : ....

■ La formule chromosomique d'un sujet est la notation utilisée pour donner les résultats du caryotype.

• Un caryotype normal s'écrit sous la forme « nombre total de chromosomes, lettres des gonosomes ».

• Écrire le caryotype du futur bébé du couple W. : ....

■ Dans un caryotype pathologique, l'anomalie s'écrit à la suite des autres données ; elle indique la nature de l'anomalie, suivie du numéro du chromosome concerné. Par exemple, la formule chromosomique *45, XY, -2* correspond à un caryotype où l'un des chromosomes de la paire n° 2 est absent.

• Écrire le caryotype de Louis, le frère de monsieur W. : ....

5 Les interruptions de grossesse

VIDÉO
L'IVG médicamenteuse
www.lienmini.fr/10449-28

VIDÉO
L'IVG instrumentale
www.lienmini.fr/10449-29

5.1. Certaines circonstances conduisent à une interruption de grossesse. Parmi les situations suivantes, cocher celles qui sont une indication pour une interruption de grossesse.

- ☐ un caryotype anormal
- ☐ une grossesse non désirée
- ☐ la mort fœtale intra-utérine
- ☐ un diabète maternel
- ☐ un sérodiagnostic négatif de la rubéole
- ☐ un sexe contraire au souhait parental
- ☐ des malformations fœtales graves et incurable
- ☐ un danger pour la santé de la mère

■ Souligner la circonstance qui aurait pu amener le couple W. à envisager une interruption de grossesse.

5.2. Deux méthodes d'interruption de grossesse existent : une méthode d'interruption médicamenteuse et une méthode chirurgicale Le choix dépend de l'âge de la grossesse, et il se fait en concertation avec les professionnels de santé. Cocher les propositions correctes.

• une interruption médicamenteuse de grossesse

- ☐ consiste en une injection de progestérone
- ☐ consiste en deux prises de comprimés à 1 ou 2 jours d'intervalle
- ☐ peut être réalisée à domicile
- ☐ est accompagnée d'une anesthésie locale
- ☐ est toujours efficace
- ☐ doit intervenir dans un délai inférieur à 7 semaines d'aménorrhée

• une interruption chirurgicale de grossesse

- ☐ consiste en une aspiration du fœtus par les voies naturelles
- ☐ peut être réalisée à domicile
- ☐ est accompagnée d'une anesthésie locale ou générale
- ☐ est la plupart du temps efficace
- ☐ peut être réalisée à domicile
- ☐ peut être réalisée en cas d'échec d'une IMG médicamenteuse

>>>> L'ESSENTIEL DU COURS >>>>

<table>
<tr><th colspan="4">LA GROSSESSE</th></tr>
<tr><td>LA MIGRATION DES GAMÈTES</td><td colspan="2">le spermatozoïde : un déplacement grâce au flagelle ; du vagin à l'utérus, puis vers une trompe utérine</td><td>l'ovocyte II : un déplacement depuis l'ovaire vers une trompe grâce aux contractions et aux mouvements des cils des trompes</td></tr>
<tr><td>LA FÉCONDATION</td><td colspan="3">définition : la rencontre du spermatozoïde et de l'ovocyte II
localisation : dans le premier tiers d'une trompe utérine</td></tr>
<tr><td>LA NIDATION</td><td colspan="3">définition : l'implantation de l'embryon
localisation : dans l'endomètre utérin</td></tr>
<tr><td rowspan="4">LA GESTATION OU LA GROSSESSE</td><td rowspan="3">les stades</td><td>le stade embryonnaire</td><td>le stade fœtal</td></tr>
<tr><td>de la fécondation à la fin de la 8e semaine</td><td>de la 9e semaine à la fin de la grossesse</td></tr>
<tr><td>la formation des organes</td><td>la croissance des organes</td></tr>
<tr><td>les échanges mère-fœtus</td><td colspan="2">deux circulations sanguines séparées : la circulation maternelle et la circulation fœtale
des échanges sanguins à travers la barrière placentaire</td></tr>
<tr><td rowspan="3">LE SUIVI DE LA GROSSESSE</td><td>l'échographie</td><td colspan="2">– définition : un examen d'imagerie diagnostique basé sur l'émission d'ultrasons ;
– intérêts : un suivi du développement de l'embryon puis du fœtus ;
une détection d'éventuelles anomalies morphologiques
– avantage : une absence d'effets secondaires pour l'embryon, le fœtus et la mère</td></tr>
<tr><td>la sérologie</td><td colspan="2">– définition : une recherche d'anticorps spécifiques dans le sang maternel
– intérêts : un sérodiagnostic positif montre une immunité chez la mère pour l'élément testé ; un sérodiagnostic négatif montre une absence d'immunité pour l'élément testé et l'éventuel risque pour l'embryon ou le fœtus en cas d'infection pendant la grossesse</td></tr>
<tr><td>un examen cytogénétique : le caryotype</td><td colspan="2">– définition : un examen qui permet le classement des chromosomes d'une cellule fœtale prélevée du liquide amniotique, grâce à une amniocentèse
– intérêts : le repérage d'éventuelles anomalies du nombre de chromosomes (une trisomie, une monosomie) et/ou de la structure d'un chromosome (une perte ou un déplacement d'un fragment de chromosome)</td></tr>
<tr><td rowspan="2">L'INTERRUPTION DE GROSSESSE</td><td>des causes</td><td colspan="2">une anomalie du caryotype ; une malformation grave du fœtus ;
un risque pour la santé de la mère ; une situation de détresse psychologique</td></tr>
<tr><td>des méthodes</td><td>une méthode médicamenteuse : la prise de comprimés</td><td>une méthode chirurgicale : une aspiration du contenu de l'utérus</td></tr>
</table>

THÈME 4

La maîtrise de la reproduction

Les techniques médicales actuelles permettent à de nombreux couples de ne pas concevoir d'enfant, ou au contraire de concevoir un enfant malgré une incapacité biologique, temporaire ou définitive.

les notions et contenus	les capacités exigibles
la contraception	• expliquer le mode d'action de différents moyens de contraception et indiquer les critères de choix du moyen de contraception le plus adapté au contexte • identifier les moyens de contraception qui protègent contre les infections sexuelles transmissibles (IST)
l'infertilité et l'aide médicale à la procréation	• identifier les causes possibles d'une infertilité à partir de cas cliniques • identifier le principe des différentes méthodes d'aide médicale à la procréation • justifier le choix de la technique selon l'origine de l'infertilité

1 La contraception

Document 1 une rencontre avec l'infirmière

Lundi matin, Sophie, une élève de 1re, prend contact avec l'infirmière de son lycée. Elle est angoissée : lors d'une sortie le samedi précédent, elle a eu un rapport sexuel, non protégé, avec son copain.
Le dialogue entrepris avec Sophie permet à l'infirmière de la rassurer sur une éventuelle *IST*. En revanche, elle évoque le risque de grossesse non désirée et lui explique que la loi du 13 décembre 2000 lui permet de lui délivrer gratuitement la pilule du lendemain. Cette pilule combine deux actions : une action contraceptive, en bloquant l'ovulation si celle-ci n'a pas encore eu lieu ; une action contragestive, en empêchant la nidation.
Cette contraception d'urgence est administrée sous la forme de deux comprimés à base de progestatif. Le premier comprimé doit être pris dans les 48 heures qui suivent un rapport sexuel, le second entre 12 et 24 heures après le premier.
L'infirmière en profite pour présenter à Sophie différents moyens de contraception : les méthodes physiques et chimiques. Elle insiste sur le fait que la méthode est choisie selon chaque cas particulier : elle est donc adaptée, acceptable, efficace et réversible.

Note : un moyen de contraception est réversible, sauf la stérilisation à visée contraceptive.

Document 2 les méthodes contraceptives décrites par l'infirmière

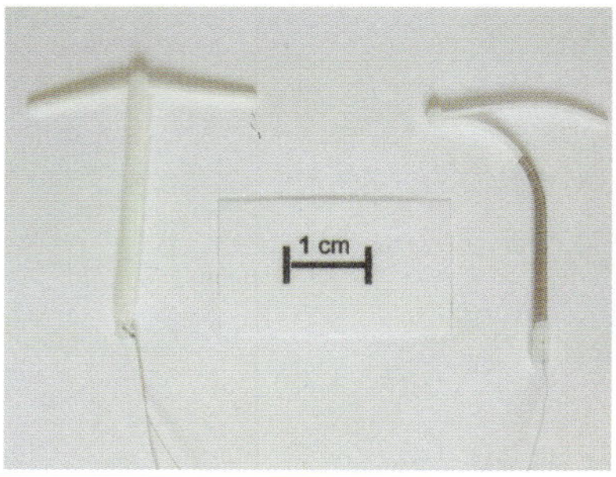

A. ....

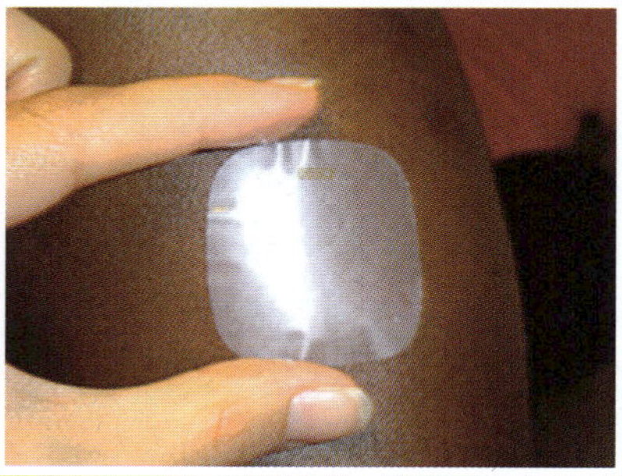

B. ....

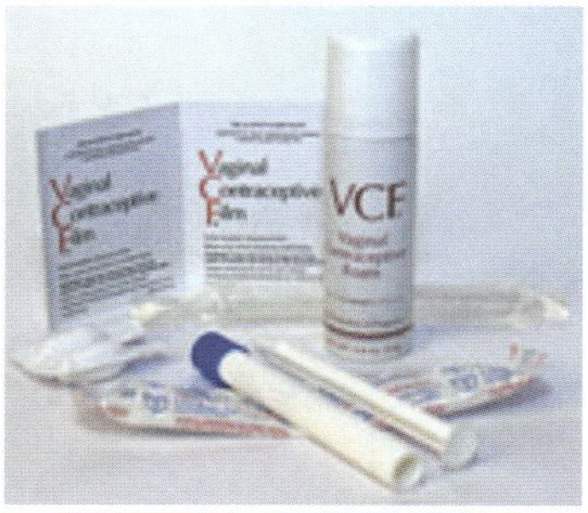

C. ....

D. ....

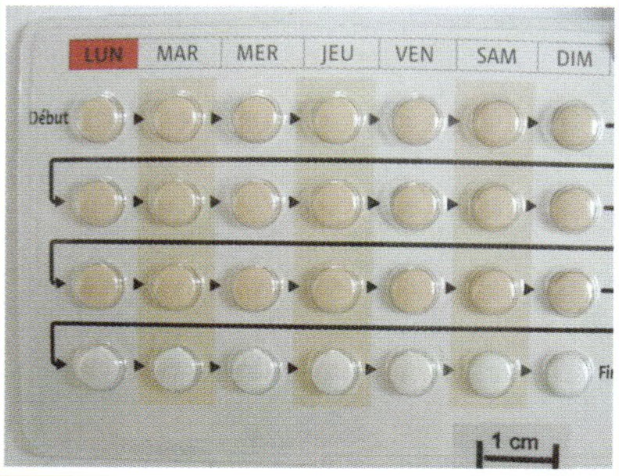

E. ....

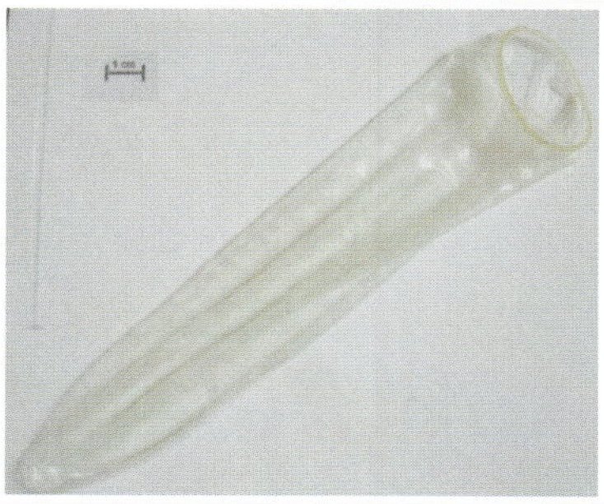

F. ....

1.1. Titrer chacune des photographies A à F du **document 2**.

■ Associer à l'aide de croix chaque méthode de contraception au type qui lui correspond.

	une méthode physique	une méthode chimique
la pilule combinée		
le préservatif masculin		
l'implant		
les spermicides		
la pilule séquentielle		
le préservatif féminin		
la pilule à progestatif		
le stérilet, le DIU		
la vasectomie		
le patch		
l'anneau contraceptif		
la ligature des trompes		

■ Dans le tableau précédent :

- Souligner les méthodes de stérilisation à visée contraceptive : le résultat est permanent et définitif.
- Préciser la condition nécessaire au choix de ces méthodes.

....

- Encadrer la méthode de contraception qui correspond à une contragestion : elle intervient après la fécondation et empêche l'implantation de l'embryon dans l'endomètre.

Document 3 l'action de la pilule combinée ou œstroprogestative

■ graphique A

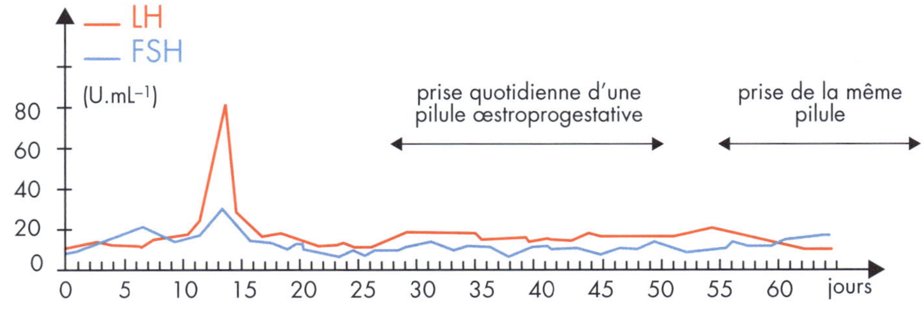

■ graphique B

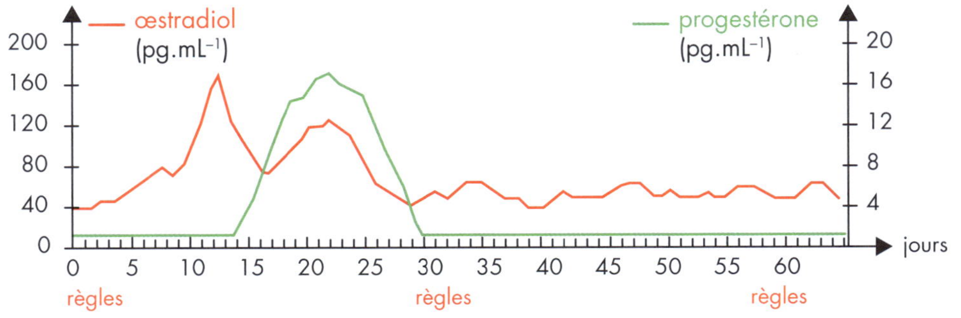

1.2. Indiquer le *principe actif* de la pilule combinée.

....

■ À l'aide des connaissances acquises, analyser les graphiques du **document 3**.

– le graphique A : ....

....

....

– le graphique B : ....

....

....

■ Déduire le mode d'action de la pilule combinée.

....

....

1.3. Dans le texte du **document 1**, souligner les trois critères auxquels doit répondre une contraception.

■ Nommer la contraception qui serait la mieux appropriée au cas de Sophie.

....

• Justifier : ....

....

....

....

■ Nommer la méthode de contraception qui permettrait à Sophie d'être protégée simultanément d'une grossesse non désirée et d'une éventuelle IST.

....

1.4. Relier chaque méthode de contraception à son mode d'action.

le préservatif masculin ❶	ⓐ un blocage de l'ovulation
le préservatif féminin ❷	ⓑ une modification de la glaire cervicale empêchant le passage des spermatozoïdes
le stérilet ❸	ⓒ une destruction partielle des spermatozoïdes
un spermicide ❹	ⓓ une modification de l'endomètre utérin empêchant la nidation de l'œuf fécondé
un contraceptif oral ❺	ⓔ une absence de contact entre les spermatozoïdes et l'appareil génital féminin

Document 4 les lieux d'action des moyens contraceptifs

Le schéma suivant présente une succession d'événements qui conduisent à une naissance.
Les numéros 1 à 11 situent le lieu d'action de différents moyens contraceptifs. Chaque moyen contraceptif empêche la réalisation de l'événement qui suit.

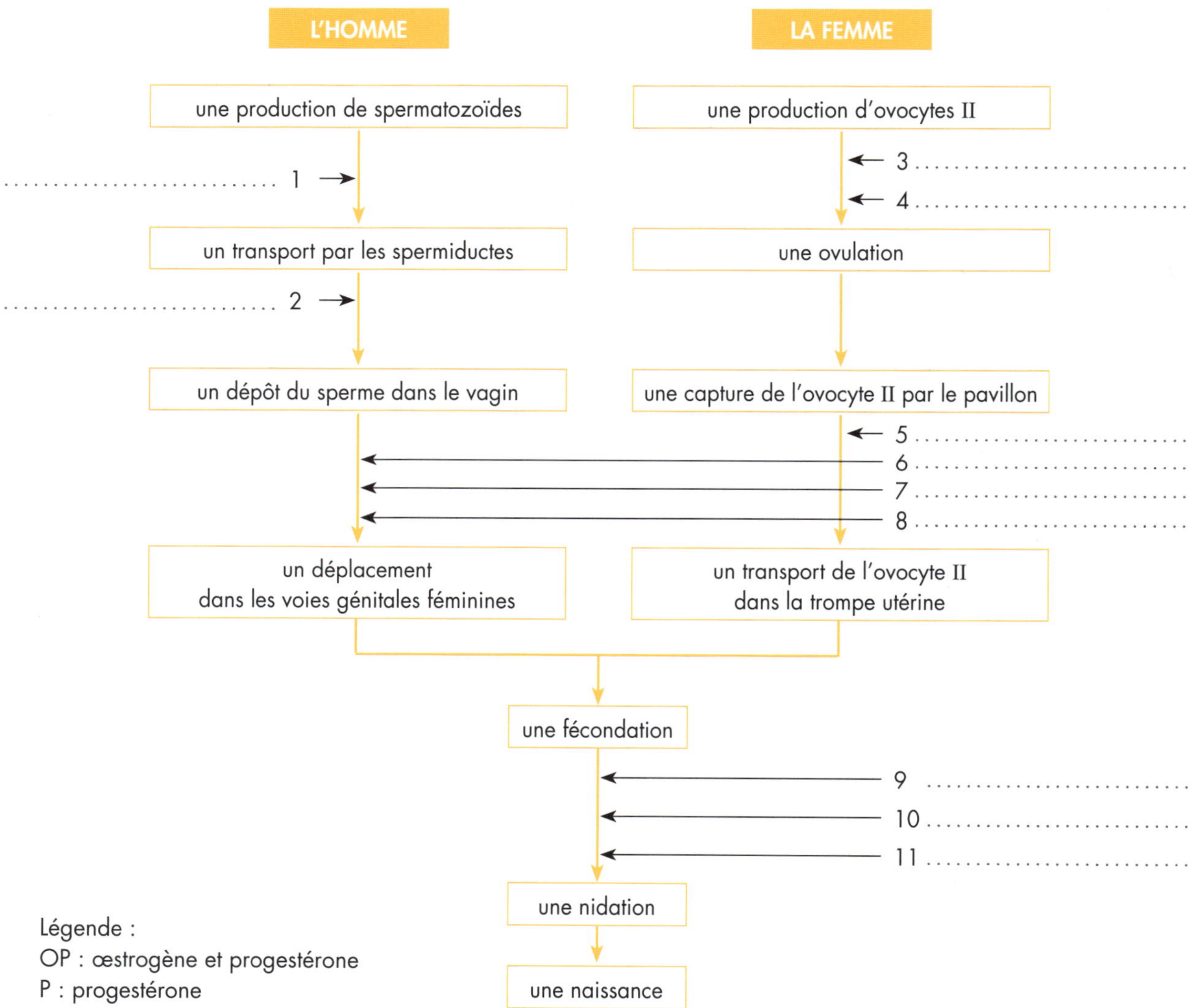

1.5. Annoter le schéma du **document 4**. *Attention : un même moyen peut correspondre à plusieurs numéros.*

2 Les origines de l'infertilité

Document 5 un cas clinique

Monsieur et madame F., âgés de 31 ans, souhaitent avoir un enfant depuis cinq ans. Leurs tentatives régulières au cours de la période de fécondabilité échouent systématiquement. Le couple évoque pour la première fois son infertilité avec le gynécologue de madame F.
Le gynécologue procède à un interrogatoire, pour connaître les antécédents du couple.
Madame F. a contracté à l'âge de 21 ans une infection à *Chlamydia trachomatis*. Cette bactérie se développe en particulier au niveau des muqueuses génitales et oculaires. Elle est à l'origine d'une IST : la chlamydiose. Cette infection a provoqué chez madame F. une salpingite.
Monsieur F. précise qu'il a eu les oreillons à l'âge de 9 ans.
L'examen clinique de madame F. ne révèle aucune anomalie. Le gynécologue réalise une échographie qui ne montre pas de particularité. Une hystérosalpingographie et un examen sanguin sont prescrits à madame F.
L'examen clinique de monsieur F. permet d'exclure une cryptorchidie (*l'absence de testicule dans le scrotum*) et des varicocèles (*une dilatation des vaisseaux sanguins des testicules*). Un spermogramme est prescrit à monsieur F.

2.1. Définir une infection.

....

....

- Donner la signification du sigle IST : ....
- Donner les causes infectieuses évoquées dans le **document 5**.
  - pour madame F. : .... • pour monsieur F. : ....

2.2. L'infertilité peut également avoir une cause anatomique, aussi bien chez une femme que chez un homme. Dans la liste ci-dessous, souligner les causes de l'infertilité qui peuvent être attribuées à une femme. Relier chaque cause possible à sa conséquence.

une cryptorchidie	1	a	une absence de production de gamètes
une obstruction des trompes	2	b	une absence de fécondation
une obstruction des spermiductes	3	c	une absence de nidation
une varicocèle	4		
un fibrome sous-muqueux	5		

- Nommer l'examen utilisé pour diagnostiquer :
  - une éventuelle obstruction des trompes : ....
  - un éventuel fibrome sous-muqueux : ....

2.3. L'infertilité peut être liée à une anovulation. Rappeler la définition de l'ovulation.

....

....

- Déduire la définition d'une anovulation : ....
- L'anovulation peut avoir des causes multiples. Cocher les propositions correctes.
  - ☐ un kyste ou une tumeur de l'ovaire
  - ☐ une hypertension artérielle
  - ☐ un trouble de la production de la LH
  - ☐ une hypercholestérolémie
  - ☐ le stress
  - ☐ une obstruction des trompes

2.4. Proposer une définition de l'échographie.

....

- Une échographie ovarienne permet l'observation de l'état des follicules. Rappeler le nom du follicule visible avant une ovulation : ....

- Proposer l'intérêt de réaliser cet examen dans le cas de madame F.

....

....

2.5. L'examen sanguin prescrit à madame F. consiste en un dosage hormonal répété au cours de plusieurs cycles consécutifs, dans le but de vérifier le pic de LH au 13e jour du cycle.

- Rappeler la signification du sigle LH : ....
- Nommer l'organe qui produit la LH : ....
- Donner l'origine du pic de la LH : ....

....

- Préciser la conséquence de ce pic : ....
- Déduire la conséquence de l'absence de ce pic de sécrétion : ....
- Proposer l'intérêt de réaliser cet examen dans le cas de madame F.

....

Document 6 le spermogramme de monsieur F.

LABORATOIRE D'ANALYSES MÉDICALES BONSANG

Monsieur F.
Dossier N° : 2020901-011
Date de naissance : 20/02
Date de prélèvement : 15/01

Page 1/1

SPERMOGRAMME

Volume de l'éjaculat	4 mL	*(VR : 2 à 6)*
pH	7,4	*(VR : 7,2 à 8)*
Spermatozoïdes		
Numération	9 $M.mL^{-1}$	*(VR : 20 à 250)*
Mobilité à 1 heure	60 %	*(VR : > 50)*
Formes mortes	15 %	*(VT : < 30)*
Morphologie anormale	20 %	*(VR : < 70)*
Leucocytes	$2.10^5.mL^{-1}$	*(VR : < 10^5)*
Hématies	0	*(VR : absence)*

J-P BONSANG - Pharmacien Biologiste - C.E.S. Hématologie - Immunologie - Biochimie

LABORATOIRE D'ANALYSES MÉDICALES BONSANG

2.6. Donner l'intérêt de réaliser un spermogramme dans le cas de monsieur F.

....

- Analyser le **document 6**.

....

....

....

- Conclure.

....

3 Les méthodes d'aide médicale à la procréation

Document 7 l'AMP

L'AMP ou l'assistance médicale à la procréation est un ensemble de techniques qui visent à résoudre les problèmes d'infertilité d'un couple. En France, chaque année, grâce à plus de 150 000 tentatives d'AMP, plus de plus de 25 000 enfants naissent (environ 3 % des naissances). Chaque technique est adaptée à la situation particulière du couple. Le recours à ces techniques est envisagé après environ 2 ans de rapports sexuels réguliers sans grossesse, pour un couple jeune sans antécédents médicaux. Il est réalisé dans un centre pluridisciplinaire d'Assistance Médicale à la Procréation (AMP), agréé et dans le cadre du respect de la loi française en vigueur.

Dans un premier temps, un traitement hormonal de stimulation ovarienne est mis en œuvre. Ce traitement consiste à mimer l'action de la FSH. Dans certains cas, la stimulation ovarienne peut être suffisante. Dans d'autres cas, elle précède une insémination artificielle (IA) ou une fécondation *in vitro* et transfert d'embryon (fivete).

L'insémination artificielle consiste à déposer les spermatozoïdes dans le vagin ou directement dans la cavité utérine de la femme. Elle peut être réalisée avec le sperme du conjoint (une IAC) ou avec le sperme d'un donneur anonyme (une IAD).

Dans le cadre d'une fécondation *in vitro*, le traitement hormonal est réalisé en deux étapes : la première étape consiste à bloquer la sécrétion physiologique des hormones hypophysaires, dans le but de contrôler le cycle ; la seconde étape est une stimulation ovarienne. La stimulation hormonale est suivie d'une ponction des ovocytes au niveau des ovaires. La fécondation des ovocytes II prélevés et les premières phases du développement embryonnaire sont réalisées *in vitro*. Après 4 à 6 jours, les embryons sont transférés dans l'utérus où auront lieu leur nidation et leur gestation.

L'injection intra-cytoplasmique du spermatozoïde (ICSI) est une variante de la fivete. Elle consiste à injecter directement le spermatozoïde du conjoint dans le cytoplasme de l'ovocyte à l'aide d'une micropipette. Les autres étapes sont les mêmes que pour une fivete.

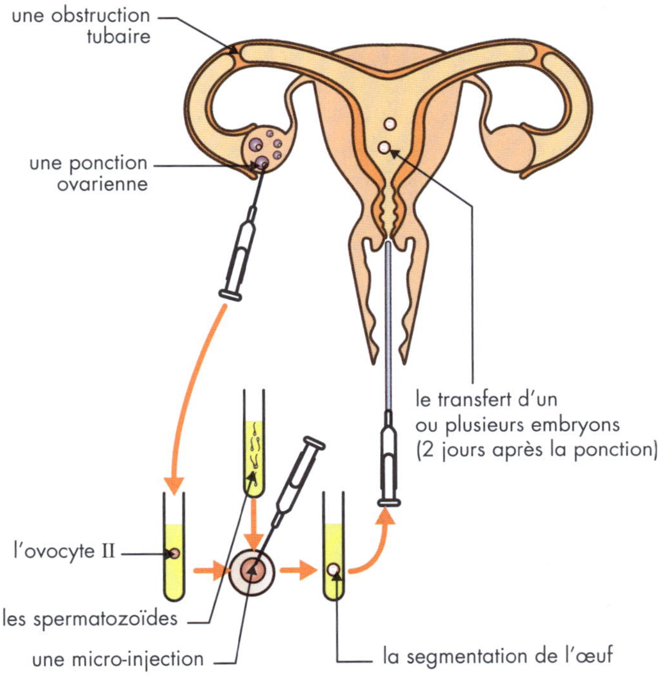

VIDÉO **La loi de bioéthique** www.lienmini.fr/10449-32

VIDÉO **La fécondation *in vitro*** www.lienmini.fr/10449-31

VIDÉO **La FIV ICSI** www.lienmini.fr/10449-30

3.1. Préciser le but de la stimulation ovarienne.

....

■ Présenter le principe du traitement hormonal : ....

....

....

■ L'efficacité du traitement est contrôlée par un dosage des œstrogènes et une échographie ovarienne. Préciser le but de ces deux examens.

....

....

....

■ Cocher la situation pour laquelle ce traitement peut être suffisant.

☐ une cryptorchidie
☐ une anovulation
☐ une obstruction des trompes utérines

3.2. Donner la signification des sigles IAC et IAD.

– une IAC : ....

– une IAD : ....

■ Indiquer par une croix les cas pour lesquels une IAC ou une IAD peut être efficace.

	une IAC	une IAD
une oligospermie		
une azoospermie		
une asthénospermie		
un trouble de l'érection		
un trouble de l'éjaculation		
une cryptorchidie		
une obstruction des trompes		
une obstruction des spermiductes		

3.3. Donner la signification de l'acronyme *fivete* :

....

■ Rappeler le nom des gamètes masculin et féminin prélevés, et l'état de leurs noyaux respectifs.

– le gamète masculin : ....

– le gamète féminin : ....

■ Rappeler le devenir du gamète féminin après pénétration du gamète masculin.

....

■ Cocher les cas pour lesquels une fivete peut être efficace.

☐ une oligospermie
☐ une obstruction des trompes
☐ une azoospermie
☐ une asthénospermie
☐ une cryptorchidie
☐ une obstruction des spermiductes

■ Donner la signification du sigle ICSI : ....

■ Décrire l'étape originale de l'ICSI : ....

....

■ Proposer deux cas pour lesquels une ICSI est nécessaire.

• ....

• ....

■ Proposer une situation dans laquelle une *fivete* peut être envisagée avec :

– un don d'ovocyte : ....

– un don d'embryon : ....

....

■ Indiquer à l'aide d'une croix le lien génétique entre l'enfant et ses parents juridiques pour chaque AMP.

le type d'AMP	l'existence d'un lien génétique de l'enfant avec		
	le père	la mère	aucun des parents
une stimulation hormonale seule			
une IAC			
une IAD			
une ICSI			
une fivete sans don			
une fivete avec don d'ovocyte			
une fivete avec don d'embryon			

3.4. Conclure en proposant une méthode d'AMP qui pourrait s'appliquer au couple F. du **document 1**. Justifier.

....

....

....

....

3.5. À l'aide du **document 7**, déterminer le pourcentage de réussite des techniques d'AMP en France.

....

■ Le tableau suivant présente, pour chaque technique d'AMP, le nombre de tentatives réalisées en France au cours de l'année 2017. Calculer le pourcentage de tentatives pour chaque technique.

les techniques	IAD	IAC	fivete	ICSI	transfert d'embryon congelé
le nombre de tentatives en 2017	46 395	2 972	20 788	43 255	38 201
le pourcentage de tentatives (%)					

Rapport 2018 de l'agence de biomédecine.

L'ESSENTIEL DU COURS

LA CONTRACEPTION – LA CONTRAGESTION

des méthodes physiques	
le préservatif masculin	une gaine de latex, à usage unique, qui recouvre le pénis en érection
le préservatif féminin	une gaine de polyuréthane, qui tapisse la paroi vaginale et recouvre les organes génitaux externes
le stérilet ou le dispositif intra-utérin	un objet en plastique souple, placé par un médecin à l'intérieur de l'utérus ; parfois recouvert de cuivre ou imprégné de progestérone de synthèse ; une action pendant 5 ans

des méthodes chimiques		
des spermicides		des substances chimiques mises en place dans le vagin avant un rapport sexuel ; existence de formes galéniques variées : éponges, ovules, tampons…
les contraceptifs hormonaux féminins	la pilule combinée	un traitement en 2 phases : ① une prise orale, quotidienne, d'un comprimé sur une période de 21 jours ; pour chaque comprimé, une association permanente d'un œstrogène et d'un progestatif de synthèse ② un arrêt de 7 jours ; apparition d'une hémorragie de privation mode d'action : *un mimétisme des hormones de synthèse avec rétrocontrôle négatif sur l'antéhypophyse, d'où une absence de stimulation des ovaires, d'où une absence de folliculogenèse et d'ovulation*
	la pilule séquentielle	le même principe que la pilule combinée, mais uniquement un œstrogène les 7 ou 15 premiers comprimés, puis un œstrogène et un progestatif de synthèse dans les suivants
	la pilule à progestatif	une prise orale quotidienne d'un comprimé contenant uniquement un progestatif de synthèse
	le timbre (le patch)	appelé également le dispositif transdermique hormonal, une diffusion d'œstrogène et de progestérone depuis un timbre collé sur la peau pendant une semaine ; 3 timbres utilisés sur 3 semaines ; 1 semaine d'arrêt
	l'implant contraceptif	un bâtonnet de 4 cm de long et de 2 mm de diamètre posé par un médecin sous la peau au niveau du bras, une diffusion régulière du progestatif en faible quantité (période d'efficacité : 3 ans)
	l'anneau contraceptif	un anneau flexible et transparent placé dans le vagin ; une diffusion des œstrogènes et de la progestérone pendant trois semaines ; une mise en place d'un nouvel anneau une semaine après le retrait du précédent

L'INFERTILITÉ

une absence de grossesse, après 12 à 24 mois de rapports sexuels complets, réguliers et sans contraception

		chez l'homme	chez la femme
les causes	les causes anatomiques	une cryptorchidie ; une varicocèle ; une obstruction des spermiductes	une obstruction des trompes ; un fibrome sous-muqueux ; un kyste ou une tumeur de l'ovaire
	les causes infectieuses	les oreillons : une infection virale, à l'origine d'une atrophie testiculaire	une chlamydiose : une infection des muqueuses génitales par *Chlamydia trachomatis ; exemple : une salpingite*
	les causes endocriniennes	/	un trouble de la sécrétion de LH
les conséquences		des anomalies du spermogramme	une anovulation
		une impossibilité de migration et/ou de rencontre des gamètes	

L'AMP

l'aide médicale à la procréation, les traitements contre l'infertilité

	le principe	les indications
un traitement hormonal de stimulation ovarienne	① un blocage de la sécrétion physiologique des hormones hypophysaires qui contrôle le cycle ovarien ② une stimulation ovarienne	une anovulation ; un traitement préliminaire à une insémination artificielle ; la 1re étape d'une fivete
une insémination artificielle	un dépôt de spermatozoïdes du conjoint (une IAC) dans le vagin ou directement dans l'utérus de la femme	une oligospermie ; une asthénospermie ; un trouble de l'érection ou de l'éjaculation ; une obstruction des spermiductes
	un dépôt de spermatozoïdes d'un donneur anonyme (une IAD) dans le vagin ou directement dans l'utérus de la femme	une azoospermie ; une cryptorchidie
une fivete une fécondation *in vitro* et transfert d'embryon	① une stimulation ovarienne suivie d'une ponction des ovocytes au niveau des ovaires ② une fécondation des ovocytes prélevés et les premières phases du développement embryonnaire *in vitro* ③ après 4 à 6 jours, un transfert des embryons dans l'utérus où est assurée leur nidation et leur gestation	une obstruction des trompes utérines
une ICSI une injection intra cytoplasmique du spermatozoïde	une variante de la fivete avec injection du spermatozoïde directement dans le cytoplasme de l'ovocyte à l'aide d'une micropipette	une azoospermie une asthénospermie

ENTRAÎNEMENTS

+ DE TESTS EN LIGNE

www.lienmini.fr/10449-10

Terminologie

Compléter les tableaux

les unités de sens	la signification	les unités de sens	la signification
andr(o)-			l'ovaire
cervic(o)-		prostat(o)-	
	la femme	salping(o)-	
hystér(o)-			le sperme
métr(o)-		sthén(o)-	
mamm(o)-		térat(o)-	
	le mois		le vagin
orchid(o)-		vas(o)-	

les termes	les définitions
une azoospermie	
	la période de la vie d'une femme qui correspond à l'arrêt naturel de la fonction reproductrice, marquée par l'absence d'ovulation et de ménorrhée

Testez-vous

THÈME 1

1. Nommer les gonades féminines et masculines ; préciser les rôles de chacune.
2. Citer les deux tuniques qui composent la paroi de l'utérus.
3. Lister les organes qui composent le spermiducte, dans un ordre anatomique.
4. Comparer le gamète féminin et le gamète masculin (nom, dimension, organisation cellulaire ; mobilité ; nombre à l'émission, durée de vie) ; présenter les réponses sous la forme d'un tableau.
5. Comparer la gamétogenèse chez la femme et chez l'homme (nom du processus, lieu, nom de la cellule souche et du gamète, nombre de chromosomes par gamète, nombre de chromatides par chromosomes, durée) ; présenter les réponses sous la forme d'un tableau.
6. Définir la folliculogenèse ; citer le nom des follicules et de leurs dérivés au cours de ce processus.

THÈME 2

7. Nommer les hormones hypothalamo-hypophysaires ; préciser le lieu de leur sécrétion ; indiquer le nom de leurs organes-cibles.
8. Préciser le nom de l'hormone sexuelle masculine et son lieu de sécrétion ; décrire son rôle.
9. Indiquer la durée moyenne du cycle menstruel de la femme ; nommer l'événement qui marque le début du cycle.
10. Nommer et décrire l'événement qui sépare les deux phases du cycle féminin ; donner les trois noms possibles associés à chacune des deux phases.
11. Nommer les deux hormones ovariennes ; préciser le lieu de leur synthèse ; citer trois organes-cibles de ces hormones.

THÈME 3

12. Définir et localiser la fécondation et la nidation.
13. Comparer un embryon et un fœtus.
14. Présenter et mettre en relation la structure et le rôle de la barrière placentaire.
15. Tout au long de leur évolution, les cellules du futur bébé ont besoin de nutriments ; pour chaque stade de développement, proposer la structure qui permet l'apport en nutriments.
16. Une grossesse extra-utérine constitue une urgence chirurgicale : la nidation a lieu dans une trompe utérine. Proposer des causes possibles à cette situation.

THÈME 4

17. Citer trois méthodes de contraception.
18. Mobiliser les connaissances sur les cycles hormonaux chez la femme pour expliquer l'action d'une pilule contraceptive.
19. Donner trois causes possibles de l'infertilité d'un couple.
20. Donner la signification des trois sigles : AMP ; fivete ; ICSI.

Mobilisez vos compétences

■ SUJET 1 : La production de spermatozoïdes

Après plusieurs années de vie commune, Monsieur et Madame D s'inquiètent de ne pas arriver à avoir un enfant.
Des examens sont entrepris pour faire un bilan d'infertilité, dans le but de proposer éventuellement au couple une procréation médicalement assistée.

1 La production de spermatozoïdes

> Le sperme de monsieur D. est prélevé puis subit une série d'examens pour s'assurer de sa normalité, ainsi que divers traitements qui visent à augmenter son pouvoir fécondant.

1.1. Trajet des spermatozoïdes dans l'appareil génital masculin.

> Après leur production dans les testicules, les spermatozoïdes transitent dans l'épididyme, puis dans le canal déférent et débouchent dans l'urètre. Le document 1 correspond à une coupe de l'appareil génital masculin.

1.2. Indiquer le type de coupe présentée, ainsi que les annotations correspondant aux repères 1 à 7.

2 La spermatogenèse

> La spermatogenèse s'effectue à partir de cellules souches appelées spermatogonies. Celles-ci subissent des mitoses et deviennent des spermatocytes I. Ensuite grâce à un processus de division particulier, les spermatocytes I deviennent successivement des spermatocytes II puis des spermatides. Ces derniers se transforment enfin en spermatozoïdes au cours d'un processus de différenciation appelé la spermiogenèse.

2.1. Indiquer la localisation anatomique précise de la spermatogenèse.

2.2. Le **document 2** schématise la spermatogenèse. À partir de ce document et du texte ci-dessus, identifier les cellules 1 à 3, et préciser l'équipement chromosomique de chacune.

3 La régulation de la fonction reproductrice masculine

Deux séries d'expériences historiques furent réalisées sur l'animal afin de mieux comprendre la régulation de la fonction reproductrice masculine. Le contrôle de la reproduction est comparable chez l'homme et chez l'animal.

> Première série d'expériences :

La castration (orchidectomie) d'un jeune mâle entraîne notamment une absence de spermatozoïdes et l'arrêt du développement de l'appareil génital. Ce dernier trouble peut être corrigé par une injection d'extraits de testostérone. Par contre, la stérilité persiste.

3.1. Analyser cette première série d'expériences. En déduire les rôles des testicules mis en évidence et leur mode d'action.

> Deuxième série d'expériences :

A. L'hypophysectomie chez un jeune rat provoque les mêmes effets que la castration. L'injection de FSH et de LH à ce rat hypophysectomisé rétablit temporairement la production de spermatozoïdes.

B. Des chercheurs utilisent une lignée de souris mâles ne produisant plus de FSH. On constate que les testicules de ces mâles sont de petite taille et que le nombre des spermatozoïdes diminue. Par ailleurs, la concentration de testostérone reste normale.

C. Des chercheurs pratiquent des cultures de tissus testiculaires de rat. Ces tissus sont placés à 35 °C, pendant 20 jours, dans un milieu nutritif complet contenant, ou non, de la LH. Les résultats de ces expériences figurent dans le tableau suivant :

Milieu de culture sans LH	Milieu de culture avec LH
Un grand nombre de cellules de Leydig disparaît.	Le nombre de cellules de Leydig ne varie pas.
Faible concentration de testostérone dans le milieu de culture.	Concentration élevée de testostérone dans le milieu de culture.

D. L'injection de testostérone à forte dose chez un rat provoque une chute des concentrations de FSH et de LH.

3.2. Analyser chacune des expériences A, B, C et D.

> Schéma de synthèse

3.3. Compléter sur le **document 3** les noms des organes 1 et 2, des molécules a à c et des processus physiologiques A et B, à l'aide des informations obtenues lors de l'étude des deux séries expériences.
À côté de chacune des flèches, indiquer par un signe + l'effet stimulateur et par un signe – l'effet inhibiteur.

Document 1 l'appareil reproducteur masculin

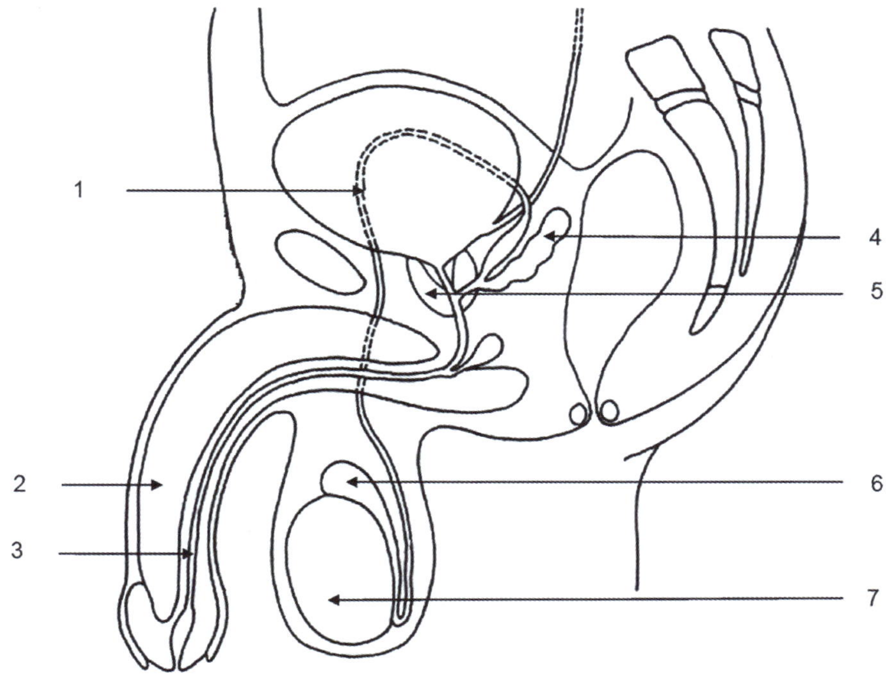

Document 2 un schéma de la spermatogenèse

Pour plus de clarté, seules deux paires de chromosomes homologues sont schématisées dans la cellule 1.

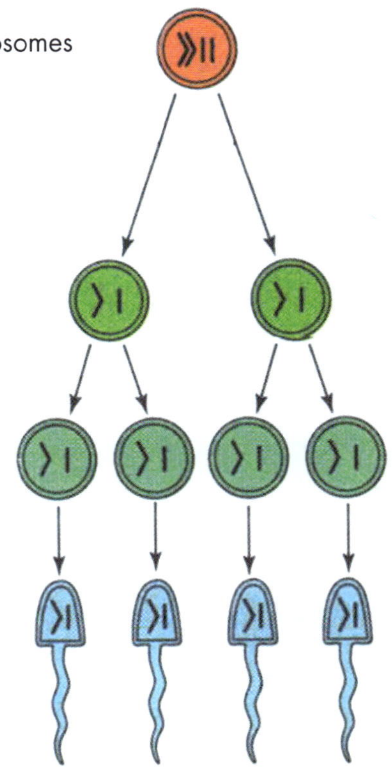

Document 3 schéma de synthèse de la régulation de la fonction reproductrice masculine

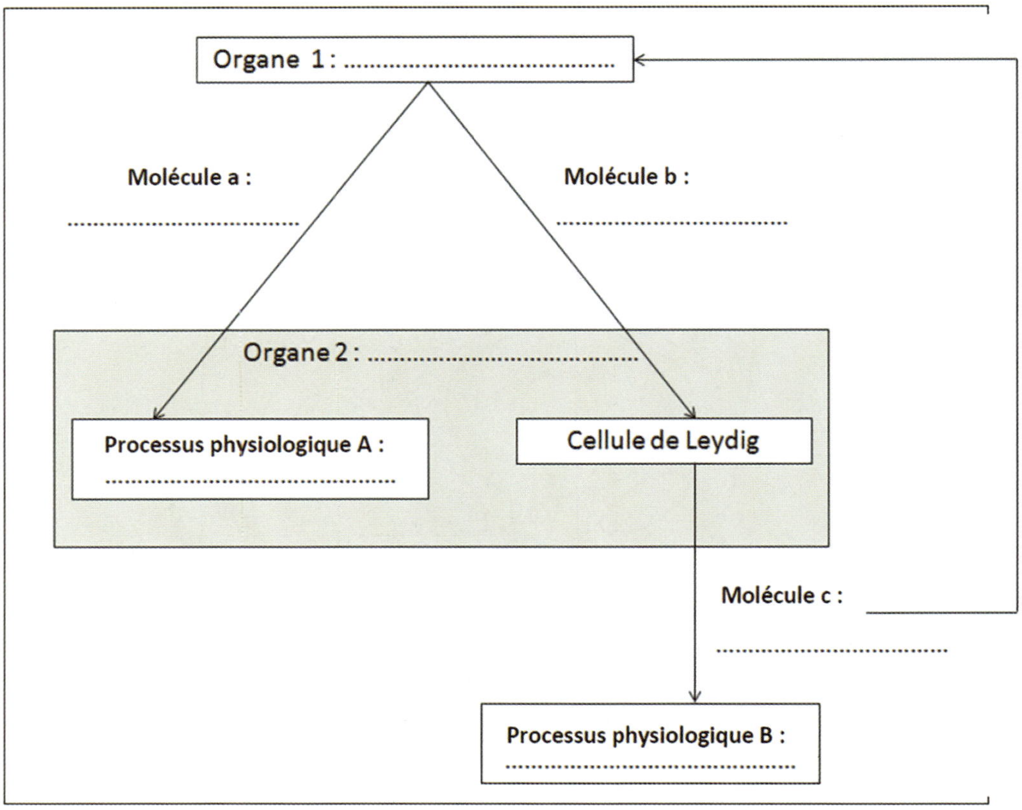

SUJET 2 : Suivi médical du couple X et procréation

Monsieur et Madame X., respectivement 37 et 32 ans, essaient de concevoir un enfant sans succès depuis près de trois ans. Ils consultent un médecin afin de rechercher les causes de leur infertilité et d'y trouver une solution.
Quelques mois après la consultation, une procédure d'insémination artificielle intra-utérine avec sperme du conjoint (IAC) est mise en place pour le couple X. Elle consiste à injecter des spermatozoïdes, préparés et sélectionnés au laboratoire, dans la cavité utérine, le jour de l'ovulation.

1.1. Le **document 4** présente un schéma d'une coupe frontale de l'appareil génital féminin. Reporter sur la copie les annotations correspondant aux repères 1 à 5 du **document 4**.

1.2. Afin de mieux comprendre la régulation de l'activité ovarienne, différentes expériences ont été initialement réalisées sur des animaux. Les résultats sont présentés dans le tableau ci-dessous :

N°	Conditions de l'expérience	Résultats
expérience 1	ablation de l'**hypophyse** sur des souris adultes A	arrêt du cycle de l'ovaire
expérience 2	injection intraveineuse de **FSH** à ces souris A	développement de nombreux follicules jusqu'au stade follicule de De Graaf : la **folliculogenèse**
expérience 3	injection intraveineuse de FSH et de **LH** à ces souris A	développement complet du cyle ovarien (donc présence d'une **ovulation**)
expérience 4	stimulation électrique chez des souris adultes B de **neurones situés** dans l'**hypothalamus** producteurs de **GnRH**	augmentation brutale de la libération de LH et FSH par l'hypophyse

2.1. Interpréter successivement les expériences 1 à 4.

2.2. Réaliser un schéma bilan montrant la régulation de l'activité ovarienne en utilisant les termes en caractère gras du tableau ci-dessus.

> Afin de maîtriser et d'améliorer l'ovulation, madame X. subit au préalable une stimulation ovarienne. Le protocole choisi est indiqué dans le document ci-dessous.

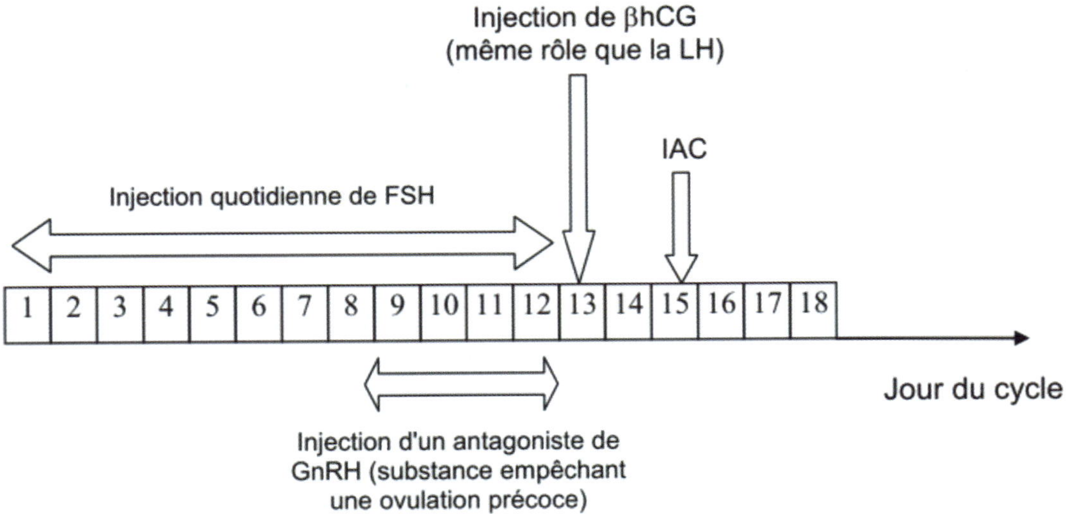

3.1. Préciser le rôle, lors du protocole de stimulation ovarienne :
– des injections de FSH ;
– de l'injection de βhCG.

> Le document 4 présente deux images ovariennes :
– l'image A a été obtenue 2 semaines avant la mise en œuvre du protocole de stimulation ovarienne ;
– l'image B a été obtenue au 10e jour du cycle.

3.2. Nommer la technique d'imagerie qui a permis d'obtenir les clichés a et b

3.3. L'IAC a lieu au 15e jour du cycle. Expliquer le choix de cette date.

Document 4 images ovariennes

Note : les cercles délimitent des structures caractéristiques.

■ image a

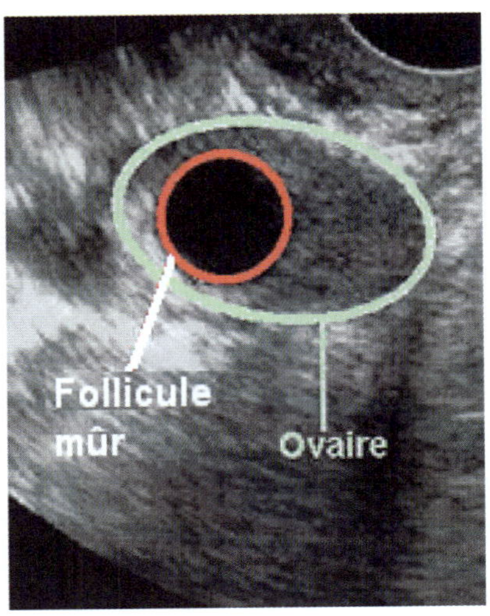

■ image b

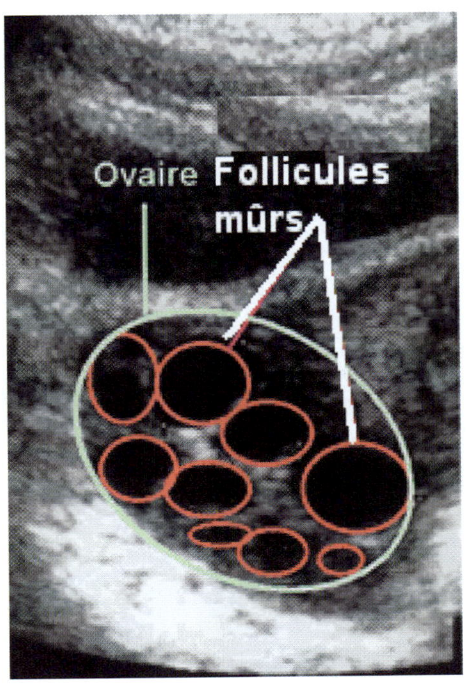

■ SUJET 3 : Les grossesses non désirées

Les interruptions volontaires de grossesse (IVG) chez les adolescentes mineures continuent d'augmenter, de 1 à 5 % par an, depuis 25 ans. La prévention des grossesses non désirées passe par une meilleure information sur les méthodes contraceptives, ce qui nécessite d'avoir des connaissances sur les appareils génitaux.

1 L'appareil génital féminin

> Le **document 1** présente une radiographie des voies génitales d'une adolescente.

1.1. Donner le nom précis ainsi que la définition de cet examen.

1.2. Reporter sur la copie les noms des structures qui correspondent aux repères 1 à 3.

1.3. Nommer l'organe, parmi ceux cités précédemment, correspondant au lieu de la fécondation.

2 La contraception d'urgence hormonale

> La contraception d'urgence hormonale, également appelée « pilule du lendemain », permet d'éviter une grossesse non désirée après un rapport sexuel non protégé. Une nouvelle molécule a été récemment mise sur le marché, l'acétate d'ulipristal qui modifie, entre autre, la concentration plasmatique de LH, comme le montre le document 2.

2.1. Analyser et interpréter le **document 2**.

2.2. Déduire un effet contraceptif de cette pilule du lendemain sachant que les spermatozoïdes ont une durée de vie de cinq jours dans les voies génitales féminines.

Document 5 cliché d'une radiographie des voies génitales

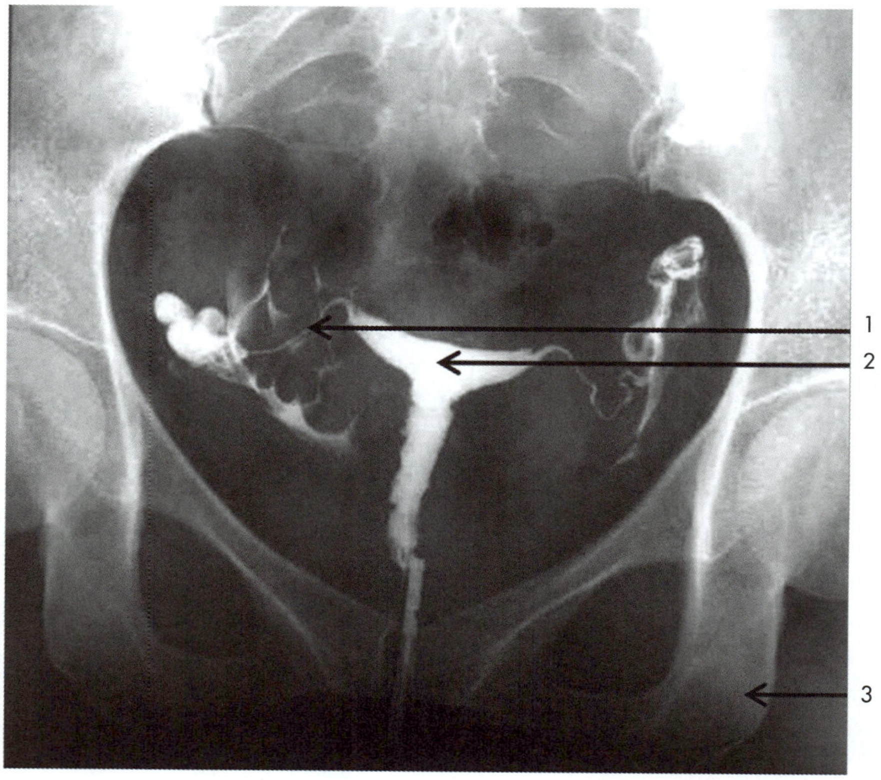

Document 6 évolution de la concentration plasmatique de LH

Toutes les femmes ayant participé à cette étude ont des cycles réguliers de 28 +/– 1 jour sans traitement.

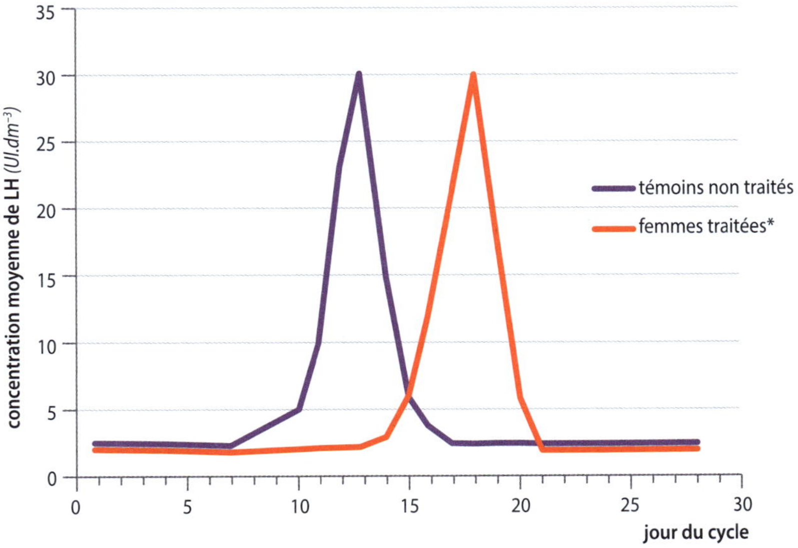

* prise orale de 30 mg d'acétate d'ulipristal au 9e jour du cycle

9

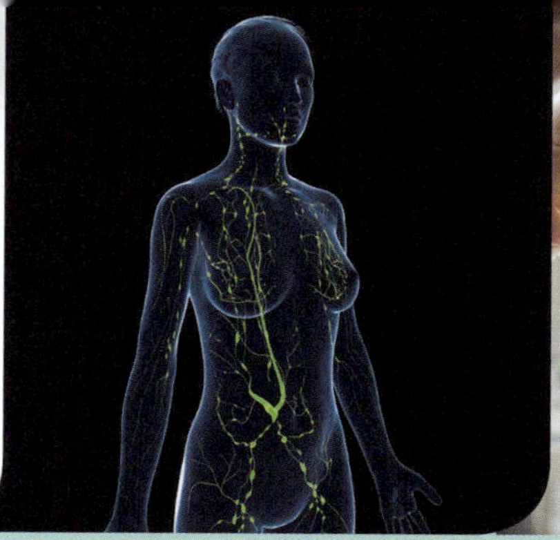
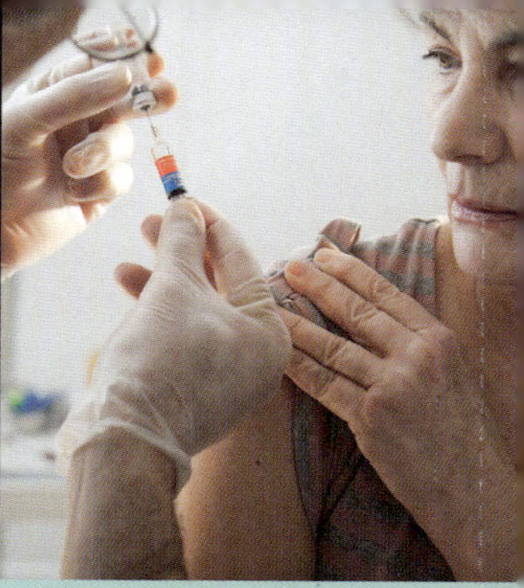

Système immunitaire et défense de l'organisme

- ➜ **Comment le système immunitaire distingue-t-il le soi et le non-soi ?**
- ➜ **Comment l'organisme se défend-il contre le non-soi ?**
- ➜ **Quelle prévention et quels traitements peut-on envisager contre les maladies infectieuses ?**

THÈME 1 **Les maladies infectieuses, l'antibiothérapie** 141

THÈME 2 **Le système immunitaire, le soi et le non soi** 151

THÈME 3 **Les réponses immunitaires non spécifiques : l'exemple du virus grippal** 163

THÈME 4 **Les défenses immunitaires spécifiques : l'exemple du virus grippal** 173

ENTRAÎNEMENTS 185

THÈME 1

Les maladies infectieuses, l'antibiothérapie

➜ Un être humain partage son environnement avec d'autres organismes macroscopiques (animaux, végétaux, mycètes...) ou microscopiques (mycètes, bactéries, virus...).
Ces éléments de l'environnement peuvent être transmis à l'être humain : leur présence peut provoquer des troubles.

les notions et contenus	les capacités exigibles
les maladies infectieuses : • les agents pathogènes • les bactéries et la multiplication bactérienne • les virus et le cycle viral	• identifier les différentes catégories d'agents pathogènes • comparer la structure des bactéries et des virus et caractériser leur mode de reproduction respectif • repérer les étapes d'un cycle viral
• l'antibiothérapie et la résistance aux antibiotiques	• lire et interpréter un antibiogramme • repérer les principales cibles cellulaires des antibiotiques • distinguer résistance naturelle et résistance acquise par mutation ou transfert de gènes • faire le lien entre l'utilisation des antibiotiques et la sélection de souches résistantes • en déduire l'intérêt des campagnes de prévention

1 Les infections et les agents pathogènes

Document 1 des définitions, des exemples

Une infection est une pathologie caractérisée par la transmission d'un agent pathogène d'un réservoir à un hôte sensible.

– L'agent pathogène peut appartenir à la famille des virus, des bactéries, des mycètes (champignons ou levures).
– Le réservoir est le lieu qui contient, ou sur lequel est présent, un agent pathogène.
– L'hôte sensible est un organisme, un organe ou une cellule qui permet le développement de l'agent pathogène.

La transmission d'un agent pathogène est réalisée selon une voie d'entrée spécifique vers l'hôte : la voie cutanée, la voie respiratoire, la voie digestive ou la voie sexuelle. Le développement de l'agent pathogène provoque des signes cliniques et paracliniques chez l'hôte.

■ figure n° 1 : la représentation schématique d'une infection

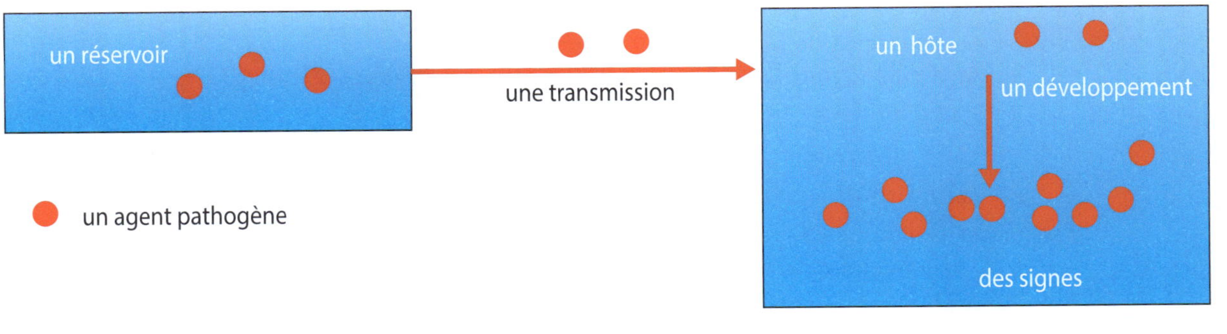

■ figure n° 2 : une classification simplifiée des catégories de cellules pathogènes

les cellules pathogènes				
les cellules procaryotes – absence d'enveloppe nucléaire autour du matériel génétique – absence d'organites limités par une membrane			**les cellules eucaryotes** – présence d'une enveloppe nucléaire – présence d'organites limités par une membrane	
une bactérie				
les bacilles forme cylindrique	**les coques** forme sphérique	**les spirochètes** forme hélicoïdale	**les mycètes**	**les parasites**
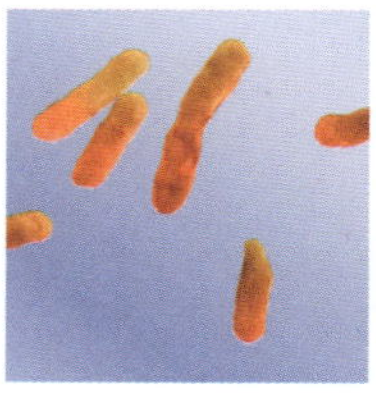	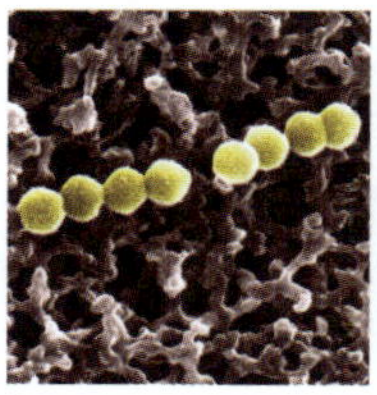	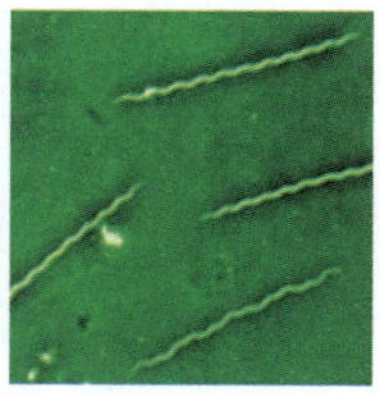	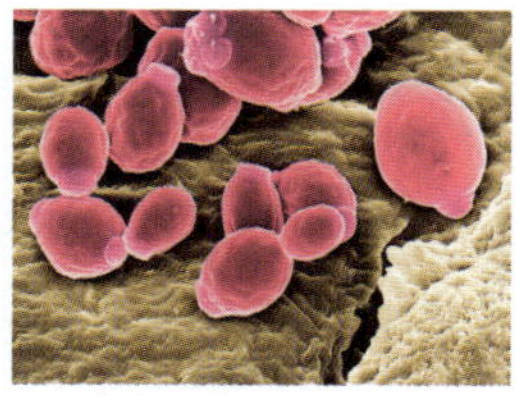	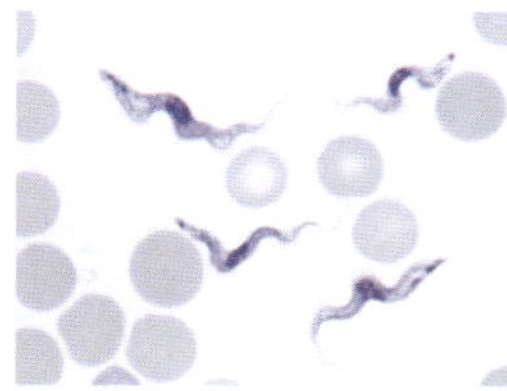
Clostridium botulinum MEB × 16 000	*Streptococcus pneumoniae* MEB × 16 000	*Treponema pallidum* MO × 2 000	*Candida albicans* MEB × 8 500	*Trypanosoma brucei* MO × 1 000

1.1. Définir une cellule :

■ Un agent *pathogène* peut être qualifié d'agent *infectieux*. Justifier l'utilisation de l'adjectif *infectieux*.

1.2. Préciser le point commun entre un *mycète* et une *cellule animale*.

■ La bactérie est une cellule procaryote. Préciser la caractéristique principale de ce type de cellule.

1.3. « *Une bactérie n'est pas nécessairement pathogène pour un organisme humain* ». Donner un argument qui valide cette affirmation.

1.4. Les *virus* ne sont pas représentés dans **document 1**. Proposer une explication.

1.5. Relier chaque agent pathogène à la catégorie qui lui correspond.

- le VIH ❶
- le bacille de Koch (le bacille tuberculeux) ❷
- l'agent de la grippe ❸
- le toxoplasme ❹
- l'agent de l'hépatite B ❺
- l'agent de la mycose vaginale (*Candida albicans*) ❻
- le vibrio du choléra ❼
- l'agent du paludisme (*Plasmodium falciparum*) ❽

- ⓐ un virus
- ⓑ une bactérie
- ⓒ un parasite
- ⓓ un mycète

2 Bactéries et virus, une comparaison

VIDÉO
La toxine botulique en neurologie
www.lienmini.fr/10449-35

Document 2 la structure bactérienne

Une bactérie est un micro-organisme unicellulaire procaryote de l'ordre du micromètre. Une observation au microscope permet de distinguer trois morphologies de base associée à trois grands types bactériens. Ces trois types sont illustrés dans la figure 2 du document 1.

Ces micro-organismes présentent des structures communes, appelées les *éléments constants* : le **cytoplasme** est entouré d'une **membrane cytoplasmique** et d'une **paroi** ; il contient des **ribosomes**, un **chromosome** unique sous la forme d'un filament d'ADN circulaire, des molécules de réserve.

Certaines bactéries possèdent des *éléments facultatifs* (ou variables) : les **plasmides** (molécules d'ADN extrachromosomiques) des molécules toxiques, des spores ; des structures extracellulaires comme des **flagelles** et des **pili** ; certaines bactéries s'entourent d'une **capsule** protectrice.

Neisseria meningitidis (le méningocoque) est un exemple de coque encapsulé. Fréquemment présent dans le pharynx, il n'entraîne pas de symptômes. Dans de rares cas, il rejoint la circulation sanguine : cette bactériémie permet au méningocoque d'accéder au système nerveux central, se multiplier sans entraîner de réaction efficace du système immunitaire ; sa présence conduit à une inflammation des méninges.

Clostridium botulinum est un exemple de bacille capable de libérer dans l'organisme une neurotoxine responsable du botulisme : la toxine botulique bloque la transmission neuro-musculaire et provoque une paralysie par relâchement musculaire. Cette toxine, une des plus puissantes connues, est utilisée en médecine dans le traitement de maladies neurologiques (spasme musculaire, strabisme oculaire, sclérose en plaques). Elle est également utilisée dans le traitement esthétique de rides. Cette bactérie est présente dans le sol sous la forme de spores, résistantes à la chaleur.

Le schéma représente deux vues accolées d'une cellule bactérienne : dans la partie gauche, les éléments constants ; dans la partie droite, les éléments facultatifs.

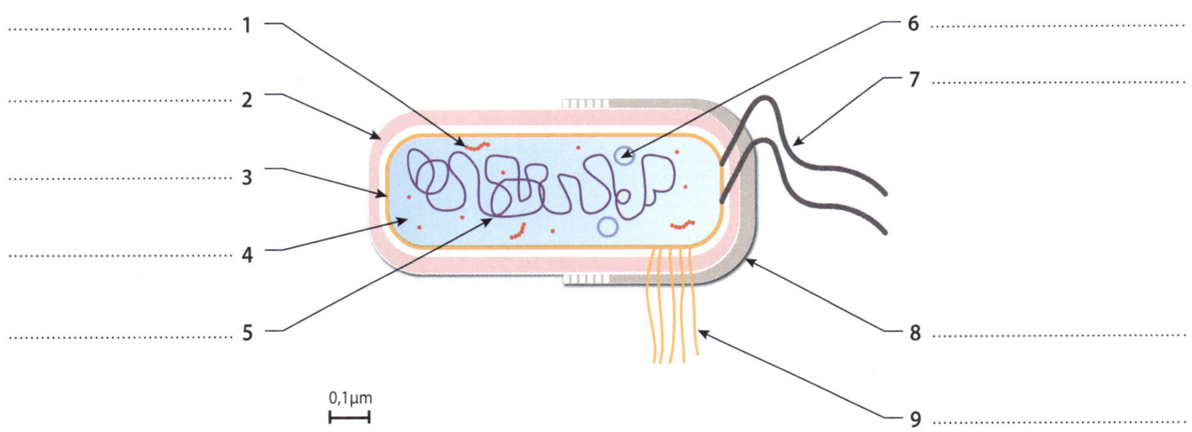

2.1. Préciser la morphologie de la bactérie schématisée dans le **document 2** : ....

- Calculer la taille de cette bactérie.
  - la longueur : ....
  - la largeur : ....
- Annoter le schéma de la cellule bactérienne, à l'aide de la description du **document 2**.
- En se limitant aux éléments constants, citer trois structures cellulaires qui distinguent une cellule bactérienne d'une cellule humaine.

....
....
....

■ Associer chaque structure bactérienne annotée sur le schéma du **document 2** à sa fonction.

le nom de la structure bactérienne	la fonction de la structure
	le principal support de l'information génétique
	un solvant ; le siège de réactions biochimiques
	une protection de la bactérie contre la phagocytose
	l'adhésion et le transfert d'information génétique entre bactéries compatibles
	la mobilité de la bactérie
	un maintien de la morphologie bactérienne ; une protection
	la respiration cellulaire
	la synthèse protéique
	le support de l'information génétique lié en particulier à la résistance aux antibiotiques

■ Proposer une hypothèse pour expliquer la capacité de certaines bactéries à provoquer une pathologie chez un hôte.

....

....

Document 3 la multiplication ou la croissance bactérienne

Une bactérie se multiplie par scissiparité, une division binaire par scission après duplication de son ADN. Une culture bactérienne peut être réalisée *in vitro*, en milieu liquide ou en milieu solide. En milieu liquide (figure 1), la croissance bactérienne se manifeste par l'obtention d'un trouble, proportionnel à la quantité de bactéries présentes. En milieu solide, chaque bactérie est à l'origine d'une colonie, un ensemble visible à l'œil nu, formé par des milliards de bactéries (figure 2). Cette méthode permet d'isoler une bactérie puis de l'identifier.
Dans un environnement de culture favorable en apport nutritif et en température, chaque division se déroule en environ 30 minutes. Le processus est exponentiel si le milieu est renouvelé en continu. Sinon, les nutriments s'épuisent et des toxines liées au métabolisme bactérien s'accumulent : le processus ralentit, puis s'arrête. La croissance décroît.
Les cellules filles obtenues sont des clones de la bactérie mère, c'est-à-dire des bactéries génétiquement identiques.

■ figure n° 1 : une culture bactérienne en milieu liquide

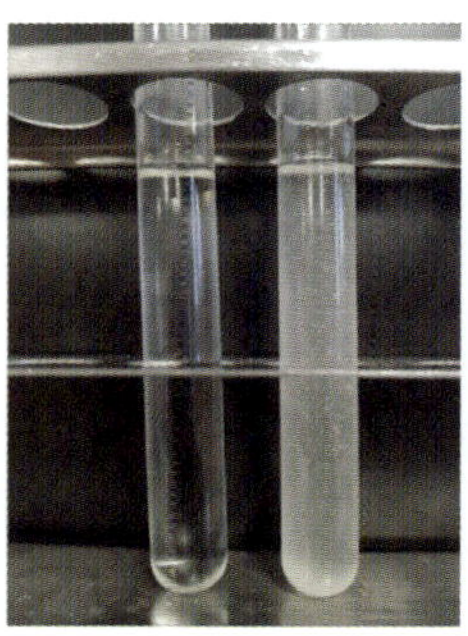

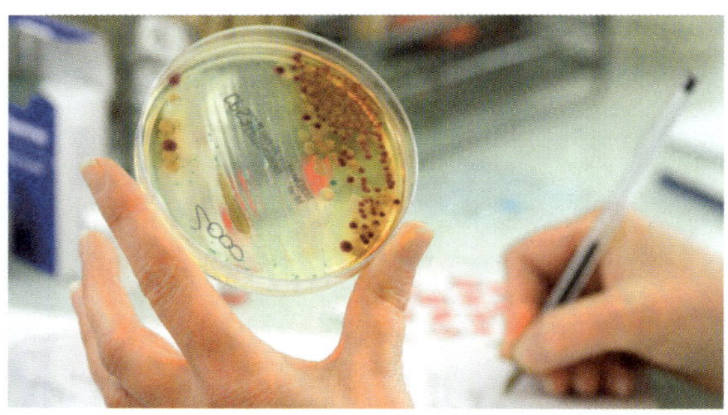

■ figure n° 2 : une culture bactérienne en milieu solide sur boîte de Petri avec des colonies visibles

2.2. Relier chaque étape d'une division bactérienne à sa description.

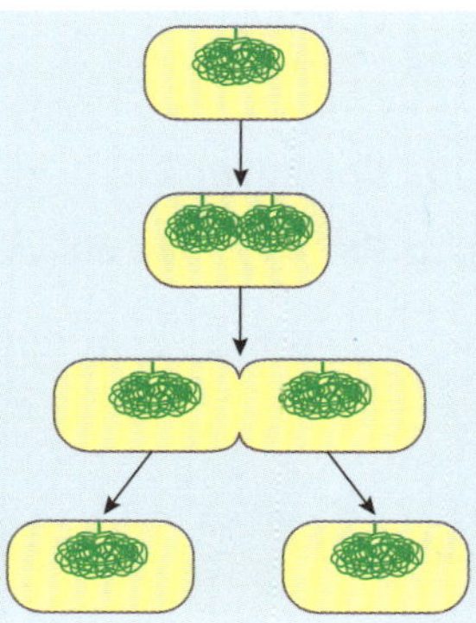

❶

❷

❸

❹

ⓐ la bactérie s'allonge

ⓑ l'ADN circulaire s'attache à la membrane

ⓒ la bactérie se divise en 2 bactéries filles

ⓓ l'ADN se duplique

2.3. Dans un milieu de culture *in vitro*, la croissance bactérienne se déroule en 5 phases repérées sur le graphique ci-dessous. Relier chaque phase au commentaire correct.

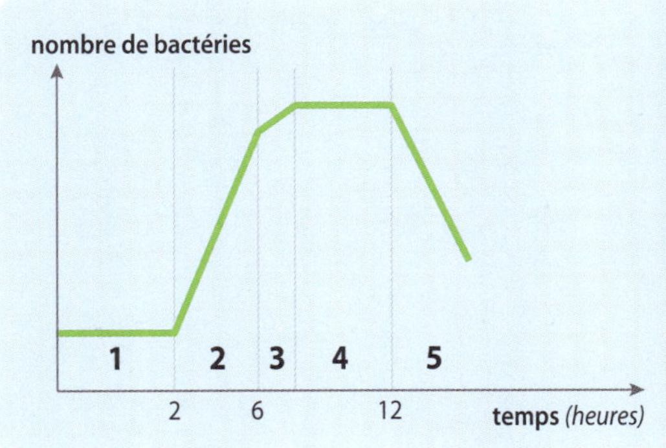

❶ ❷ ❸ ❹ ❺

- ⓐ un arrêt avec une multiplication bactérienne qui compense la mort d'autres bactéries
- ⓑ un déclin avec une accumulation de métabolites toxiques et une lyse bactérienne
- ⓒ une latence, une adaptation au milieu
- ⓓ un ralentissement avec un épuisement des nutriments présents et une accumulation de déchets
- ⓔ une croissance exponentielle avec des divisions successives à vitesse maximale

■ Dans une colonie, les bactéries sont toutes identiques. Justifier cette affirmation.

....

■ Dans une colonie, des bactéries avec un ADN modifié peuvent apparaître. Justifier cette affirmation.

....

Document 4 la structure d'un virus, l'exemple du virus de la grippe

Un virus est un organisme mille fois plus petit qu'une bactérie, incapable de se développer en dehors d'une cellule qu'il infecte : le virus est un parasite intracellulaire obligatoire : il détourne à son profit certains organites et mécanismes d'une cellule cible (hôte) qu'il infecte pour pouvoir se multiplier. Un virus est constitué par :
– un acide nucléique : soit un ADN (acide désoxyribonucléique), soit un ARN (acide ribonucléique) ; il code les protéines virales nécessaires à la multiplication du virus ;
– une capside : elle contient quelques protéines virales ; elle protège l'information génétique du virus ;
– une enveloppe (éventuellement) : elle est issue de la membrane des cellules infectées ; elle contient aussi des protéines virales.
La classification des virus prend en compte plusieurs critères, par exemple :

1. la présence d'une enveloppe	– les virus enveloppés (ex. : le VIH) – le virus influenza (ex. : virus de la grippe) – les virus nus (ex : le virus du rhume)
2. le type d'acide nucléique	– les virus à ADN (ex. : les virus de l'hépatite B et du rhume) – les virus à ARN (ex. : le virus de la grippe ; le SARS-CoV-2 ou coronavirus du syndrome respiratoire aigu sévère 2 ; le VIH)
3. le sérogroupage : la détermination des antigènes viraux par des techniques immunologiques	– le VIH-1 (98 % des cas en France) avec 4 groupes (M, O, N et P) et leurs sous-types ; le groupe M compte 9 sous-types connus ; le VIH-2- (cas originaires d'Afrique de l'ouest) avec 9 groupes répertoriés – les virus grippaux de type A et B (les plus fréquents) et C (plus rares) dont les souches se distinguent par 2 protéines transmembranaires : une hémagglutinine (H1 à H15) et une neuraminidase (N1 à N9) ; les virus grippaux les plus connus sont H1N1 (la grippe saisonnière humaine) et H5N1 (la grippe aviaire)

Le virus de la grippe appartient à la famille des *Orthomyxoviridae*. Cet agent infectieux acellulaire est de forme sphérique, ovale ou allongée. Son génome est constitué de 7 ou 8 molécules d'**ARN** correspondant à 7 ou 8 gènes. Chaque ARN est associé à un **complexe enzymatique** composé de plusieurs protéines ; ces molécules sont nécessaires à la production de nouveaux virus dans une cellule hôte. L'ARN et les protéines associées constituent les **nucléocapsides**. L'ensemble des nucléocapsides est entouré par une enveloppe, constituée d'une bicouche phospholipidique (une **membrane**) et de protéines dont les principales sont :
– une **hémagglutinine (H)** : elle permet la fixation du virus sur la cellule cible, sa pénétration et la libération du contenu viral dans la cellule cible ;
– une **neuraminidase (N)** : elle permet la libération des nouveaux virus par la cellule cible.

■ figure n° 1 : une photographie du virus de la grippe réalisée à partir d'une vue de microscopie électronique à transmission.

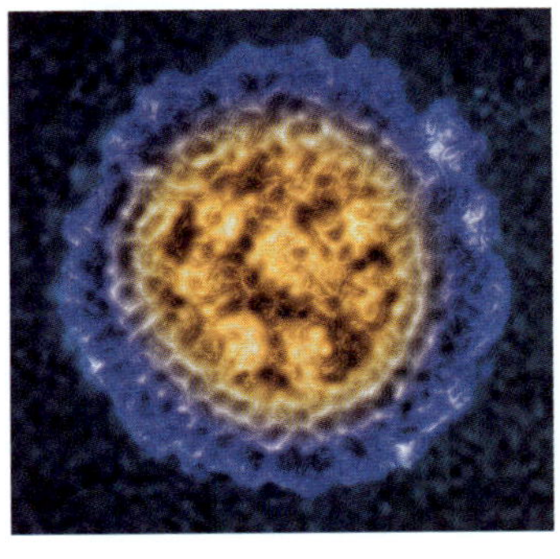

■ figure n° 2 : une représentation schématique du virus de la grippe

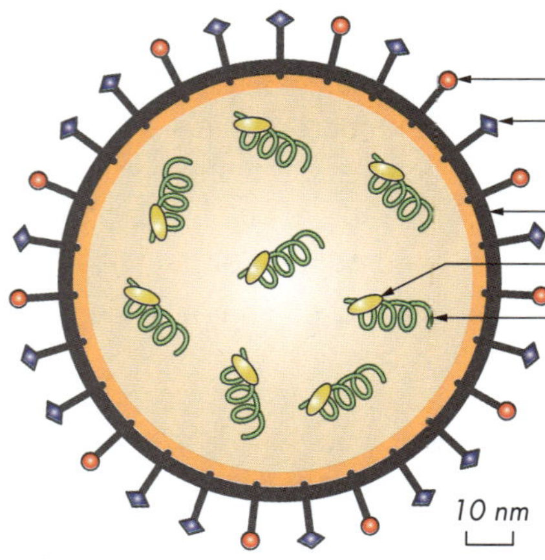

VIDÉO
La grippe
www.lienmini.fr/10449-36

2.4. « *Un virus est un agent infectieux acellulaire.* » Donner trois arguments qui justifient cette affirmation.

....

....

....

2.5. D'après les critères de classification donnés dans le **document 4**, préciser les deux caractéristiques du virus de la grippe : ....

- À l'aide de la description du **document 4**, annoter le schéma d'un exemple de virus : le virus grippal.
- Nommer la structure composée de l'ensemble 3 et 4 : ....
- Préciser la taille du virus de la grippe : ....
- Nommer la molécule qui contient l'information génétique dans le cas du virus de la grippe :

....

- Préciser le nombre d'exemplaires de cette molécule virale : ....

Document 5 les étapes d'un cycle viral, l'exemple du virus de la grippe

Un virus est un parasite intracellulaire obligatoire : sa reproduction est possible après l'infection d'une cellule cible. Le virus de la grippe se développe uniquement dans certaines cellules, en particulier les cellules de l'épithélium respiratoire : les trachéocytes.
Le cycle du virus dans une cellule cible peut être divisé en plusieurs étapes successives.
À la fin de chaque cycle, un grand nombre de nouveaux virus est libéré : une infection de nouvelles cellules cibles est possible. La cellule infectée peut être détruite, ou bien poursuivre la production de nouveaux virus.

■ un schéma du cycle viral

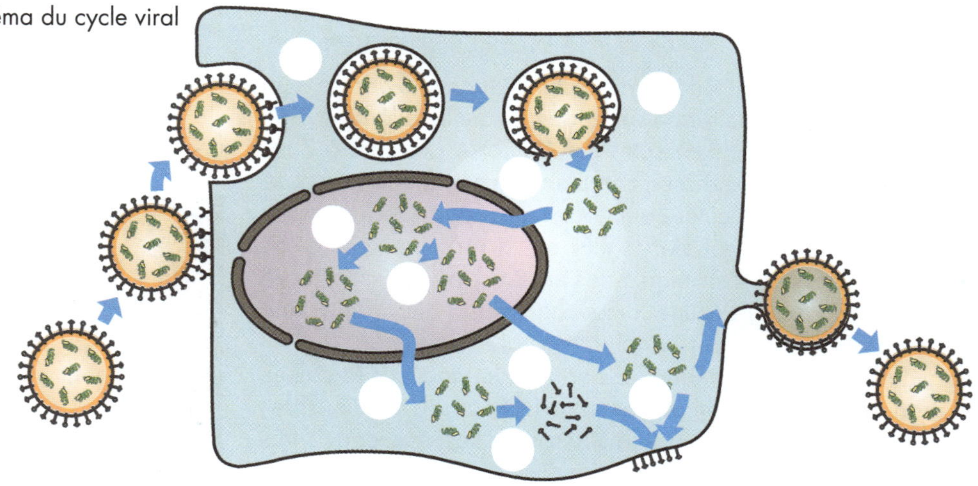

2.6. Les événements schématisés sur le **document 5** sont décrits dans la liste ci-dessous, dans le désordre.
Classer les événements dans leur ordre chronologique en leur attribuant les numéros 1 à 10.

	l'évènement	le numéro
A	la synthèse de nouvelles protéines virales par traduction	
B	l'entrée du virus dans le cytoplasme cellulaire (une endocytose)	
C	la synthèse de nouveaux brins d'ARN viraux et d'ARN messagers par transcription	
D	l'entrée de l'ARN viral dans le noyau de la cellule cible	
E	la sortie des ARN viraux et des ARN messagers du noyau cellulaire	
F	la fusion des membranes virale et cellulaire ; la libération du contenu du virus dans le cytoplasme de la cellule cible	
G	la libération d'un grand nombre de nouveaux virus dans l'espace vasculaire ; une possible infection de nouvelles cellules cibles	
H	la migration des protéines virales vers la membrane cellulaire ; leur insertion dans la bicouche de phospholipides ; la mise en place des ARN viraux pour former un nouveau virus complet	
I	la reconnaissance spécifique des récepteurs membranaires de la cellule cible par des protéines de l'enveloppe virale ; la fixation du virus à la surface de la cellule cible	1
J	le bourgeonnement de la membrane de la cellule infectée ; la sortie du virus de la cellule (une exocytose), en entraînant des fragments de la membrane de la cellule infectée	

- Reporter les lettres A à J sur le schéma. Une lettre peut être réutilisée.
- Nommer deux exemples de molécules virales que le virus utilise pour sa reproduction.

....

- Nommer deux exemples de molécules de la cellule cible, utilisées par le virus.

....

- Nommer deux mécanismes cellulaires détournés par le virus à son profit.

....

VIDÉO
Bactéries et infections
www.lienmini.fr/10449-37

2.7. Réaliser la comparaison entre une bactérie et un virus.
Compléter le tableau à l'aide de croix.

		une bactérie	un virus
le type d'organisme	acellulaire		
	unicellulaire		
un ordre de grandeur	le micromètre		
	le nanomètre		
le support de l'information génétique	l'ADN et l'ARN		
	l'ADN ou l'ARN		
la structure	une membrane cytoplasmique		
	des ribosomes		
	une capsule		
	une capside		
le mode de multiplication	la scissiparité		
	le parasitisme intracellulaire		
les conséquences sur l'homme	un effet pathogène lié à une colonisation des tissus, voire à une bactériémie		
	un effet pathogène lié à la lyse de cellules infectées		
	un effet pathogène par la libération de toxine		
	des effets bénéfiques ou aucun effet		

3 L'antibiothérapie et la résistance aux antibiotiques

Document 6 un cas clinique

Valentine, 18 ans, présente une pyrexie, une toux avec expectorations importantes et une dyspnée. L'auscultation révèle des encombrements bronchiques et alvéolaires. Le médecin traitant suspecte une broncho-pneumonie d'origine bactérienne. Il prescrit à Valentine un examen bactériologique des expectorations ; cet examen permet d'identifier l'agent pathogène responsable : *Staphylococcus aureus*.

Dans un second temps, un antibiogramme est réalisé.

À partir d'un prélèvement biologique contaminé, un isolement bactérien est effectué. Une gélose nutritive contenue dans une boîte de Petri est ensemencée avec la souche bactérienne à tester. Des pastilles imbibées chacune d'un antibiotique différent sont déposées sur la culture. La boîte de Petri est incubée plusieurs heures à 37 °C. Cet examen permet le choix de l'antibiotique ou de l'association de plusieurs antibiotiques à utiliser contre la souche bactérienne isolée.

■ une photographie d'un antibiogramme

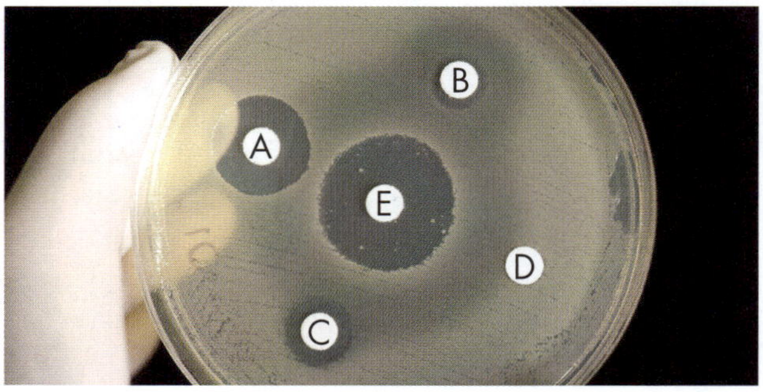

3.1. Un antibiotique est une molécule ayant un effet bactéricide ou bactériostatique. Relier chaque effet à sa définition.

un effet bactéricide ❶	ⓐ il détruit les bactéries sensibles à cet antibiotique
un effet bactériostatique ❷	ⓑ il limite le développement des bactéries sensibles à cet antibiotique

• Déduire une définition d'un antibiotique :

....

■ Définir un antibiogramme :

....

....

• Préciser l'intérêt de l'antibiogramme dans le choix du traitement d'un sujet.

....

• Analyser et interpréter les antibiogrammes du **document 6**.

l'analyse	l'interprétation

• Nommer l'antibiotique le plus efficace. Donner un argument.

....

....

■ Définir une antibiothérapie.

....

3.2. Souligner dans le **document 7**, les cibles cellulaires potentielles d'un antibiotique.

Document 7 le mécanisme d'action ; la résistance aux antibiotiques

Un antibiotique agit sur une ou plusieurs cibles moléculaires spécifiques d'une bactérie :
- la paroi bactérienne : une perturbation de la synthèse d'un constituant de la paroi entraîne la lyse de la bactérie ;
- le ribosome : la synthèse protéique est perturbée ou stoppée ;
- le matériel génétique : des erreurs apparaissent lors de la synthèse de l'ADN bactérien ;
- la membrane plasmique : une dénaturation de ses composants (les phospholipides) rend la membrane perméable et permet une sortie d'éléments intracellulaire.

Une bactérie peut être insensible à une ou plusieurs familles d'antibiotiques ; elle transmet cette résistance à sa descendance. Une telle souche bactérienne présente une **résistance naturelle**. Ce phénomène justifie le recours à un antibiogramme pour le choix de l'antibiotique destiné à soigner une infection bactérienne.

La **résistance acquise** aux antibiotiques ou antibiorésistance correspond au fait qu'un traitement antibiotique n'est plus efficace sur une infection bactérienne. Ce phénomène peut conduire à la difficulté, voire à l'impossibilité de traiter l'infection.

La résistance acquise peut avoir 2 origines différentes :
- la résistance acquise par mutation : des modifications interviennent sur les gènes bactériens ; la bactérie devient résistante à un antibiotique ou une famille d'antibiotiques ;
- la résistance acquise par transfert de gènes (80 % des résistances acquises) : des petits fragments d'ADN circulaires (les plasmides) sont transférés entre bactéries ; la bactérie qui reçoit le plasmide devient résistante voire multirésistante (résistante à plusieurs antibiotiques ou à plusieurs familles d'antibiotiques).

Les modifications génétiques ont des conséquences variables sur les mécanismes cellulaires :
- la production d'une enzyme bactérienne qui rend l'antibiotique inactif sur la bactérie,
- une imperméabilisation de la membrane de la bactérie à l'antibiotique,
- une modification de la cible bactérienne : l'antibiotique ne s'associe plus à sa cible chez la bactérie.

Une bactérie résistante se développe dans son environnement et se propage entre individus hôtes, ce qui contribue à amplifier le phénomène d'antibiorésistance.

3.3. L'utilisation répétée ou prolongée d'un antibiotique peut contribuer à l'apparition d'une bactérie résistante à cet antibiotique.

- Proposer une explication à l'apparition d'une résistance bactérienne à un antibiotique.

....

....

- Cocher la proposition qui correspond à une multirésistance bactérienne.
  - ☐ Plusieurs souches bactériennes sont résistantes à un même antibiotique.
  - ☐ Une même souche bactérienne est résistante à plusieurs antibiotiques différents.
  - ☐ Un patient traité par antibiotique devient résistant à plusieurs souches bactériennes.
- Une multirésistance bactérienne peut être à l'origine :
  - ☐ d'une maladie opportuniste
  - ☐ d'une infection nosocomiale
  - ☐ d'une recrudescence de pathologies éradiquées
  - ☐ de l'impossibilité de soigner une infection bactérienne

3.4. Une campagne de prévention contre le mésusage des antibiotiques se base sur 2 slogans. Les expliquer.

- « *Les antibiotiques, c'est pas automatique* » :

....

....

- « *Si tu les utilises à tort, ils deviendront moins fort* » :

....

....

....

....

VIDÉO
Les virus phages
www.lienmini.fr/10449-38

>>>> L'ESSENTIEL DU COURS >>>>

UNE MALADIE INFECTIEUSE		
une pathologie caractérisée par la transmission d'un agent pathogène d'un réservoir à un hôte sensible		
UN AGENT PATHOGÈNE		
une bactérie		**un virus**
un organisme unicellulaire procaryote	le type	un organisme acellulaire
de l'ordre du micromètre	la taille	de l'ordre du nanomètre
des éléments constants : *membrane, paroi, ribosome, ADN* des éléments facultatifs : *capsule, plasmide, flagelle, pilus, spore*	la structure	un ensemble de macromolécules : *acide nucléique, nucléocapside avec ou sans une enveloppe*
de l'ADN (un chromosome ; des plasmides) et de l'ARN	le matériel génétique	de l'ADN ou de l'ARN
la scissiparité (duplication de l'ADN, allongement puis division binaire)	la multiplication	un parasitisme cellulaire obligatoire (reconnaissance spécifique d'un virus, endocytose, synthèses nucléique et protéique, exocytose de milliers de virus)
une bactériémie qui peut s'associer à une colonisation des tissus voire à une libération de toxines	la pathogénie	une lyse des cellules infectées associée au bourgeonnement et/ou à une réaction immunitaire
des cellules eucaryotes		
des mycètes : levures ou champignons		des parasites

L'ANTIBIOTHÉRAPIE DANS LE TRAITEMENT DES MALADIES INFECTIEUSES		
les définitions	une antibiothérapie	le traitement d'une bactériose par la prise d'antibiotique adapté à la souche bactérienne
	un antibiotique	une molécule qui tue une bactérie sensible ou qui inhibe sa croissance
	un antibiogramme	une technique microbiologique qui évalue la sensibilité d'une souche bactérienne vis-à-vis d'un antibiotique donné
le mode d'action d'un antibiotique	les cibles d'un antibiotique	la paroi bactérienne ; la membrane plasmique ; le ribosome ; le matériel génétique
	les conséquences de l'action d'un antibiotique	la lyse bactérienne ; la perturbation des synthèses protéiques ; des erreurs de la synthèse de l'ADN
l'antibiogramme	le principe	(1) l'isolement d'une souche bactérienne à partir d'un échantillon biologique prélevé sur un sujet (2) la culture de la souche bactérienne sur une gélose nutritive en présence de plusieurs antibiotiques (3) l'observation des conséquences sur la croissance et la survie de la souche bactérienne
	l'intérêt	le choix de l'antibiotique le plus efficace contre la souche bactérienne responsable de l'infection bactérienne
le phénomène de résistance	une définition	la capacité d'une souche bactérienne à se développer malgré la présence d'un antibiotique connu comme efficace
	une cause	une sélection d'une (ou plusieurs) souche(s) bactérienne(s) résistante(s) naturellement ou ayant acquis une résistance par mutation ou par transfert de gène
	les conséquences	une difficulté, voire une impossibilité de traiter une infection bactérienne

THÈME 2

Le système immunitaire, le soi et le non soi

→ L'organisme est capable de reconnaître les éléments qui constituent sa structure : son système immunitaire les tolère. En parallèle, l'organisme est capable de reconnaître les éléments qui ne constituent pas sa structure ou ne la constituent plus : son système immunitaire ne les tolère pas, il les neutralise, voire les élimine.

les notions et contenus	les capacités exigibles
le soi et le non soi les organes et les cellules de l'immunité	• distinguer la notion de soi et de non soi à partir de résultats expérimentaux • identifier et localiser les principaux marqueurs du soi • définir les notions d'antigène et d'épitope • localiser les organes lymphoïdes primaires et secondaires et donner leurs rôles • identifier les éléments figurés du sang
une technique d'exploration : l'analyse sanguine	• analyser des résultats de NFS (numération formule sanguine)

1 Le soi et le non soi

Document 1 la transfusion sanguine, un exemple de tolérance immunitaire

Une transfusion sanguine consiste à injecter des hématies d'un sujet (le donneur) à un autre sujet (le receveur). Depuis le XVIIe siècle, les médecins tentent des transfusions sanguines pour sauver leurs malades, victimes d'une hémorragie. Souvent, leurs patients mourraient sans raison connue. Au début du XXe siècle, Karl Landsteiner (1868-1943) souhaite découvrir les causes de ces accidents mortels lors de certaines transfusions sanguines entre êtres humains. Ses travaux entre 1901 et 1903 montrent que le mélange des hématies d'un donneur avec le sérum d'un receveur peut provoquer dans certains cas une agglutination, une agrégation des hématies entre elles.

Dès la vie fœtale, le système immunitaire tolère les hématies de son propre organisme : ses hématies constituent un élément du *soi*. Dans le cas d'une transfusion sanguine compatible, le système immunitaire du receveur tolère les hématies du donneur et les considère comme faisant partie du *soi*. Dans le cas d'une transfusion incompatible, le système immunitaire du receveur réagit à la présence d'hématies du donneur ; ces hématies sont différentes et constituent un élément du *non soi* : une agglutination apparait.

AIDE
Le sérum est la partie du sang privée de ses éléments figurés et des facteurs de coagulation.

VIDÉO
La compatibilité des groupes sanguins
www.lienmini.fr/10449-39

■ figure n° 1 : une détermination du groupe sanguin sur plaque

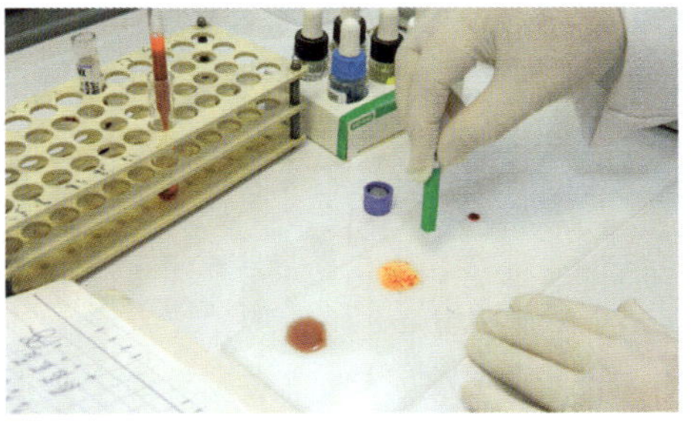

■ figure n° 2 : quatre exemples de mélange entre sang et sérum

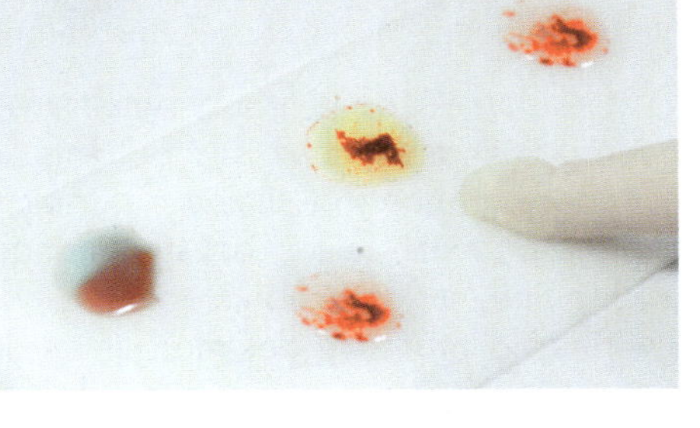

1.1. Encadrer sur la figure 2 du **document 1** les plages où une agglutination s'est produite.

- Une agglutination entre le sang d'un receveur et celui d'un donneur s'observe si les deux sangs sont :
  ☐ compatibles ☐ incompatibles
- Pour un receveur :
  - ses hématies constituent : ☐ un élément du *soi* ☐ un élément du *non soi*
  - les hématies d'une autre personne sont : ☐ un élément du *soi* ☐ un élément du *non soi*
  - les hématies d'un donneur doivent être : ☐ compatibles ☐ incompatibles
  - les hématies d'un donneur compatible sont tolérées comme :
    ☐ un élément du *soi* ☐ un élément du *non soi*

1.2. Toute cellule ou molécule fait partie du *soi*, du *non soi* ou du *soi modifié*. Associer chaque proposition à sa catégorie à l'aide de croix.

	le soi	le non soi	le soi modifié
toute cellule et molécule d'un organisme de référence			
toute cellule et molécule tolérée par le système immunitaire d'un organisme de référence			
toute cellule tumorale d'un organisme de référence			
tout élément étranger à un organisme de référence			
toute cellule vieillissante d'un organisme de référence			
toute cellule d'un organisme de référence, infectée par un virus			

- Proposer une explication à l'expression « le *soi modifié* ».

....

....

....

1.3. Proposer une définition de l'immunité.

....

....

....

2 Les marqueurs du soi et les antigènes

Document 2 les transfusions et les marqueurs des groupes sanguins

Chaque cellule d'un organisme porte sur la face externe de sa membrane plasmique des molécules spécifiques de l'individu : des marqueurs du soi, ou marqueurs d'histocompatibilité. Ces marqueurs biologiques sont des protéines voire des glycoprotéines. Leur présence est liée au génotype de l'individu. Il en existe deux types :
– les marqueurs majeurs qui constituent le complexe majeur d'histocompatibilité (CMH) : ils sont présents sur toutes les cellules nucléées ;
– les marqueurs mineurs : ils sont présents uniquement sur les membranes des hématies.

Monsieur P. et madame J. doivent subir une transfusion sanguine. Pour éviter tout risque d'agglutination chez ses patients, l'infirmier chargé de cette transfusion, réalise un contrôle ultime de compatibilité biologique (CUCB) au lit de chaque patient. Ce test est systématiquement réalisé, avant toute transfusion sanguine, sur un échantillon de la poche de sang à transfuser. Il permet de vérifier la présence des marqueurs de groupe sanguin (système ABO) pour le sang du receveur et le sang du donneur.

VIDÉO
Le contrôle de compatibilité
www.lienmini.fr/10449-40

Une carte pré-transfusionnelle est utilisée (figure 1) ; une goutte de chaque sang est mélangée avec un sérum test :
- l'agglutination d'un sang mélangé avec un sérum anti-A révèle la présence du marqueur A sur la membrane des hématies testées ;
- l'agglutination d'un sang mélangé avec un sérum anti-B révèle la présence du marqueur B sur la membrane des hématies testées.

Si les résultats pour le sang du receveur et celui du donneur sont identiques, la transfusion sanguine est possible.

■ figure n° 1 : un exemple de carte pré-transfusionnelle

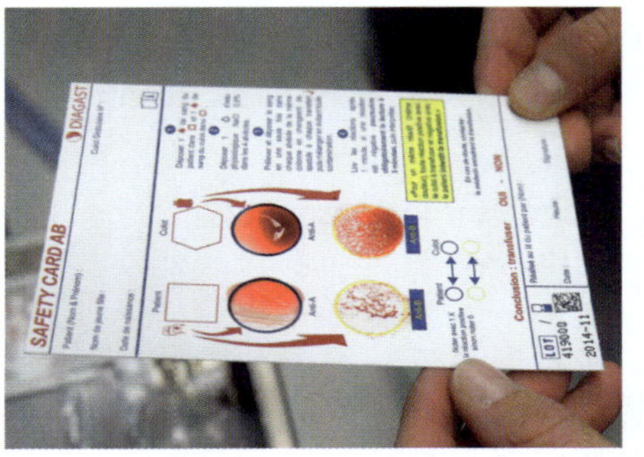

■ résultats des contrôles chez M. P. et Mme J.

contrôle n° 1	sang de monsieur P.	sang du donneur 1
sérum test anti-A		
sérum test anti-B		

contrôle n° 2	sang de madame J.	sang du donneur 2
sérum test anti-A		
sérum test anti-B		

légende :  présence d'une agglutination ;  absence d'agglutination

2.1. Préciser la nature des marqueurs cellulaires qui déterminent les groupes sanguins :

....

AIDE
Revoir le thème 3 de la partie 7.

■ Déterminer le groupe sanguin (système ABO) de chaque sang représenté par le schéma d'une hématie. Compléter le tableau.

un schéma de l'hématie	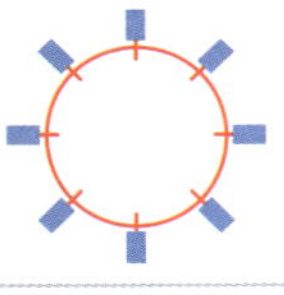	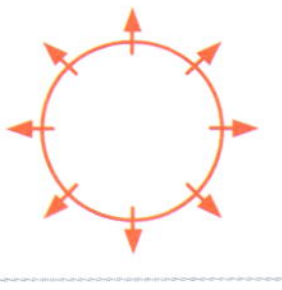	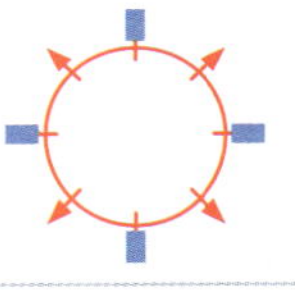	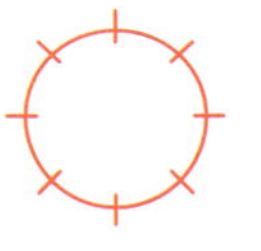
le (les) marqueur(s) présent(s)				
le groupe sanguin				

2.2. Analyser les résultats du contrôle n° 1 réalisé pour la transfusion de monsieur P. (**document 2**).

- les hématies de monsieur P. agglutinent au contact du sérum test anti-A ☐ oui ☐ non
- les hématies de monsieur P. agglutinent au contact du sérum test anti-B ☐ oui ☐ non
- les hématies du donneur 1 agglutinent au contact du sérum test anti-A ☐ oui ☐ non
- les hématies du donneur 1 agglutinent au contact du sérum test anti-B ☐ oui ☐ non

■ Interpréter les résultats du contrôle n° 1. Compléter le tableau.

	le groupe sanguin	la compatibilité du sang du donneur avec le receveur	la décision sur le geste transfusionnel
monsieur P.		☐ un sang compatible ☐ un sang non compatible	☐ une transfusion réalisée ☐ une transfusion non réalisée
donneur 1			

■ Préciser la conséquence dans l'organisme de monsieur P. si la transfusion avec le sang du donneur 1 était réalisée.

....

....

2.3. Analyser les résultats du contrôle n° 2 du **document 2**.

....

....

- Interpréter les résultats du contrôle n° 2 du **document 2**.

....

- Préciser la conséquence dans l'organisme de madame J. si la transfusion avec le sang du donneur 2 est réalisée.

....

Document 3 la définition d'un antigène

Un antigène est un élément du *non soi*. Tout marqueur du *soi* d'un individu est un antigène pour un autre individu. Un antigène peut être de nature moléculaire ou particulaire :
– un antigène moléculaire est soluble ;
– un antigène particulaire est une molécule qui fait partie d'une cellule ou d'un virus.
L'**épitope** est une fraction d'un antigène. Il est capable de s'associer de façon spécifique à une molécule immunitaire : un récepteur, porté par la membrane d'un immunocyte (une cellule immunitaire) ou un anticorps soluble dans le plasma sanguin.
Un **antigène** présente deux caractéristiques :
– il est **antigénique** : il n'est pas toléré par le système immunitaire d'un sujet ; il est un élément du *non soi* ;
– il est **immunogène** : il déclenche une réponse immunitaire chez ce sujet.

Les schémas représentent trois exemples d'antigènes.

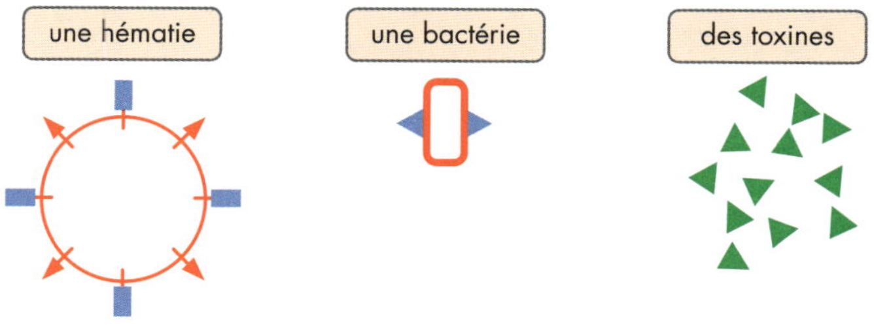

2.4. Relier les trois exemples d'antigènes représentés dans le **document 3** à leur nature.

une hématie	❶	ⓐ	un antigène moléculaire
une bactérie	❷	ⓑ	un antigène particulaire
une toxine	❸		

- Définir un *épitope antigénique*.

....

....

2.5. Sur le schéma de l'hématie du **document 3**, repérer les marqueurs qui déterminent le groupe sanguin.

- Cette hématie appartient au groupe : ☐ [A] ☐ [B] ☐ [AB] ☐ [o]
- Justifier.

....

- Dans le cas d'une transfusion sanguine, les marqueurs des hématies du donneur sont, pour le receveur :
  ☐ des épitopes ☐ des antigènes ☐ des éléments du soi ☐ des éléments du non soi

2.6. Les antigènes peuvent être classés en plusieurs catégories. Préciser le nom des quatre types d'agents infectieux. Rechercher un exemple pour chaque cas. Compléter le tableau. Souligner en vert les antigènes moléculaires, en rouge les antigènes particulaires.

la catégorie		un exemple
un agent infectieux		
une toxine		
un greffon		
un allergène		
une cellule modifiée de l'organisme		

2.7. Définir et comparer les adjectifs *antigénique* et *immunogène*.

les définitions	antigénique :	immunogène :
la comparaison		

3 Les éléments figurés du sang, une NFS

VIDÉO
Le technicien de laboratoire d'analyses médicales
www.lienmini.fr/10449-41

Document 4 un cas clinique, une technique d'exploration

Monsieur H., charpentier et arbitre de volley-ball, consulte son médecin généraliste pour établir un bilan de santé annuel. Le médecin lui prescrit un examen hématologique : la NFS (Numération et Formule Sanguine) ou l'hémogramme.

Cet examen paraclinique est réalisé dans le laboratoire Bonsang à partir d'un prélèvement de sang veineux sur anticoagulant. Il consiste à quantifier les trois lignées d'éléments figurés.
Pour la lignée érythrocytaire, en plus de la numération, plusieurs paramètres sont mesurés ou calculés, comme par exemple l'hématocrite et la concentration plasmatique en hémoglobine.
Pour la lignée leucocytaire, la formule leucocytaire correspond au pourcentage des différents types de leucocytes.

Note : PN signifie polynucléaire.

■ extrait des résultats de l'hémogramme de monsieur H.

LABORATOIRE D'ANALYSES MÉDICALES BONSANG

Monsieur H. Page 1/2

Dossier n° 2061207-0150
Âge du patient : 44 ans
Date de prélèvement : 21 avril

HÉMATOLOGIE

HÉMATIES	4,68	$M.mm^{-3}$	*(VR : 4,2 à 5,5 10_6)*
Hématocrite	42	%	*(VR : 36 à 46)*
Hémoglobine	13	$g.dL^{-1}$	*(VR : 12 à 15)*
Morphologie	normale		
LEUCOCYTES	5 800	$.mm^{-3}$	*(VR : 4 000 à 8 000)*
PN neutrophiles	55	%	*(VR : 55 à 70)*
PN éosinophiles	2	%	*(VR : < 3)*
PN basophiles	1	%	*(VR : < 2)*
Lymphocytes	35	%	*(VR : 20 à 40)*
Monocytes	7	%	*(VR : 2 à 10)*
THROMBOCYTES	302 000	$.mm^{-3}$	*(VR : 150 000 à 400 000)*
Morphologie	normale		

J-P BONSANG - Pharmacien Biologiste - C.E.S. Hématologie - Immunologie - Biochimie
LABORATOIRE D'ANALYSES MÉDICALES BONSANG

3.1. D'après le texte du **document 4** :

- donner la signification du sigle *NFS* : ....
- rappeler la signification du sigle *VR* : ....

3.2. Les hématies sont les éléments figurés du sang les plus nombreux. Justifier en utilisant la NFS de monsieur H.

....

....

■ Reporter les données de la NFS de monsieur H. du **document 4** dans le tableau ci-dessous. Au brouillon, calculer le nombre des 5 types de leucocytes par unité de volume de sang. Compléter le tableau.

les noms		la proportion de chaque type leucocytaire	le nombre de d'éléments figurés par mm^3
les leucocytes (totaux)		X	
les granulocytes ou les polynucléaires (PN)	les granulocytes neutrophiles		
	les granulocytes éosinophiles		
	les granulocytes basophiles		
les lymphocytes			
les monocytes			

■ Analyser les résultats de la NFS de monsieur H. Conclure.

....

....

Document 5 la morphologie des éléments figurés

L'étude quantitative est complétée par une étude qualitative des éléments figurés. Cet examen est réalisé à partir d'un frottis sanguin, observé au microscope optique après une coloration au May Grünwald Giemsa (MGG), spécifique des leucocytes. Elle permet de déceler d'éventuelles anomalies morphologiques des éléments figurés.

■ photographie d'un frottis sanguin au microscope optique (× 1 000)

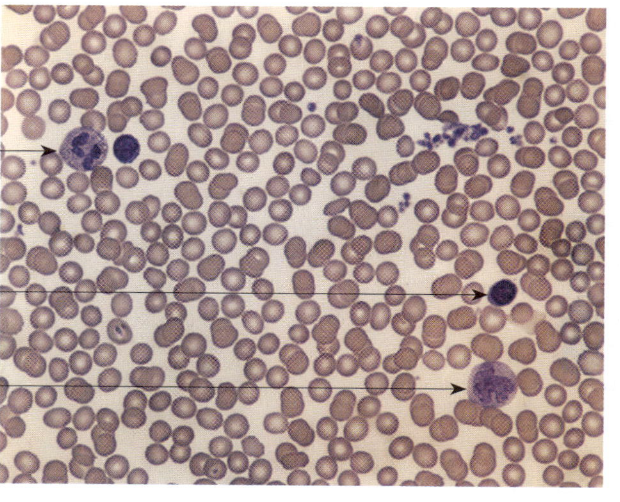

.... 1

.... 2

.... 3

3.3. L'image ci-contre est la photographie d'hématies au microscope électrique à balayage. Préciser la morphologie particulière de ces cellules :

....

■ Proposer deux autres noms des hématies :

....

....

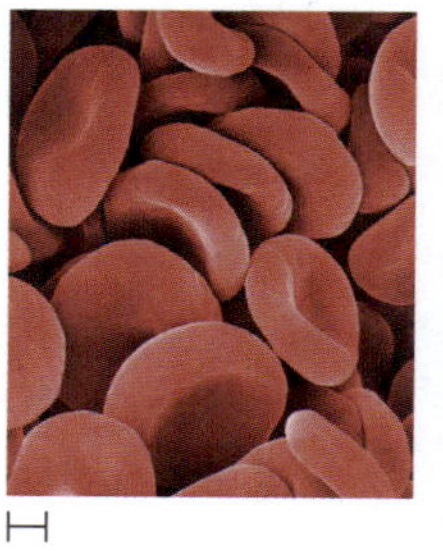

2 µm

■ Déterminer les dimensions moyennes d'une hématie.

• le diamètre : ....

• l'épaisseur : ....

■ Rappeler la longueur d'une bactérie de forme bacille. Comparer le diamètre d'une hématie à la longueur d'une bactérie.

....

■ Les hématies sont des cellules anucléées et sans organites. Rappeler le nom de leur constituant principal.

....

■ Sur le **document 5**, encadrer une zone constituée d'une dizaine d'hématies.

Document 6 une description des leucocytes

AIDE
Les caractéristiques cytologiques qui différencient les trois familles de granulocytes ne sont pas précisées.

Le tableau ci-dessous présente les caractéristiques cytologiques des trois principaux types de leucocytes, observés au microscope optique après coloration au May Grünwald Giemsa (MGG).

	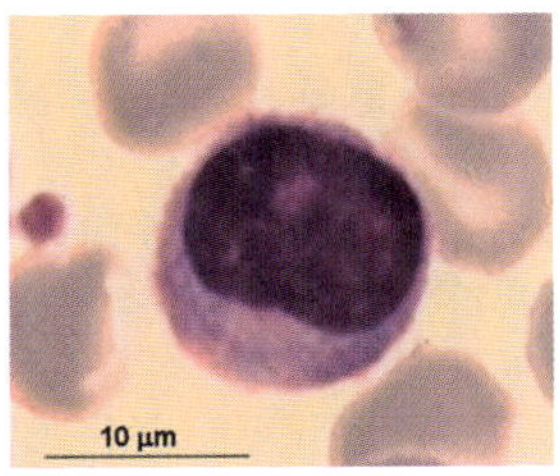	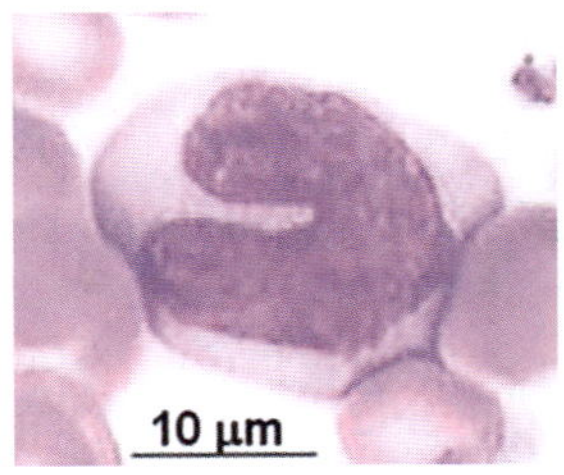	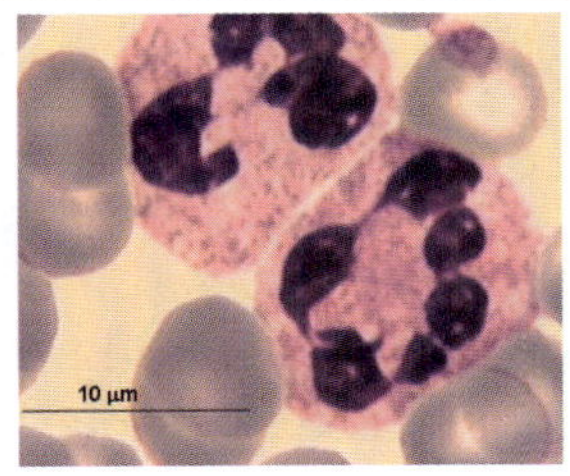
le nom de la cellule	un lymphocyte	un monocyte	un granulocyte (un polynucléaire)
la taille de la cellule (en µm)			
une description du noyau			
une description du cytoplasme			abondant, avec des granulations visibles

3.4. Utiliser les images du **document 6** pour compléter le tableau.

■ Annoter les leucocytes visibles sur le frottis sanguin et repérés par les chiffres 1 à 3 sur le **document 5**.

3.5. Un 3ᵉ type d'éléments figurés est présent dans le sang. Ce sont des fragments cellulaires anucléés : les plaquettes ou thrombocytes. Encadrer en vert ces éléments figurés sur le frottis sanguin du **document 5**.

3.6. Les éléments figurés du sang ont chacun une fonction déterminée. Relier chaque élément figuré à son rôle dans l'organisme.

une hématie ❶	ⓐ la coagulation du sang
un thrombocyte ❷	ⓑ le transport des gaz respiratoires
un leucocyte ❸	ⓒ les défenses immunitaires

3.7. Un hémogramme peut mettre en évidence un état infectieux. Justifier.

....

....

4 Les cellules de l'immunité

Document 7 les immunocytes et leurs rôles

Le système lymphoïde met en jeu des cellules spécialisées : les cellules immunitaires ou les immunocytes. Ces cellules appartiennent toutes à la lignée des leucocytes. Du point de vue de leur rôle, ces leucocytes constituent deux familles : les cellules phagocytaires et les cellules lymphoïdes.

• Un **phagocyte** est une cellule capable de réaliser la phagocytose, autrement dit de capter puis digérer tout antigène grâce à des enzymes présentes dans des granulations plus ou moins visibles selon le type de phagocyte. Les phagocytes circulants sont les granulocytes (ou polynucléaires) et les monocytes. Les monocytes quittent les capillaires sanguins pour migrer vers le site de l'infection. Ils y sont rejoints par des phagocytes tissulaires : des macrophages, des mastocytes, des cellules dendritiques, des cellules microgliales (des phagocytes du système nerveux).

• Un **lymphocyte** est un immunocyte non capable de réaliser la phagocytose. Deux sous-familles, les lymphocytes T et les lymphocytes B, se distinguent par des récepteurs membranaires différents. Ces récepteurs ne sont pas repérables sur un frottis sanguin.

Deux types de lymphocytes T (LT) existent :

– les **lymphocytes T4** (LT4 ou LT auxiliaires ou LT helper, en anglais) possèdent des récepteurs membranaires CD4 ;

– les **lymphocytes T8** (LT8 ou LT cytotoxiques ou LTc) possèdent des récepteurs CD8 ; ces lymphocytes se reconnaissent à leurs vésicules cytoplasmiques contenant des perforines.

Les **lymphocytes B** (LB) possèdent des récepteurs membranaires différents des LT : des immunoglobulines membranaires. Chaque LB se distingue d'un autre par ses récepteurs spécifiques à un épitope d'antigène donné. Un LB activé se différencie en **plasmocyte**, cellule spécialisée dans la synthèse et la sécrétion d'une molécule immunitaire : un anticorps spécifique, correspondant au récepteur du LB.

Les schémas suivants représentent les cinq principaux immunocytes. Ces schémas seront utilisés dans le thème 4.

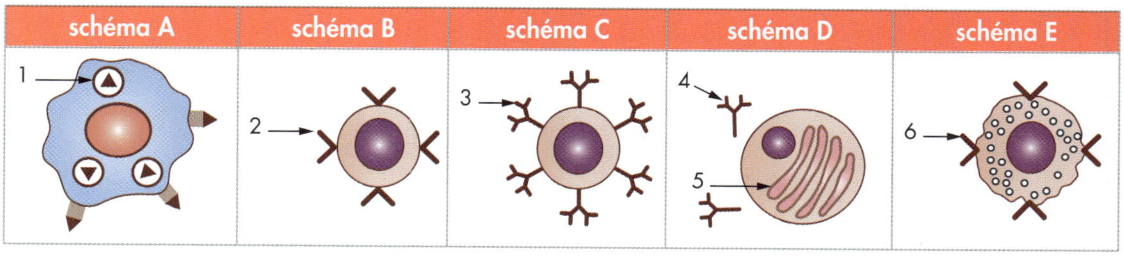

4.1. Nommer la cellule représentée par chaque schéma.

A :
B :
C :
D
E :

■ Donner les annotations des schémas du **document 7**.

1.
2.
3.
4.
5.
6.

4.2. Nommer trois phagocytes. Relier chaque phagocyte à son ou ses lieu(x) de réaction.

❶	ⓐ le sang
❷	ⓑ la lymphe
❸	ⓒ un tissu

4.3. Utiliser les connaissances et le **document 7** pour identifier et comparer les 3 types de lymphocytes.

	un LB	un LT4	un LT8
le récepteur membranaire			
la morphologie de la cellule			

5 Les organes lymphoïdes, leur rôle

Document 8 les organes lymphoïdes

Le système lymphoïde est composé d'un ensemble d'organes, répartis dans l'ensemble de l'organisme.

– les **ganglions lymphatiques** : ils sont situés sur le trajet des vaisseaux lymphatiques ; des *ganglions superficiels* et situés sous la peau sont regroupés par zones : les ganglions lymphatiques cervicaux, axillaires, pelviens et inguinaux ; des ganglions lymphatiques particuliers sont associés au pharynx et au palais (les **amygdales**) ; des *ganglions profonds* sont localisés autour de l'artère aorte et des veines caves, et au niveau des viscères (les **plaques de Peyer** associées à l'intestin, d'autres au niveau du poumon, du rein, du foie) ;
– la **rate** : un organe de forme ovale, en position inférieure du diaphragme, et postérieure de l'estomac ; elle est située sur le trajet des vaisseaux sanguins ;
– le **thymus** : un organe pair, situé à l'arrière du sternum, à l'avant de la trachée, entre les deux poumons ; il est volumineux à la naissance, mais il s'atrophie chez l'adulte ;
– la **moelle osseuse rouge** : chez l'enfant, elle est contenue dans les cavités de l'os spongieux des os longs et des os plats ; chez l'adulte, elle est principalement présente dans les os plats.

■ un schéma du système lymphoïde

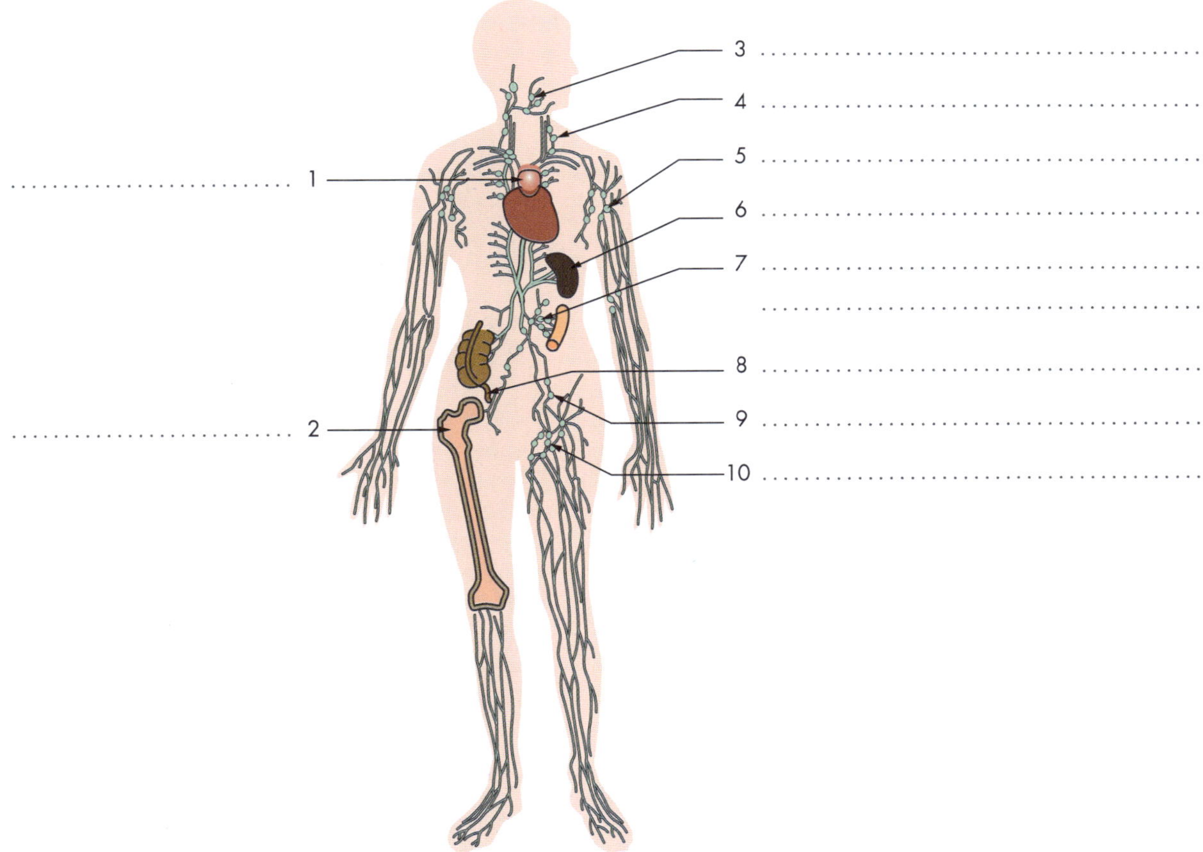

5.1. À l'aide du texte, annoter le schéma du **document 8**.

5.2. Certains éléments du système immunitaire appartiennent aussi à d'autres appareils. Compléter le tableau.

les éléments du système lymphoïde	le nom des appareils ou systèmes associés
n° 2	
n° 3, 4, 5, 7, 9 et 10	
n° 6	

Document 9 le rôle des organes du système lymphoïde

Pour déterminer le rôle immunitaire du thymus et de la moelle osseuse, une série d'expériences est menée sur 7 groupes de souris de laboratoire, repérées par les lettres A à G.
Chaque groupe subit trois types de traitements, seuls ou associés :
- une **thymectomie**,
- une irradiation : chaque souris est soumise à de fortes doses de rayons ionisants (X ou γ) ; ces rayons provoquent des lésions de l'ADN des cellules irradiées, responsable d'un blocage de la mitose et donc l'impossibilité du renouvellement des cellules à multiplication rapide, notamment les cellules de la moelle osseuse,
- une greffe : ce traitement chirurgical vise à remplacer un organe ou un tissu défaillant par un **greffon**, **histocompatible** avec l'organisme qui le reçoit.

Après le traitement, chaque groupe de souris reçoit un même antigène X, par injection intraveineuse. Quinze jours après l'injection, l'évolution du nombre d'immunocytes est étudiée.
Les expériences sont présentées dans le tableau suivant.

		le groupe de souris						
		A	B	C	D	E	F	G
les traitements préalables	une thymectomie	–	–	+	+	+	–	–
	une irradiation	–	–	+	–	–	+	+
	une greffe de thymus	–	–	–	–	+	–	–
	une greffe de moelle osseuse	–	–	–	–	–	–	+
une injection d'antigène X		–	+	+	+	+	+	+
les résultats	le nombre de LT et LB immatures	→	↑	↓	↑	↑	↓	↑
	le nombre de LT matures	→	↑	↓	→	↑	↓	↑
	le nombre de LB matures	→	↑	↓	↑	↑	↓	↑
	le nombre de phagocytes	→	↑	↓	↑	↑	↓	↑

légende :
+ : l'acte réalisé
– : l'acte non réalisé
→ : aucune évolution
↓ : une disparition
↑ : une prolifération

AIDE
Un lymphocyte est mature (ou immunocompétent) quand il est capable de réagir à la présence d'un antigène.

Une palpation des ganglions lymphatiques et de la rate est réalisée sur les groupes de souris B, D, E et G. Deux signes cliniques sont découverts : une *adénomégalie* et une *splénomégalie*.

5.3. Définir les trois termes en gras dans le **document 9**.

....

....

....

....

5.4. Analyser les expériences du **document 9**.

- Déduire des expériences A et B l'effet de l'injection de l'antigène X.

....

....

....

- Déduire des expériences B et C le rôle du thymus et de la moelle osseuse.

....

....

- Déduire des expériences D et E le rôle particulier du thymus.

....

....

- Déduire des expériences F et G le rôle particulier de la moelle osseuse.

....

....

....

- Le thymus et la moelle osseuse sont appelés les *organes lymphoïdes primaires*. Justifier cette affirmation.

....

....

5.5. Les expériences du **document 9** incluent un examen physique des souris. Nommer cet examen.

....

- Le suffixe *-mégalie* signifie une *augmentation anormale du volume*. Préciser l'organe concerné dans le cas :
  - d'une adénomégalie : ....
  - d'une splénomégalie : ....
- Proposer une explication à l'apparition de ces signes cliniques.

....

....

....

- Les deux organes cités sont appelés les *organes lymphoïdes secondaires*. Ces organes sont le siège de :
  - ☐ l'interaction entre les immunocytes et les antigènes
  - ☐ l'interaction entre les différents immunocytes
  - ☐ la production des immunocytes
  - ☐ la production des antigènes
  - ☐ la maturation d'une partie des immunocytes
- Proposer le nom de deux autres organes lymphoïdes secondaires :

....

....

THÈME 2

L'ESSENTIEL DU COURS

UN ANTIGÈNE

une molécule (soluble) ou une particule :
- formée par un ou plusieurs épitopes (une partie de l'antigène)
- non tolérée par le système immunitaire (antigénique)
- qui déclenche une réaction immunitaire (immunogène)

UN MARQUEUR DU SOI

un antigène pour un autre organisme

une molécule spécifique de l'individu :
- associée à la face externe des membranes cellulaires
- non antigénique
- non immunogène

le non soi

tout élément étranger à l'organisme :
- un agent infectieux
- une toxine
- un allergène
- un greffon

le soi

l'ensemble des cellules et des molécules de l'organisme

le soi modifié

- une cellule tumorale
- une cellule infectée par un virus
- une cellule vieillissante

LES ÉLÉMENTS FIGURÉS DU SANG

une numération formule sanguine (NFS), un hémogramme					leurs rôles	
les érythrocytes / les hématies / les globules rouges		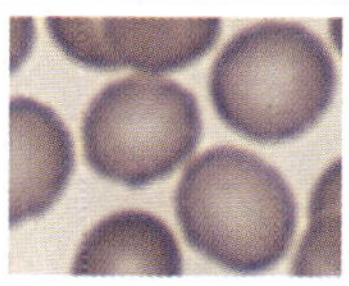	4,2 à 5,5.10^6.mm^{-3}		le transport des gaz respiratoires	
les leucocytes / les globules blancs	les polynucléaires / les granulocytes	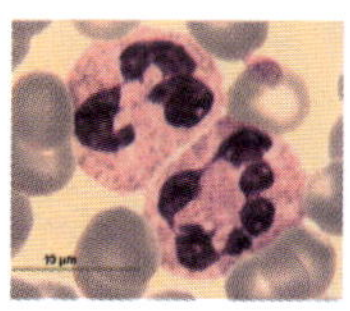	4 000 à 8 000.mm^{-3}	neutrophiles : 55 à 70 % éosinophiles : < 3 % basophiles : < 2 %	la phagocytose, une réponse immunitaire non spécifique	l'immunité
	les monocytes	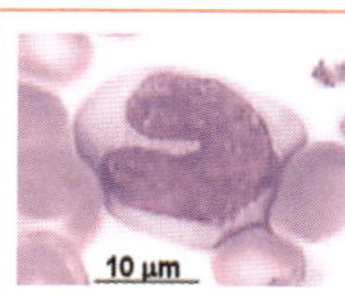		2 à 10 %		
	les lymphocytes	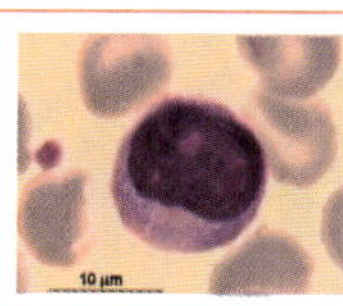		20 à 40 %	les réponses immunitaires spécifiques	
les thrombocytes / les plaquettes		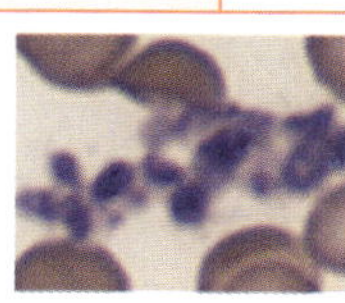	150 000 à 400 000.mm^{-3}		la coagulation sanguine	

LE SYSTÈME LYMPHOÏDE

les organes lymphoïdes primaires			les organes lymphoïdes secondaires
la moelle osseuse		le thymus	la rate, les ganglions lymphatiques, les plaques de Peyer, les amygdales, l'appendice
la production de tous les immunocytes	la maturation des lymphocytes B	la maturation des lymphocytes T	le lieu de réaction entre les immunocytes et avec l'antigène

THÈME 3

Les réponses immunitaires non spécifiques – l'exemple du virus grippal

→ L'organisme est protégé de l'intrusion d'agents pathogènes par des barrières naturelles. Si cette protection est rompue, l'entrée de l'agent infectieux dans l'organisme déclenche un premier système de défense, non spécifique de l'agent responsable.

les notions et contenus	les capacités exigibles
un exemple de mise en jeu des défenses immunitaires : la grippe • la voie de contamination • la notion de barrière cutanéo-muqueuse • l'immunité innée : la réaction inflammatoire	• citer les principaux symptômes de la grippe en lien avec la voie de contamination du virus et les cellules cibles • présenter les différentes défenses cutanéo-muqueuses • relier les phénomènes vasculaires et cellulaires aux quatre symptômes de la réaction inflammatoire • présenter le rôle et le mécanisme de la phagocytose
une technique d'exploration : l'analyse sanguine	• analyser des résultats de recherche de marqueurs de l'inflammation

1 La grippe : contamination et symptômes

Document 1 la grippe, une infection

En Europe du Nord, la grippe se manifeste généralement sous forme d'une épidémie saisonnière entre novembre et avril.
La grippe n'est pas une maladie bénigne. En France, 2 à 6 millions de personnes sont touchées chaque année, soit 3 à 10 % de la population. Santé publique France estime à environ 10 000 le nombre de décès liés à la grippe, de manière directe ou indirecte. Les plus de 65 ans représentent 5 à 11 % des cas et 90 % des décès. Au niveau mondial, l'OMS estime que ces épidémies annuelles sont responsables d'environ 5 millions de cas de maladies graves, et 290 000 à 650 000 décès.
Le virus grippal peut aussi être à l'origine de pandémies grippales. Par exemple, le virus A(H1N1) a provoqué une pandémie connue sous le nom de « grippe espagnole » entre 1918 et 1919, responsable de 40 millions de morts dans le monde; la grippe de Hong Kong liée au virus A(H3N2) en 1968-1969 a causé 1 million de morts dont 40 000 en France. En revanche, en 2009, la pandémie grippale a été comparable en France à une grippe saisonnière.
La transmission du virus de la grippe d'un sujet à l'autre se réalise principalement par inhalation de gouttelettes, riches en virus grippal, expulsées par un sujet contaminé. Le sujet infecté est contagieux dès le jour qui précède l'apparition des symptômes, il le reste pendant une semaine environ.

1.1. « *La grippe est une infection* ». Justifier cette affirmation.

....

■ « *La grippe est une infection grave* ». Justifier cette affirmation.

....

....

1.2. Trois moyens de transmission du virus de la grippe d'un sujet contaminé à un sujet sain existent. Pour chaque moyen, proposer un conseil d'hygiène simple pour éviter ou limiter la transmission du virus. Compléter le tableau.

le moyen de transmission	le conseil d'hygiène
l'inhalation de l'air contaminé par la toux, les éternuements, les expectorations d'un sujet infecté	
le contact avec les objets touchés par un sujet infecté	
le contact cutané direct avec un sujet infecté	

- Cocher deux voies de transmission du virus grippal.

☐ la voie transcutanée
☐ la voie digestive
☐ la voie respiratoire
☐ la voie sexuelle
☐ la voie sanguine
☐ la voie transplacentaire

1.3. À l'aide des connaissances acquises sur la structure de la muqueuse des voies respiratoires, cocher les éléments associés à la muqueuse qui présentent un intérêt immunitaire.

☐ les cils
☐ l'acidité
☐ un microbiote
☐ le mucus
☐ le lysozyme
☐ le sébum

- La photographie ci-contre illustre la muqueuse de la trachée, observée au microscope optique (× 160), cible du virus grippal.

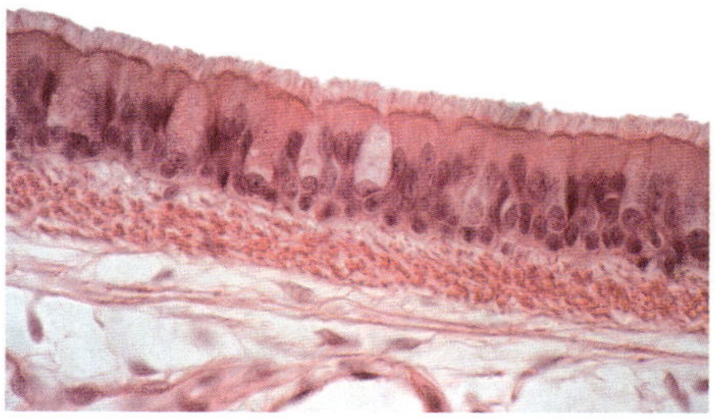

- Encadrer une cellule cible du virus grippal sur la photographie.
- Nommer cette cellule : ....
- Déterminer la taille approximative de cette cellule cible :

....

- Comparer cette valeur avec la taille du virus grippal :

....

- Proposer une hypothèse qui explique que ces cellules sont une cible du virus grippal.

....

Document 2 la grippe, des symptômes

La grippe reste asymptomatique pour 30 à 50 % des personnes infectées par le virus. Pour les autres, les manifestations apparaissent brutalement. 24 à 72 heures après sa contamination, le sujet infecté présente des maux de tête, des frissons, une toux, puis une fièvre brutale et élevée, entre 38 et 41 °C, sur 3 à 4 jours. Une perte d'appétit, des douleurs musculaires et articulaires, des maux de tête, une fatigue importante sont ressentis jusqu'à 2 ou 3 semaines. Des douleurs pharyngées, laryngées, trachéales peuvent apparaître, ainsi qu'un écoulement nasal parfois accompagné d'hémorragie nasale, une toux profonde et sèche. Dans certains cas, des vomissements et des diarrhées apparaissent, en particulier chez les enfants. Malgré l'intensité de ces signes, l'auscultation pulmonaire est généralement normale.
Chez la grande majorité des malades, la grippe évolue favorablement : la plupart des symptômes disparaissent complètement entre 4 à 8 jours ; la fatigue et la toux peuvent persister 2 à 3 semaines. Dans de rares cas, la grippe peut entraîner des complications plus ou moins sévères, voire causer la mort ; c'est le cas de personnes fragilisées par d'autres pathologies, l'âge, la malnutrition...

1.4. La grippe est une infection qui peut être asymptomatique ou avec des symptômes caractéristiques.

- Définir l'adjectif *asymptomatique* :

....

- Souligner les symptômes de la grippe présentés dans le **document 2**.

2 Les défenses cutanéo-muqueuses

Document 3 la peau et les muqueuses, des acteurs de l'immunité

La peau et les muqueuses constituent le premier moyen de prévenir l'intrusion d'un élément du non soi dans le milieu intérieur de l'organisme.

La peau est constituée de trois tissus superposés ; l'**épiderme**, le plus externe, est une barrière imperméable à la plupart des agents infectieux. Cet épithélium pluristratifié est associé à une couche cornée formée de cellules mortes riches en kératine. La peau contient deux **glandes** exocrines particulières : les glandes sudoripares et les glandes sébacées. Leurs sécrétions participent à notre immunité. La peau est néanmoins fragile face aux menaces de l'environnement. Si elle est lésée, un risque d'infection apparaît.

Une muqueuse est l'association de deux tissus : un tissu épithélial et un tissu conjonctif. L'épithélium est moins résistant que l'épiderme et comporte des cellules sécrétrices de **mucus**. Il repose sur une membrane basale qui recouvre le tissu conjonctif sous-jacent, le chorion, riche en **vaisseaux sanguins**.
Les muqueuses constituent, en continuité avec la peau, un revêtement des cavités internes de l'organisme, en relation avec le milieu extérieur.

2.1. Cocher les arguments qui justifient le rôle de barrière immunitaire de la peau et des muqueuses.

- ☐ Elles constituent un revêtement qui sépare physiquement le milieu intérieur de son environnement.
- ☐ Elles neutralisent et éliminent les éléments du non soi.
- ☐ Elles s'opposent à l'entrée des éléments du non soi dans le milieu intérieur.
- ☐ Elles constituent des surfaces stériles.
- ☐ Elles portent un microbiote qui s'oppose au développement des bactéries pathogènes.

■ Donner trois arguments qui expliquent le caractère imperméable de l'épiderme.

....

....

....

....

■ Citer quatre exemples de causes de lésions cutanées.

....

....

■ Nommer la sécrétion de chacune des glandes exocrines présentes dans la peau. Compléter le tableau.

la structure	la sécrétion	les caractéristiques
la glande sébacée		elle est riche en acides gras
la glande sudoripare		elle a un pH acide

2.2. La muqueuse forme une barrière moins imperméable que la peau. Justifier cette affirmation.

....

....

....

....

....

■ Chaque muqueuse est associée à un ou plusieurs éléments qui ont un intérêt immunitaire. Compléter le tableau.

des muqueuses	les éléments liés à la muqueuse	l'intérêt immunitaire
la muqueuse respiratoire		un piège des éléments du non soi
	les cils	
	les sécrétions nasales	la présence de lysozyme
la muqueuse oculaire		un balayage de la muqueuse
		une humidification de la muqueuse la présence de lysozyme
		la présence de lysozyme
		une forte acidité défavorable au développement de la plupart des micro-organismes présents dans le bol alimentaire
		une brutale variation du pH du milieu quand le bol alimentaire atteint le duodénum
		des conditions de vie défavorables à l'installation des bactéries pathogènes, par compétition
	le microbiote vaginal : *les bacilles de Döderlein*	une sécrétion d'acide lactique défavorable au développement de la plupart des micro-organismes présents

■ L'urètre est colonisé par de nombreuses bactéries, capables de remonter jusqu'à la vessie. Pourtant, l'urine produite par le rein et accumulée dans la vessie reste normalement stérile. Cocher les deux hypothèses les plus probables pour expliquer la stérilité de l'urine vésicale.

☐ la forte acidité de l'urine est défavorable au développement bactérien dans la vessie
☐ la muqueuse urétrale sécrète des substances bactéricides
☐ la miction élimine régulièrement des éléments du non soi qui adhèrent à la muqueuse urétrale
☐ un microbiote est défavorable à l'installation des bactéries pathogènes dans la vessie

3 L'immunité innée : la réaction inflammatoire

Document 4 les étapes de la réponse inflammatoire

Les barrières cutanéo-muqueuses sont très efficaces. Malgré tout, le virus de la grippe (ou tout autre élément du non soi) peut les franchir et pénétrer dans le milieu intérieur (figure 1).

La multiplication du virus détruit les cellules cibles. Les substances libérées par les cellules détruites déclenchent une réaction immunitaire locale : la réaction inflammatoire.
Cette réponse immunitaire met en jeu une suite de réactions cellulaires et vasculaires (figure 2). Une **vasodilatation** locale des artérioles et une ouverture des sphincters précapillaires augmentent la perfusion du tissu. Les phagocytes sanguins quittent les capillaires sanguins en deux étapes : la **margination** et la **diapédèse**. Ils se dirigent vers le site de l'infection où ils rejoignent des phagocytes tissulaires.

■ figure n° 1 : des virus grippaux au contact d'un épithélium trachéal ; MET colorisé, × 3 000

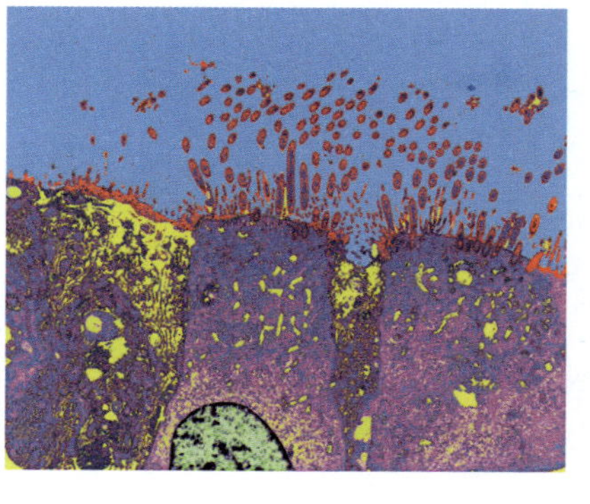

Toutes ces cellules se déplacent grâce à un **chimiotactisme** positif : elles sont attirées vers les éléments du non soi par des substances chimiques libérées par le tissu lésé (des histamines). Les virus sont neutralisés puis détruits grâce à la **phagocytose**.

■ figure n° 2 : schémas des étapes de la réaction inflammatoire selon un ordre chronologique

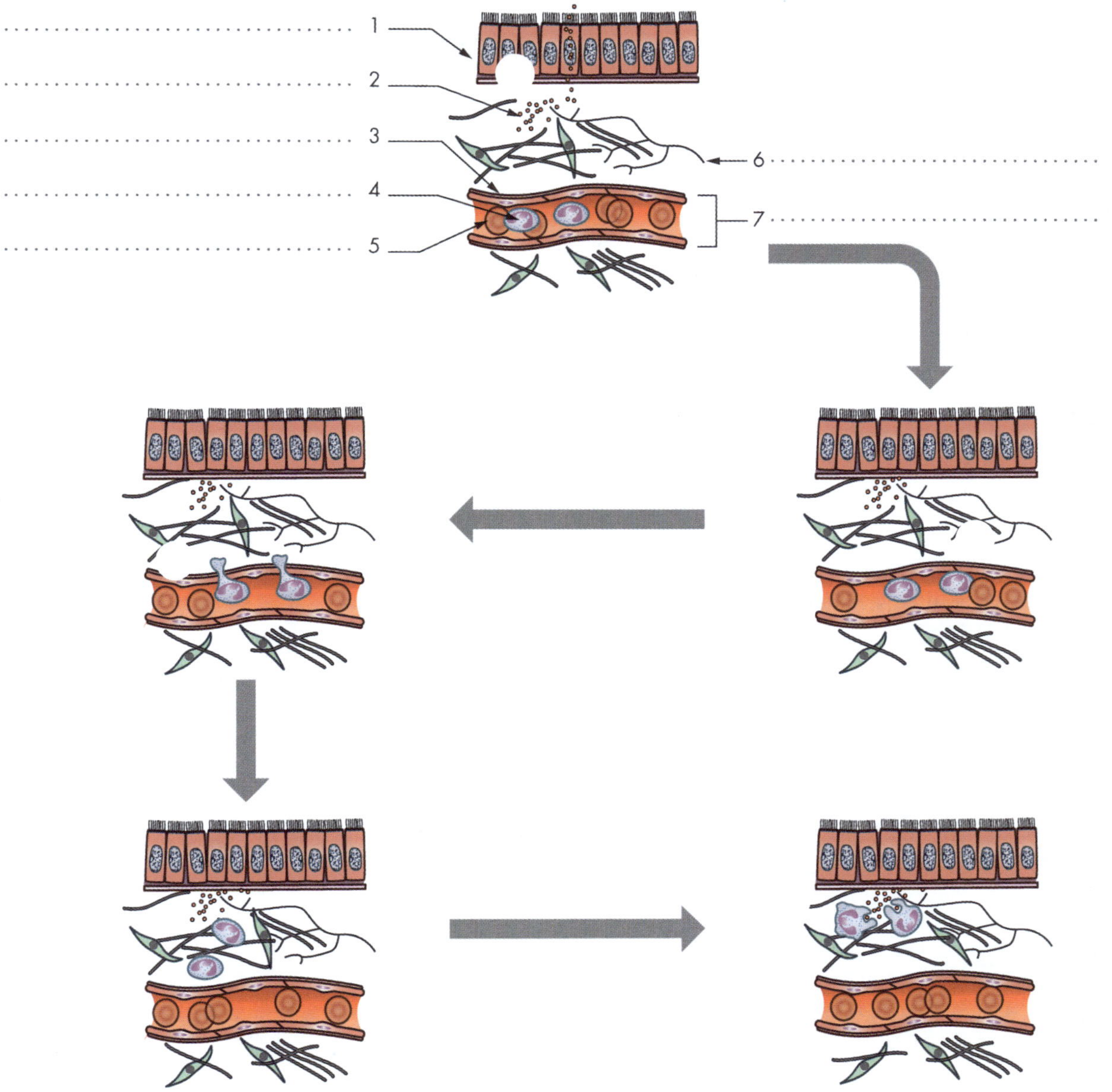

3.1. La réaction inflammatoire est un processus inné et non spécifique. Elle est mise en place à une condition : la présence d'un facteur déclenchant. Donner la signification de l'adjectif *inné*.

....

- Cocher l'expression synonyme de l'*immunité innée.* ☐ l'immunité naturelle ☐ l'immunité acquise
- Préciser le facteur déclenchant de la réaction inflammatoire dans le cas de la grippe.

....

- Définir l'expression *une immunité non spécifique.*

....

....

3.2. Annoter la figure 2 du **document 4**.

- Le tableau ci-dessous décrit les étapes de la réaction inflammatoire dans le désordre. À l'aide du **document 4**, classer les événements dans leur ordre chronologique en leur attribuant les numéros 1 à 8.

	l'évènement	les numéros
A	la migration des leucocytes vers le foyer infectieux	
B	une augmentation du volume de sang dans le capillaire sanguin	
C	la multiplication des virus dans les cellules cibles ; une invasion des tissus sous-jacents	
D	le déplacement des leucocytes entre deux cellules endothéliales pour quitter le capillaire	
E	une lésion du tissu cutanéo-muqueux	
F	l'ingestion et une digestion des virus par les leucocytes	
G	la libération des médiateurs chimiques par les tissus lésés	
H	l'adhésion des leucocytes à la paroi interne du capillaire sanguin	

- Reporter les lettres A à H sur la figure 2 du **document 4**. Attention : deux phénomènes ne sont pas visibles sur les schémas alors qu'ils ont lieu.
- Reporter les termes en gras du **document 4** dans le tableau ci-dessous. Faire correspondre chaque terme à la lettre de l'étape associée.

le nom de l'étape					
la lettre					

- La réaction inflammatoire se manifeste par quatre signes cliniques. Relier chaque signe à sa (ses) cause(s) possible(s).

la rougeur ❶
la chaleur ❷
l'œdème ou la tuméfaction ❸
la douleur ❹

ⓐ une perturbation de la composition du milieu extracellulaire liée à une exsudation du plasma
ⓑ un afflux de sang dans le réseau capillaire dû à une vasodilatation locale et une ouverture des sphincters précapillaires
ⓒ une compression des terminaisons nerveuses sensitives
ⓓ la libération de substances pyrogènes par les tissus altérés

Document 5 de la phagocytose à la présentation de l'épitope

VIDÉO
La réaction inflammatoire
www.lienmini.fr/10449-42

La phagocytose est la dernière étape de la réaction inflammatoire. Un phagocyte (figure 1) est un immunocyte capable d'internaliser un antigène du milieu extracellulaire dans son cytoplasme (figure 2). Plusieurs éléments cellulaires du phagocyte participent à la digestion de l'antigène.

■ figure n° 1 : un phagocyte ; MET × 3 000

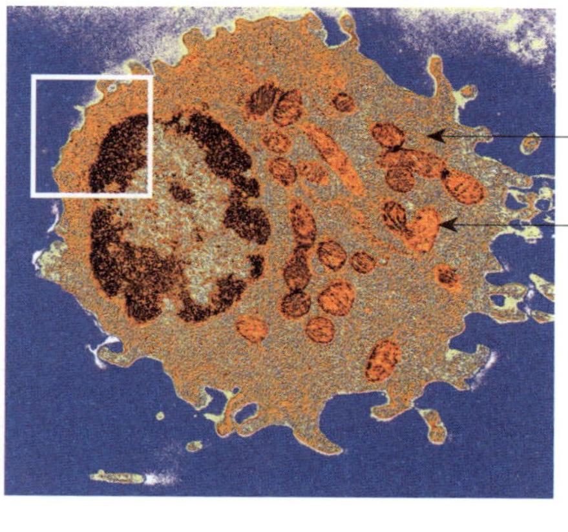

■ figure n° 2 : un agrandissement de la zone encadrée ; MET × 60 000

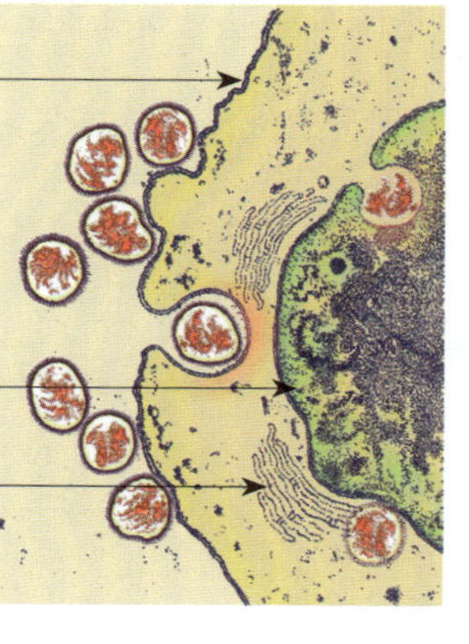

1 ....
2 ....
3 ....
4 ....
5 ....

À la fin de ce processus, les épitopes de l'antigène sont associés à des protéines de la face externe de la membrane plasmique du phagocyte. Cette cellule, dont la membrane est modifiée par l'épitope, migre vers un organe lymphoïde secondaire. Le phagocyte réagit alors avec un LB et/ou un LT4, auxquels elle présente l'épitope associé à sa membrane : il devient une cellule présentatrice de l'antigène, une CPA.

VIDÉO
La phagocytose
lienmini.fr/10449-43

■ figure n° 3 : une représentation schématique des étapes de la phagocytose

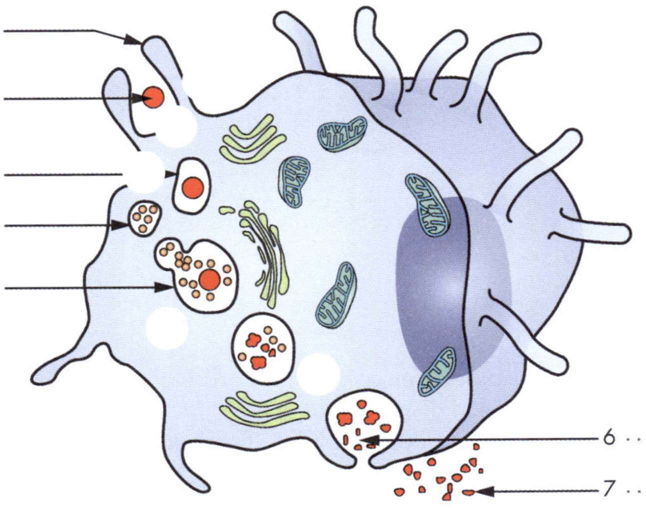

3.3. Annoter les figures 1 et 2 du **document 5**.

3.4. Le tableau ci-dessous décrit les étapes de la phagocytose dans le désordre. À l'aide de la figure n° 3 du **document 5**, classer chaque événement dans l'ordre chronologique en attribuant les numéros 1 à 7.

	l'événement	le numéro
A	l'inclusion de l'élément du non soi dans une vésicule de phagocytose : un phagosome	
B	l'invagination de la membrane du phagocyte avec formation des pseudopodes	
C	la fragmentation et la digestion de l'élément du non soi par les lysozymes	
D	la fusion du phagosome avec des lysosomes et la formation du phagolysosome	
E	la mise en place des expansions cytoplasmiques autour de l'élément du non soi	
F	le rejet des déchets de la digestion	
G	l'adhésion de l'élément du non soi à la membrane du phagocyte	

3.5. Donner le terme qui correspond à chaque définition.

- une expansion cytoplasmique qui entoure l'élément du non soi : ....
- une vésicule contenant l'élément phagocyté : ....
- une vésicule cytoplasmique remplie d'enzymes digestives : ....
- la vésicule obtenue par fusion entre les deux vésicules précédentes : ....

3.6. Annoter la figure n° 3 du **document 5**.

■ Reporter sur la figure n° 2 les lettres A à G de la question 3.5.

3.7. Les cinq schémas suivants représentent cinq étapes d'une phagocytose dans le désordre. Analyser chaque schéma. Déduire un titre pour chaque étape.

- A : ……………………………………………………
- B : ……………………………………………………
- C : ……………………………………………………
- D : ……………………………………………………
- E : ……………………………………………………

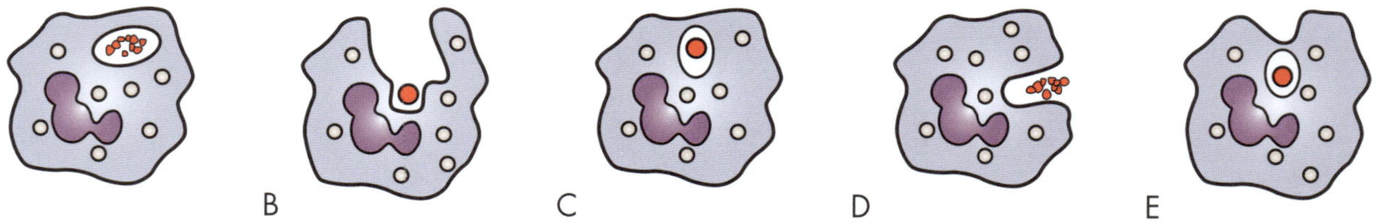

A B C D E

- Classer les lettres A à E associées aux schémas selon un ordre chronologique : ……………………

3.8. À l'issue de ce processus, le phagocyte devient une *CPA*. Préciser la signification du sigle.

……………………………………………………

- Rappeler le rôle de cette cellule.

……………………………………………………

……………………………………………………

……………………………………………………

- Expliquer la présence des épitopes de l'antigène sur la face externe de la membrane du phagocyte.

……………………………………………………

……………………………………………………

4 Une technique d'exploration : la recherche des marqueurs de l'inflammation

Document 6 les marqueurs sanguins de l'inflammation

L'examen clinique d'une inflammation peut être complété par un examen paraclinique : la recherche de marqueurs sur un échantillon de sang veineux prélevé sur anticoagulant.
Une inflammation se traduit par une augmentation de la valeur de 2 marqueurs sanguins : la vitesse de sédimentation (VS), et la protéine C réactive (CRP).

La VS permet la détermination de la vitesse de chute des éléments cellulaires en suspension dans le plasma sanguin pour se déposer (sédimenter) au fond d'un tube très fin posé verticalement. La VS correspond à la hauteur de la colonne de plasma (en millimètres) située au-dessus des hématies, après un temps donné, 1 heure, puis 2 heures. Classiquement, une VS est inférieure à 8 mm à la première heure et à 20 mm à la deuxième heure.
Les cellules lésées lors d'une inflammation libèrent des protéines : l'augmentation de leur

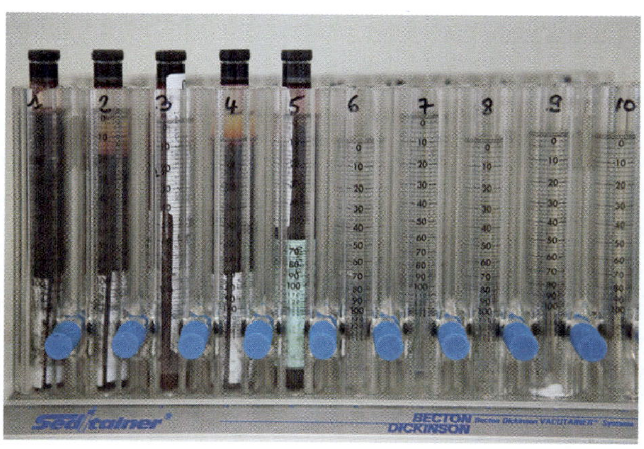

concentration plasmatique accélère l'agrégation des hématies. Une élévation de la VS peut donc traduire la présence d'une inflammation dans l'organisme. Cependant elle ne constitue pas un examen de dépistage, mais seulement d'orientation.

La CRP est une protéine synthétisée par le foie à la suite d'une inflammation de l'organisme. Elle apparaît dans les six heures suivant l'événement responsable de l'inflammation, et disparaît presque aussitôt après son éradication. Parmi les molécules libérées par les cellules lésées au niveau du site inflammatoire se trouvent les cytokines : elles agissent sur les hépatocytes en stimulant la synthèse de CRP.
Cette protéine joue un rôle important dans la réponse immunitaire : elle mobilise et active les leucocytes qui interviennent dans la phagocytose.
Habituellement inférieure à 20 $mg.L^{-1}$, la concentration en CRP peut être rapidement multipliée par 1 000 en réponse à un événement qui déclenche l'inflammation. Cependant, elle n'augmente pas ou très peu lors d'une infection virale. Une valeur de CRP élevée indique de façon sûre la présence d'une inflammation, mais n'est pas spécifique de la cause de l'inflammation.

4.1. Nommer les deux marqueurs sanguins de l'inflammation.

....

4.2. Pour chaque marqueur, indiquer une origine de l'augmentation de sa valeur.

....

....

....

4.3. Cocher les propositions exactes. La recherche des marqueurs sanguins permet :

- ☐ de poser un diagnostic d'inflammation
- ☐ d'identifier une inflammation particulière
- ☐ de suivre l'évolution d'une inflammation
- ☐ de juguler une inflammation
- ☐ d'éliminer l'agent infectieux

4.4. Les marqueurs sont spécifiques de la cause d'une inflammation : ☐ oui ☐ non

- Des valeurs élevées des marqueurs d'inflammation peuvent orienter le diagnostic vers un cancer ou une maladie auto-immune. Justifier.

....

....

....

....

....

....

- Une VS élevée associée à une CRP normale oriente le diagnostic vers une infection virale. Justifier.

....

....

>>>> L'ESSENTIEL DU COURS >>>>

UNE INFECTION VIRALE : L'EXEMPLE DE LA GRIPPE	
les voies de contamination	
la voie aérienne	❶ une émission par un sujet infecté de gouttelettes riches en virus (éternuements, toux, expectorations, écoulements nasaux) ❷ une inhalation des gouttelettes émises par un autre sujet
la voie digestive	❶ un dépôt de gouttelettes riches en virus sur un objet par un sujet infecté ❷ un contact des mains d'un autre sujet avec l'objet contaminé, puis de la bouche, du nez ou des yeux
l'évolution de l'infection	
l'incubation	24 à 72 heures
des signes	une pyrexie (40 °C), des frissons, une asthénie, des céphalées, des myalgies et arthralgies, une anorexie, une rhinorrhée, une pharyngite, une laryngite, une trachéite ; une toux profonde et sèche ; des vomissements et des diarrhées
la guérison	une atténuation des signes sous 4 à 8 jours ; une disparition sous 2 à 3 semaines

LE TYPE DE PROTECTION	LES BARRIÈRES CUTANÉO-MUQUEUSES un revêtement qui sépare physiquement le milieu intérieur de l'environnement			
	la peau	**la muqueuse digestive**	**la muqueuse respiratoire**	**la muqueuse oculaire**
physique ou mécanique	**la kératine** > une imperméabilité aux microorganismes		**le mucus** > un engluement des microorganismes **les battements des cils** > un déplacement des particules engluées vers le pharynx **la toux, les éternuements** > une élimination des grosses particules vers l'environnement	**le mouvement des paupières** > un balayage de la muqueuse
biochimique	**le sébum** > une action bactéricide et fongicide **la sueur** (un pH acide) > une inhibition du développement des microorganismes	**la salive** (les lysozymes) ; **le suc gastrique** (une baisse du pH) ; **le suc pancréatique** et **la bile** (une brutale augmentation du pH) > une inhibition du développement des microorganismes	**les sécrétions nasales** > une action des lysozymes	**les larmes** > l'humidification de la muqueuse et l'action des lysozymes
biologique	**le microbiote** > une compétition avec les agents pathogènes > une production de substances inhibant le développement des agents pathogènes			

LA RÉACTION INFLAMMATOIRE une réaction de l'immunité innée, de l'immunité non spécifique	
une succession d'étapes	**une technique d'exploration - l'analyse sanguine**
l'entrée d'un antigène (le virus grippal) dans le milieu intérieur ↓ 4 étapes : la vasodilatation, la margination, la diapédèse, le chimiotactisme ↓ 4 signes : la rougeur, la chaleur, l'œdème, la douleur ↓ (depuis les 4 étapes) la **phagocytose** de l'antigène par un polynucléaire ou par un macrophage ↓ l'adhésion, l'endocytose, la digestion → la présentation d'un épitope de l'antigène par le macrophage (une CPA) ↓ l'exocytose des déchets	la recherche de marqueurs de l'inflammation : – la VS (vitesse de sédimentation – la CRP (protéine C-réactive)

THÈME 4

Les réponses immunitaires spécifiques – l'exemple du virus grippal

Si les réactions non spécifiques n'ont pas éliminé le virus grippal, sa présence dans le milieu intérieur déclenche deux nouveaux types de réactions du système immunitaire. L'un a pour but la neutralisation des virus grâce à des anticorps spécifiques, l'autre la destruction des cellules infectées par les virus.

les notions et contenus	les capacités exigibles
la réponse acquise à médiation humorale : le rôle des anticorps	• présenter l'activation spécifique des lymphocytes B, leur multiplication et leur différenciation en plasmocytes • comparer l'ultrastructure des lymphocytes B et des plasmocytes • relier l'ultrastructure des plasmocytes à leur fonction • localiser paratope, site de fixation du complément et site de fixation du phagocyte au niveau d'une immunoglobuline G • établir le lien structure-fonction : neutralisation de l'antigène par formation d'un complexe immun, opsonisation et activation du complément
la réponse acquise à médiation cellulaire : le rôle des lymphocytes T cytotoxiques	• présenter l'activation spécifique des lymphocytes T8, leur multiplication, leur différenciation en lymphocytes T cytotoxiques • montrer le rôle des lymphocytes T cytotoxiques dans la cytolyse
la coopération cellulaire	• présenter l'activation spécifique des lymphocytes T4, leur multiplication, leur différenciation • montrer le rôle central des lymphocytes T auxiliaires dans l'activation des réponses humorale et cellulaire
la prévention de la grippe : la vaccination	• caractériser les réponses primaire et secondaire ; les relier au principe de la vaccination • mettre en relation variabilité du virus de la grippe et la vaccination annuelle
une technique d'exploration : l'analyse sanguine	• analyser des résultats de sérodiagnostic

1 La mise en place de l'immunité spécifique : une coopération cellulaire

Document 1 l'interaction entre l'immunité innée et l'immunité acquise

La réaction inflammatoire et la phagocytose, mises en œuvre en présence d'un agent pathogène dans le milieu intérieur, peuvent être suivies de réponses immunitaires spécifiques à l'agent responsable. Ces réactions spécifiques sont acquises : elles se mettent en place uniquement après un contact de l'organisme avec l'agent pathogène. Elles sont de 2 types :

– une réponse immunitaire à médiation humorale (**RIMH**) ;
– une réponse immunitaire à médiation cellulaire (**RIMC**).

Elles se déroulent dans les organes lymphoïdes secondaires.

Les **lymphocytes T auxiliaires** (LT4) jouent un rôle central dans ces réponses : les molécules qu'ils sécrètent stimulent l'ensemble des réponses immunitaires qui aboutissent à la neutralisation et/ou à la destruction de l'antigène.

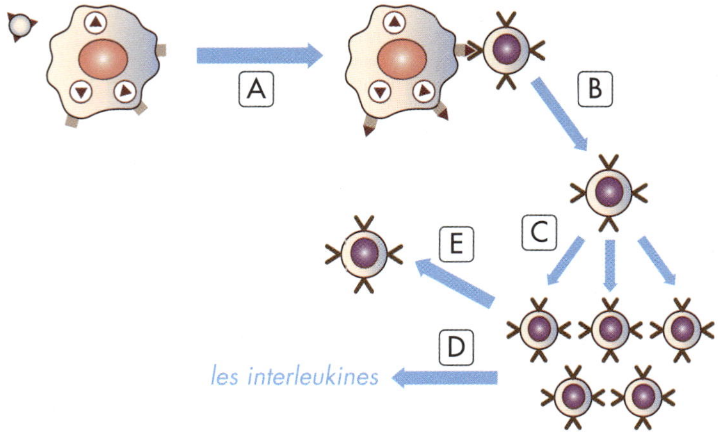

la phase d'induction
– une CPA présente l'épitope de l'antigène à un lymphocyte T4 (LT4) spécifique de l'épitope pour l'activer

la phase d'amplification
– le LT4 se multiplie pour former un clone
– ces LT4 sécrètent des molécules dans le milieu : les interleukines
– une partie des LT4 reste bloquée à ce stade pour constituer les LT4 mémoires

1.1. Le **document 1** fait référence à des éléments schématisés dans le thème 2. Attribuer un nom à chacun de ces schémas.

	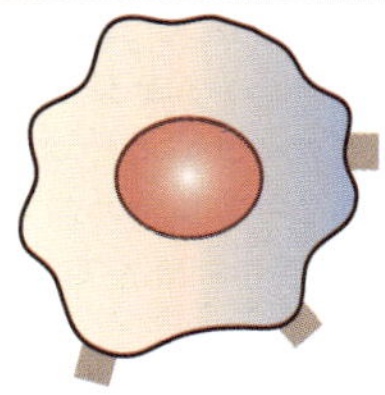	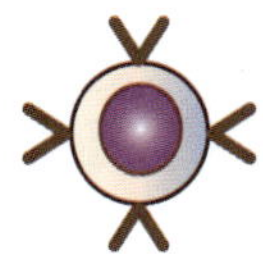

■ À l'aide du **document 1**, décrire chacune des étapes représentées par les lettres A à E.

la phase	les étapes	la description
la phase d'induction	A	
	B	
la phase d'amplification	C	
	D	
	E	

1.2. Le déclenchement de la réaction immunitaire spécifique met en jeu une coopération cellulaire. Préciser en quoi consiste cette coopération.

....

....

1.3. Nommer les molécules sécrétées par les LT4 permettant l'activation des réponses spécifiques.

....

1.4. L'immunité décrite dans le **document 1** est spécifique.

■ Définir l'expression *une immunité spécifique* :

....

....

■ Cocher une expression synonyme de l'*immunité spécifique*.

☐ l'immunité naturelle ☐ l'immunité innée ☐ l'immunité acquise

2 L'immunité acquise : le rôle des anticorps

Document 2 les étapes de la réponse immunitaire acquise à médiation humorale

la phase d'induction
– un épitope de l'antigène est reconnu spécifiquement par les Ig membranaires d'un lymphocyte B (LB)

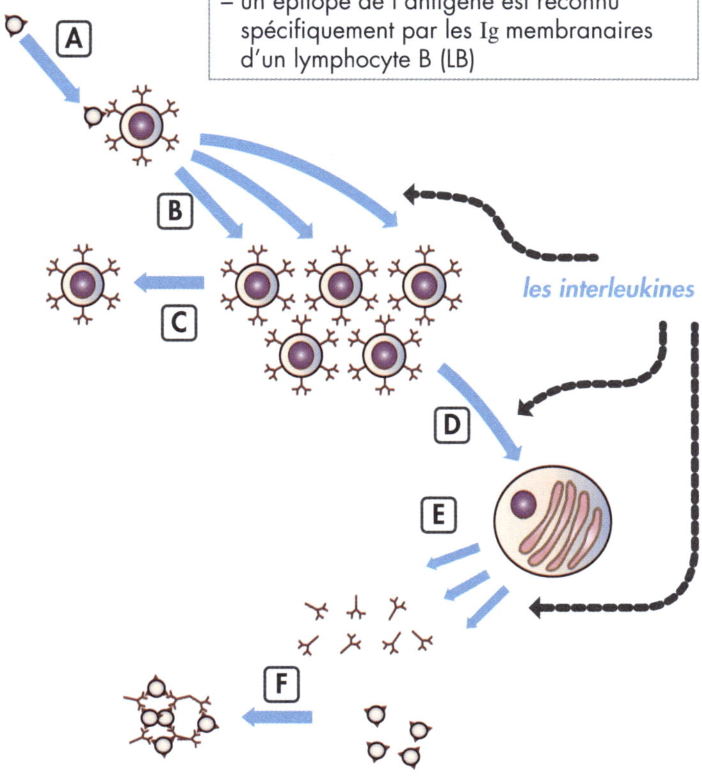

la phase d'amplification
– les interleukines stimulent la production d'un clone de LB
– chaque LB d'un clone possède des Ig de surface, spécifiques de l'antigène qui l'a activé
– une partie des LB reste bloquée à ce stade pour constituer les LB mémoire

la phase effectrice
– les interleukines stimulent la différenciation des LB en plasmocytes et leur activité de synthèse
– les plasmocytes synthétisent et sécrètent des anticorps spécifiques de l'épitope qui est à leur origine
– les anticorps spécifiques passent dans le sang et deviennent des anticorps circulants, également nommés des Ig solubles
– chaque paratope de chaque anticorps s'associe spécifiquement à l'épitope correspondant de l'antigène
– l'antigène est neutralisé sous forme de complexe immun
– le complexe immun sera ensuite détruit par des phagocytes

2.1. Le **document 2** fait référence à des éléments schématisés dans le thème 2. Attribuer un nom à chacun de ces schémas.

	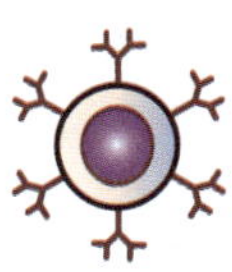	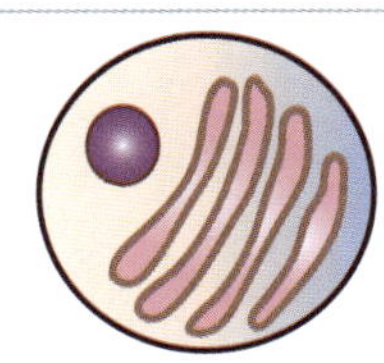

■ À l'aide du **document 2**, décrire chaque étape représentée par les lettres A à F.

la phase	les étapes	la description
la phase d'induction	A	
la phase d'amplification	B	
	C	
la phase effectrice	D	
	E	
	F	

2.2. Une coopération cellulaire existe entre les LT4 et les LB. Préciser en quoi consiste cette coopération.

....

....

■ L'action des interleukines est schématisée sur le **document 2** par trois flèches en pointillé. Donner la signification de ces flèches.

....

....

....

2.3. Nommer les cellules qui sécrètent les anticorps : ....

■ Préciser l'origine de ces cellules : ....

■ Plusieurs éléments cellulaires jouent un rôle dans la sécrétion des anticorps. Compléter le tableau.

les éléments cellulaires	les rôles
	la synthèse protéique – la traduction de l'information portée par l'ARN messager
	la modification et le tri des protéines
les vésicules de sécrétion	
	la production de la source d'énergie utile aux fonctionnements cellulaires

■ L'image ci-dessous est la photographie d'un plasmocyte observé au microscope électronique à balayage (× 3 000). À l'aide de flèches, repérer les quatre organites sur cette photographie.

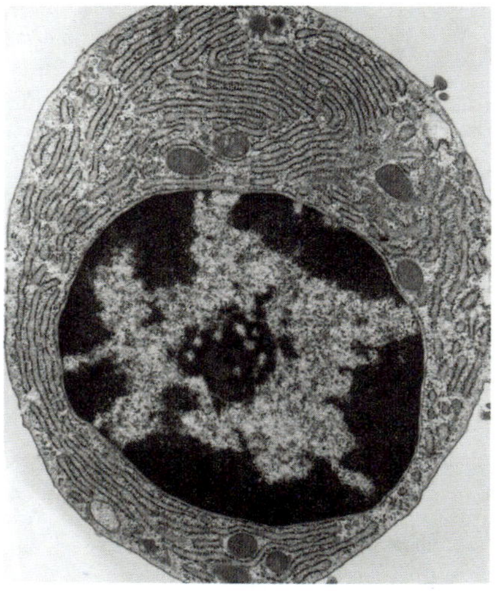

2.4. Le sérodiagnostic est une technique d'exploration basée sur la détection de la présence d'anticorps spécifiques dans le *sérum*. Le résultat est soit une *séropositivité* soit une *séronégativité* à un épitope. Définir ces trois termes.

- le sérum : ....
- une séropositivité : ....
- une séronégativité : ....

■ Indiquer par une croix le résultat d'un sérodiagnostic réalisé à chaque phase de la réponse humorale présentée dans le **document 2**.

la phase	A	B	C	D	E	F
une séronégativité						
une séropositivité						

■ Nommer trois infections qui peuvent être dépistées par un sérodiagnostic :

....

Document 3 la structure d'un anticorps

Les anticorps produits par les plasmocytes ont une structure commune.
Un anticorps est une **molécule** de nature protidique. Il fait partie du groupe des globulines : les γ-globulines, une immunoglobuline (Ig).
Il est constitué par l'association de **quatre chaînes polypeptidiques** reliées entre elles par des liaisons covalentes : deux chaînes lourdes et deux chaînes légères. Chaque anticorps s'organise en deux régions :

- une **région hypervariable** : la séquence protidique est différente d'un anticorps à l'autre ; chaque extrémité de cette région constitue un paratope, capable de s'associer spécifiquement avec un épitope antigénique.
- une **région constante** : la séquence protidique est identique d'un type d'anticorps à l'autre ; cette région comprend un site de fixation des phagocytes et un site de liaison des protéines du complément.

Les deux principales classes d'anticorps sont les IgG et les IgD. Les IgG représentent 80 % des anticorps présents dans le plasma ; les IgD constituent les récepteurs membranaires des LB.

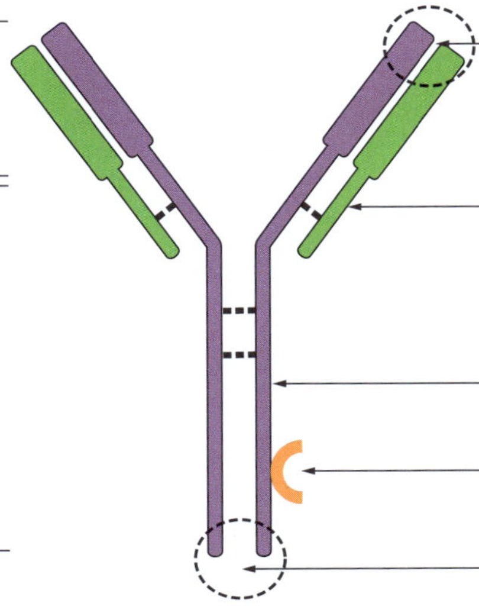

2.5. Annoter le schéma du **document 3**.

- Préciser la nature biochimique des anticorps : ....
- Donner une autre dénomination des anticorps : ....

2.6. À l'aide du **document 3**, expliquer comment les anticorps neutralisent les virus dans l'étape F du **document 2**.

....

....

- Dans l'image n° 1 ci-dessous, sélectionner l'anticorps spécifique de l'épitope présent sur les hématies de l'image n° 2. Compléter l'image n° 2 en schématisant l'agglutination réalisée entre ces anticorps et les hématies.

image n° 1 : deux anticorps contenus dans le sérum de deux sujets différents	image n° 2 : un schéma d'hématies de groupe sanguin A
un anticorps anti-A  un anticorps anti-B 	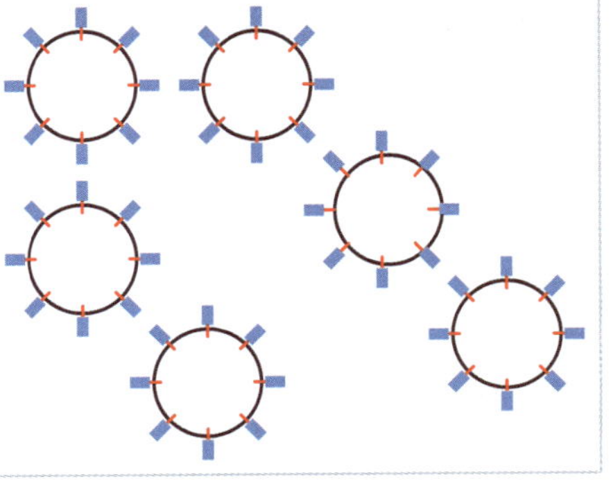

- Nommer la structure obtenue : ....

Document 4 les rôles des anticorps

Des hématies sont placées dans des tubes à essai contenant une solution de NaCl à 0,9 %, isotonique au plasma sanguin. Différentes solutions sont ensuite ajoutées dans chaque tube. Les résultats sont observés après 1 à 2 heures.
Note : les molécules du complément sont un ensemble de molécules naturellement présentes dans le plasma sanguin.

			les numéros de tube			
			1	2	3	4
les expériences	les hématies placées en solution isotonique					
	les solutions ajoutées	NaCl à 0,9 %	2,0 mL	1,0 mL	1,0 mL	1,0 mL
		anticorps anti-hématie	/	1,0 mL	/	0,5 mL
		molécules du complément	/	/	1,0 mL	0,5 mL
les résultats après 1 à 2 h	l'aspect des tubes			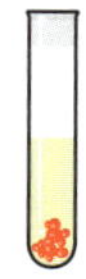		
	l'hémoglobinémie		absence	absence	absence	présence

2.7. Définir les termes suivants.

- isotonique :

....

....

- une sédimentation :

....

....

- une agglutination :

....

....

- une hémoglobinémie :

....

....

■ Rappeler la localisation physiologique de l'hémoglobine.

....

....

■ Proposer une hypothèse qui explique la présence d'une hémoglobinémie.

....

....

....

2.8. Décrire les expériences réalisées sur les 4 tubes du **document 4**.

n°	une description
1	
2	
3	
4	

- Déduire des expériences 1 et 2, une première fonction des anticorps anti-hématies mise en évidence.

....

....

....

....

- Déduire des expériences 3 et 4, le rôle des molécules du complément.

....

....

....

....

....

....

- Conclure en nommant la seconde fonction des anticorps mise en évidence.

....

....

....

- L'expérience 4 du **document 4** menée *in vivo* montre une augmentation du nombre de phagocytes sur le site et une forte diminution de la concentration en antigène. Cette troisième fonction des anticorps mise en évidence est nommée l'opsonisation. Décrire le processus.

....

....

....

....

2.9. L'immunité décrite dans les **documents 2, 3 et 4** est une *immunité à médiation humorale*. Justifier cette expression.

....

....

....

....

3 L'immunité acquise : une intervention des lymphocytes T8

Document 5 la chronologie des étapes de la réponse immunitaire acquise à médiation cellulaire

Un troisième type de lymphocytes est mis en jeu dans la réaction à l'infection par le virus grippal : les LT8 ou LT cytotoxiques.

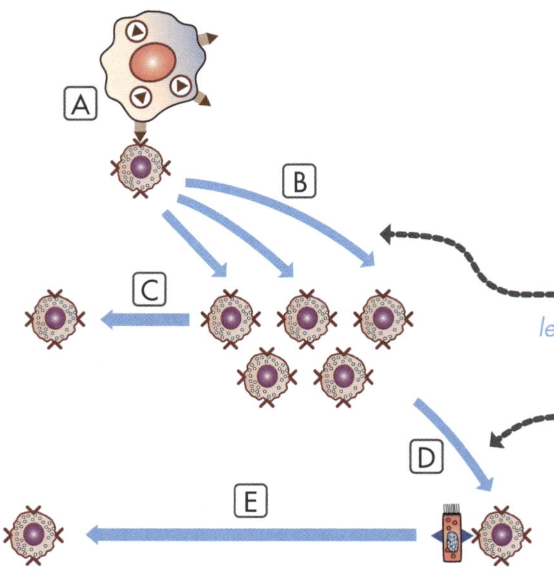

3.1. Le **document 5** fait référence à des éléments schématisés dans le thème 2. Attribuer un nom à chacun de ces schémas.

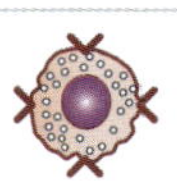	

■ Rappeler le nom des trois phases de la réaction immunitaire schématisée dans le **document 5**. Décrire chaque étape représentée par les lettres A à E.

la phase	les étapes	la description
	A	
	B	
	C	
	D	
	E	le LTc effectue la cytolyse de la cellule infectée

■ Rappeler le nom du processus qui précède l'étape A : ....

3.2. La réaction immunitaire décrite met en jeu deux coopérations cellulaires. Préciser en quoi consiste chaque coopération.

....

....

....

....

Document 6 la cytolyse

Le schéma présente l'étape E du **document 5**.

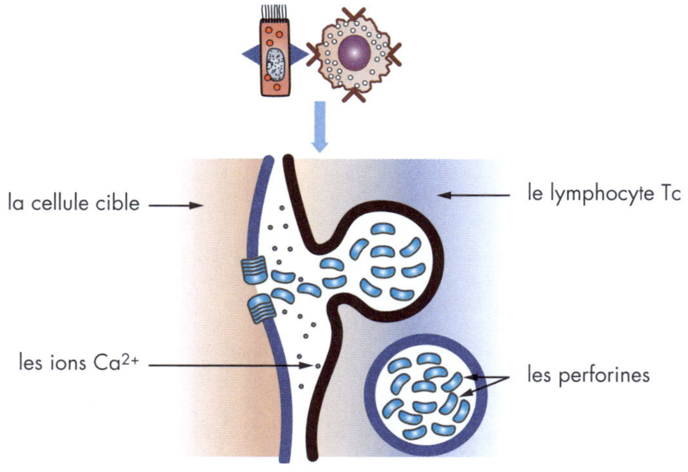

3.3. Les étapes de la cytolyse sont données dans la liste ci-dessous, dans le désordre. Classer les étapes dans leur ordre chronologique en leur attribuant les numéros 1 à 5.

	l'évènement	le numéro
A	la lyse de la cellule cible et la fragmentation de son ADN sous l'action des enzymes	
B	la sécrétion des perforines contenues dans des vésicules du LTc vers le milieu extracellulaire	
C	une entrée massive du liquide milieu extracellulaire vers le cytoplasme de la cellule cible	
D	l'établissement d'un contact entre le LTc et la cellule cible	
E	l'association des perforines en présence de Ca^{2+}, et la création d'un canal à travers la membrane plasmique de la cellule cible	

- Nommer les molécules responsables de la cytolyse : ....
- Justifier le nom *LT cytotoxique* donné au LT8.

....

3.4. L'immunité décrite dans les **documents 5 et 6** est une *immunité à médiation cellulaire*. Justifier cette expression.

....

....

VIDÉO
L'immunité adaptative
www.lienmini.fr/10449-44

4 La prévention de la grippe : la vaccination

VIDÉO
La fabrication d'un vaccin
www.lienmini.fr/10449-45

Document 7 le principe de la vaccination

La vaccination est basée sur l'introduction dans l'organisme d'un ou plusieurs épitopes issus de l'agent infectieux responsable de la maladie.
Deux types de vaccins se distinguent par leur mode de fabrication : les vaccins inactivés (ou inerte) et les vaccins vivants atténués. Chaque vaccin est adapté à l'agent pathogène. Pour maintenir une couverture immunitaire spécifique suffisante, un ou plusieurs rappels peuvent être nécessaires.
Le vaccin contre la grippe est un vaccin inactivé et purifié qui offre une protection contre plusieurs souches virales. Généralement, il comporte des épitopes de deux sous-types de virus A et d'un sous-type de virus B.

Chaque année, à cause de la variabilité génétique des virus de la grippe, l'OMS sélectionne les souches virales qui serviront à la fabrication du vaccin antigrippal. Ce choix se base sur le suivi des épidémies mondiales au cours de l'année, et porte sur les souches qui présentent le plus de risque d'émerger et d'être à l'origine d'une nouvelle épidémie.
La vaccination antigrippale met en œuvre une injection unique, réalisée chaque année. En France, la vaccination antigrippale est prise en charge pour les sujets à risque : les personnes âgées de plus de 65 ans, les sujets atteints de certaines affections (une insuffisance respiratoire chronique, des atteintes cardiaques ou rénales). Elle est recommandée aux professionnels de santé, ainsi qu'aux personnes exposées (vie en communauté, usagers des transports en commun...).

4.1. Un vaccin est un traitement *immunogène* et *non pathogène*. Définir ces adjectifs.

- immunogène :

....

- non pathogène :

....

4.2. Indiquer le type de vaccin auquel correspond le vaccin antigrippal.

....

4.3. Citer deux intérêts de la vaccination dans la protection individuelle et collective.

....

....

4.4. Proposer une hypothèse pour expliquer que la vaccination contre la grippe est à renouveler chaque année.

....

....

4.5. L'injection du vaccin antigrippal à un sujet induit :

☐ la production d'anticorps anti-virus grippal par les plasmocytes de ce sujet
☐ la production de LT cytotoxiques chez ce sujet
☐ la neutralisation du virus de la grippe avant que le sujet soit exposé
☐ la cytolyse des cellules infectées par le virus de la grippe dès que le sujet est exposé
☐ la production de LB mémoire
☐ la production de LT4 mémoire

Document 8 la vaccination antigrippale et ses réponses

Le graphique ci-dessous présente la concentration d'anticorps spécifique dans le sérum d'un sujet après une injection de vaccin antigrippal, puis la contamination par le virus grippal portant les mêmes épitopes.

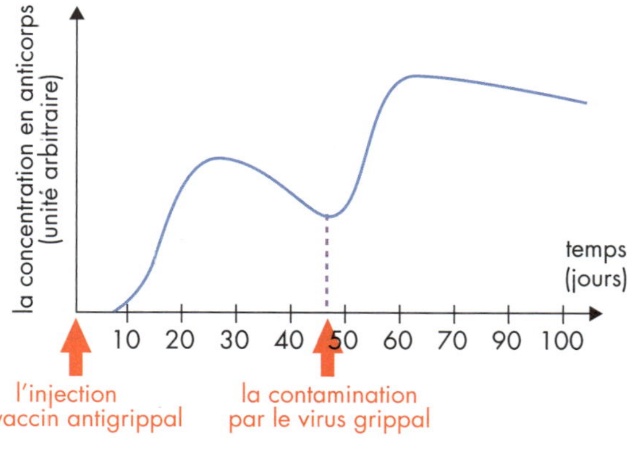

4.6. La réponse obtenue suite à l'injection du vaccin antigrippal est *la réponse primaire*. Analyser cette première phase du graphique du **document 8**.

- Expliquer l'existence d'une phase de latence.

- La contamination par le virus de la grippe provoque une *réponse secondaire*. Analyser cette seconde phase du graphique du **document 8**.

- Interpréter.

4.7. Cocher les caractéristiques de toute vaccination.

- le principe actif est : ☐ un anticorps ☐ un antigène ☐ immunogène ☐ antigénique
- la protection est : ☐ immédiate ☐ différée ☐ durable ☐ spécifique
- l'immunité développée est : ☐ active ☐ passive
- la vaccination est une thérapie : ☐ curative ☐ étiologique ☐ palliative ☐ préventive

4.8. Nommer une technique qui permet la mise en évidence de la présence d'anticorps spécifiques.

- Le résultat de cette technique peut produire un « *faux négatif* ». Proposer une explication de cette l'expression.

- Dans les structures collectives d'accueil de personnes âgées, et en cas d'épidémie grippale, un test rapide d'orientation diagnostic (TROD) de la grippe est mis en œuvre dans les 48 heures qui suivent l'apparition des symptômes. Le résultat s'obtient en 30 minutes.

- Préciser l'élément recherché avec un TROD : ☐ un anticorps anti-épitope viral ☐ un épitope viral
- Donner un intérêt à l'utilisation de cette technique.

- Nommer une infection pour laquelle un TROD spécifique est également utilisé.

VIDÉO

Les tests rapides d'orientation diagnostique de la grippe

www.lienmini.fr/10449-46

L'ESSENTIEL DU COURS

L'IMMUNITÉ ACQUISE, L'IMMUNITÉ SPÉCIFIQUE

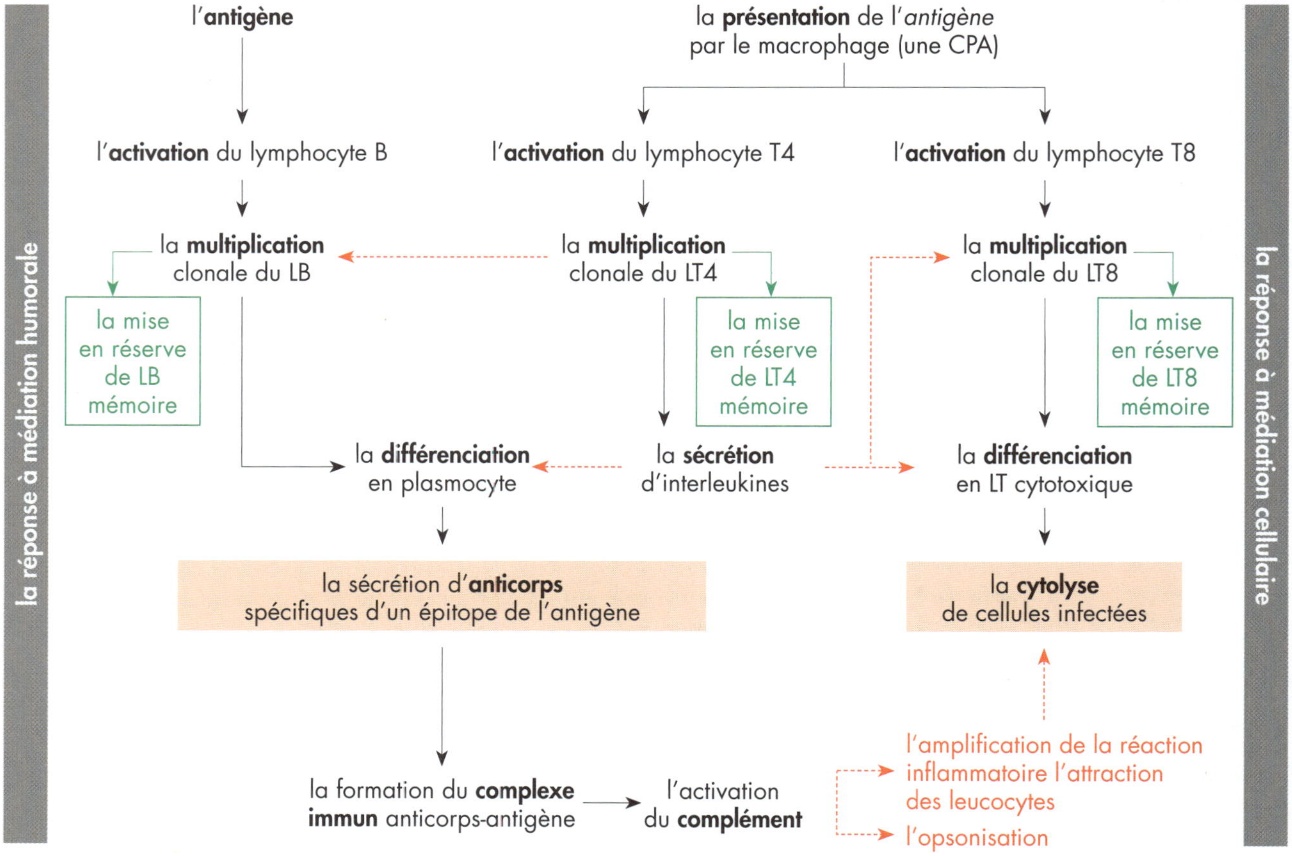

UNE TECHNIQUE D'EXPLORATION – L'ANALYSE SANGUINE

- un sérodiagnostic : une détection dans le sérum de la présence d'anticorps spécifiques de l'agent infectieux, d'un épitope de l'antigène ; leur présence témoigne de l'activation de la réponse immunitaire à médiation humorale
- un sujet séropositif à un épitope a produit des anticorps spécifiques contre cet épitope
- exemples : sérodiagnostic des souches virales pendant une épidémie de grippe saisonnière (dans la population générale), de la rubéole et de la toxoplasmose (chez une femme enceinte)

LA PRÉVENTION : LA VACCINATION ANTI-GRIPPALE

le principe	❶ l'identification des souches virales impliquées dans l'épidémie	recherche et mise au point du vaccin à base de particules virales inactivées, purifiées, d'épitopes antigéniques, immunogènes, et non pathogènes
	❷ avant un contact avec le virus grippal, une injection (inoculation) du vaccin anti-viral chez le sujet	un dépassement des barrières cutanées une réaction immunitaire non spécifique : inflammatoire locale ; phagocytose
	❸ une réaction primaire	une réaction immunitaire spécifique une mise en place de la mémoire immunitaire
		une protection spécifique (contre le ou les épitopes sélectionnés), différée (10 à 15 j), durable (plusieurs mois)
	❹ une réaction secondaire, après une contamination par le virus (porteur des mêmes épitopes) :	une mobilisation de la mémoire immunitaire, mise en place lors de la réaction primaire
		une protection spécifique, plus rapide, plus intense
la variabilité génétique	– des recombinaisons génétiques fréquentes entre plusieurs souches de virus grippal ; une grande variabilité de la protéine H du virus – des conséquences pour la prévention : la recherche et la mise au point annuelle d'un vaccin adapté à la souche virale ; une nécessité de renouveler la vaccination chaque année	

ENTRAÎNEMENTS

+ DE TESTS EN LIGNE

www.lienmini.fr/10449-47

Terminologie

Compléter les tableaux

les unités de sens	la signification	les unités de sens	la signification
	blanc	sér(o)-	
lymph(o)-			la rate
	ingérer, manger		le thymus
	le feu, la chaleur		

les termes	les définitions
	une fatigue intense, une absence de force non associée à une activité physique ou intellectuelle
une épidémie	
	une infection causée par un mycète (un champignon, une levure)
	qualifie une infection qui se contracte dans un établissement de santé si elle est absente lors de l'admission du patient et qu'elle se développe 48 heures au moins après l'admission

Testez-vous

THÈME 1

1. Comparer les caractéristiques d'une bactérie et d'un virus.
2. Citer les étapes chronologiques du cycle de développement d'un virus.
3. Les antibiotiques ne sont pas efficaces contre toutes les maladies infectieuses. Donner une explication.

THÈME 2

4. Définir le soi, le non soi, un antigène et un épitope.
5. Donner trois exemples d'antigènes de catégories différentes.
6. Citer les organes lymphoïdes primaires ; préciser leurs rôles.
7. Comparer la rate et un ganglion lymphatique.
8. Citer le maximum d'éléments figurés du sang identifiables sur un frottis sanguin ; classer les éléments figurés selon leur rôle.

THÈME 3

9. Nommer l'agent pathogène responsable de la grippe ; citer les principaux signes de la maladie.
10. Préciser le rôle de la barrière cutanéo-muqueuse dans la protection contre l'agent pathogène responsable de la grippe.
11. Décrire les étapes de la réaction inflammatoire.
12. Citer les quatre signes de la réaction inflammatoire ; expliquer leur origine.

THÈME 4

13. Citer les étapes chronologiques de la réponse immunitaire à médiation humorale.
14. Donner la nature biochimique d'un anticorps ; indiquer trois sites caractéristiques de la molécule.
15. Expliquer la notion de spécificité d'un anticorps.
16. Citer les étapes chronologiques de la réponse immunitaire à médiation cellulaire
17. Donner trois exemples de coopération cellulaire au cours des réponses immunitaires.
18. Expliquer comment le virus de la grippe est neutralisé par le système immunitaire.
19. Présenter le principe de la vaccination.
20. Dans les 24 heures qui suivent l'injection d'un vaccin grippal inactivé ou tué, le sujet peut ressentir une légère fièvre, une douleur, une rougeur, un gonflement au niveau du point d'injection. Des myalgies ou des céphalées sont également présents dans certains cas pendant 1 à 2 jours. Expliquer ces signes.

Mobilisez vos compétences

■ SUJET 1 : Les effets de l'apensanteur sur l'organisme – cellules immunitaires et immunité anticancéreuse

Les astronautes revenant d'une mission dans l'espace présentent tous à leur retour une érythropénie, une lymphopénie et une anémie, entre autres. Cela n'est pas sans conséquence sur leur santé, notamment en ce qui concerne leur immunité.

1 Définir les trois termes soulignés dans le texte.

2 Immunité anti-cancéreuse

> Dans l'organisme, le système immunitaire reconnaît et détruit les cellules modifiées, dont les cellules cancéreuses. Ces dernières présentent à leur surface des antigènes particuliers spécifiques de la tumeur appelés marqueurs tumoraux. Les trois expériences de greffes tumorales schématisées dans le document ci-dessous permettent d'étudier quelques aspects de cette réponse immunitaire.

Dans chaque expérience 1, 2 et 3, des cellules cancéreuses prélevées chez une souris malade sont injectées à une souris saine ; ce transfert de cellules est l'équivalent d'une greffe (« greffe tumorale »).

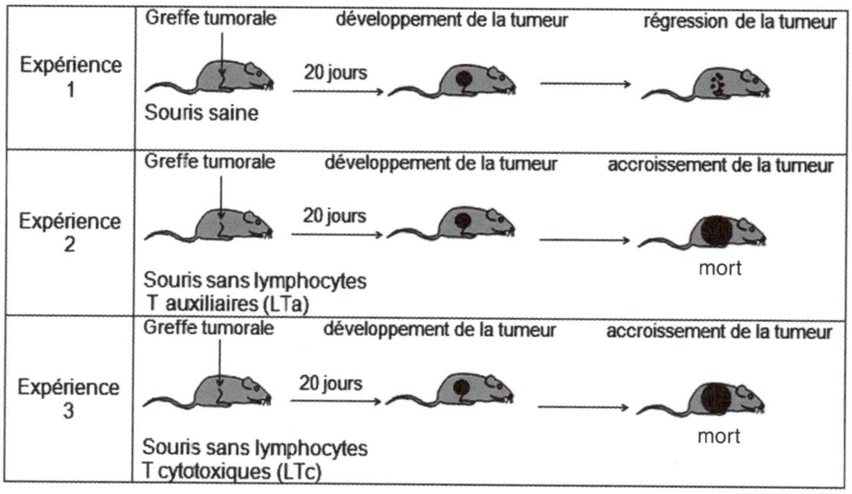

2.1. Analyser et interpréter chaque expérience.

2.2. En déduire le type de réponse impliquée dans l'immunité anti-tumorale.

3 Mode d'action des lymphocytes T cytotoxiques

> Les marqueurs tumoraux exprimés à la surface des cellules cancéreuses sont susceptibles d'être reconnus par les lymphocytes T cytotoxiques grâce à leur récepteur spécifique (récepteur T ou TCR).

3.1. Le **document 1** montre la dernière étape des événements conduisant à la destruction de la cellule cancéreuse. Donner le nom précis de cette étape et celui des structures Y.

3.2. En s'appuyant sur le **document 1** et les connaissances, rédiger un texte qui explique la relation entre la structure et la fonction du lymphocyte T cytotoxique.

Document 1

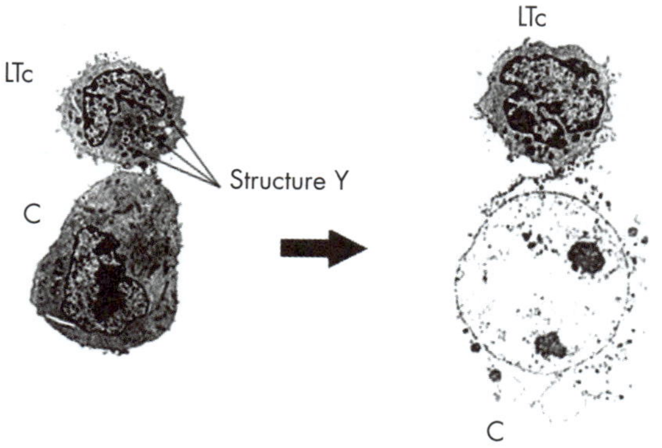

légende : C : cellule cancéreuse ;
LTc : lymphocyte T cytotoxique

■ SUJET 2 : L'épidémie due au virus Ebola

> Le virus Ebola est un agent infectieux particulièrement virulent. Il a provoqué, entre novembre 2013 et mai 2016, la pire épidémie observée par l'OMS. Plus de 11 000 décès ont été recensés pour plus de 28 000 cas de contamination dans le monde. L'infection par le virus déclenche divers signes caractéristiques accompagnés de tremblements. Dans sa forme avancée, l'infection provoque de graves hémorragies internes. La transmission interhumaine est très facile et se fait par contact rapproché lors de mélange de fluides corporels (salive, sang, liquides sexuels, sueur…).

1 Structure et cycle du virus

> Le **document 1** présente une description du virus Ebola.

1.1. À l'aide des informations fournies par le texte du **document 1**, annoter les structures 1 à 4 du schéma du virus.

> Lorsque le virus entre dans un organisme, il infecte des cellules particulières pour se propager dans l'organisme. Le **document 2** présente le cycle viral du virus Ebola.

1.2. Associer à chaque étape 1 à 6 du **document 2** un titre parmi les propositions suivantes :
multiplication du génome viral – adhésion à la membrane cellulaire –
bourgeonnement et libération des nouveaux virions – expression des protéines virales –
décapsidation – assemblage des nouveaux virions

1.3. À l'aide du **document 2**, préciser l'origine de l'élément du virus numéroté 4 dans le **document 1**.

1.4. Les virus sont qualifiés de « parasites intracellulaires obligatoires ». En utilisant les **documents 1 et 2**, justifier cette appellation.

2 Défenses immunitaires et traitements

> L'organisme met en place des moyens de lutte qui s'avèrent efficaces chez les patients ayant survécu. Lors de son entrée dans l'organisme, le virus rencontre une première ligne de défense composée des monocytes, des granulocytes et des cellules dendritiques. Ces cellules réalisent la phagocytose partielle du virus avant de présenter certains éléments viraux à d'autres cellules immunitaires de l'organisme. Après un délai de latence de sept jours environ, une deuxième réponse plus spécifique se met en place et aboutit à la sécrétion d'anticorps. L'ensemble de ces phénomènes est schématisé sur le **document 2**.

2.1. Nommer les cellules 1 à 3, les molécules a et b ainsi que les processus A et B du **document 2**.

2.2. En observant le **document 2**, justifier l'existence d'un délai de latence avant que ce phénomène soit efficace contre le virus.

> Lors du processus B, les cellules 2 sont modifiées et deviennent des cellules 3, qui synthétisent une grande quantité de protéines. Les cellules 2 et 3 sont observées au microscope électronique. Les microphotographies obtenues sont présentées sur le **document 3**.

2.3. Expliquer en quoi la cellule 3 possède une structure adaptée à sa fonction.

> Ces réponses immunitaires s'avèrent inefficaces dans 80 à 90 % des cas. Des traitements complémentaires sont alors nécessaires. Ils reposent sur des outils permettant d'atténuer la virulence du virus. Un traitement expérimental, appelé ZMab, consiste à administrer au patient un ensemble d'anticorps se fixant sélectivement sur les protéines GP, qui servent de porte d'entrée pour pénétrer à l'intérieur des cellules.
Une microphotographie d'un virus Ebola suite au traitement Zmab est présentée ci-dessous.
Les anticorps du traitement apparaissent sous forme de points noirs

2.4. À partir de l'analyse de cette image, proposer un argument justifiant l'affirmation soulignée dans le texte ci-dessus.

2.5. Déterminer la conséquence de ce traitement sur le cycle viral du virus Ebola.

■ microphotographie d'un virus Ebola suite au traitement Zmab

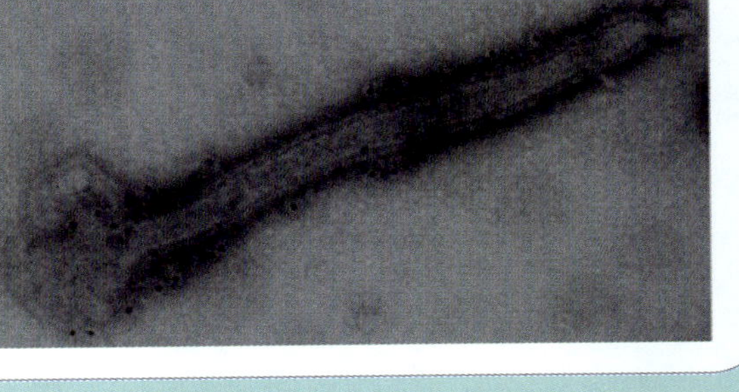

Document 1 description du virus Ebola

Le virus fait partie de la famille des Filoviridae. Les virions ont une structure tubuleuse de 80 nm de diamètre et 800 nm de longueur. Au centre de la structure se trouve la nucléocapside qui renferme un filament d'ARN simple brin. Cet ARN constitue le génome viral et est associé à des protéines particulières dont la protéine NP (Nucleocapside Protein). L'ensemble est entouré d'une enveloppe virale provenant de la précédente cellule-hôte. D'autres glycoprotéines virales (GP), appelés spicules, sont présentes au niveau de cette enveloppe. Juste en dessous de l'enveloppe se trouvent des protéines de matrice (VP 40). Le génome du virus est associé, à ses extrémités, à deux protéines :

– une enzyme virale particulière : une ARN polymérase (protéine L) ;

– une protéine (VP 35) qui fait le lien avec les protéines de la nucléocapside (protéine NP).

■ représentation schématique de la structure du virus Ebola

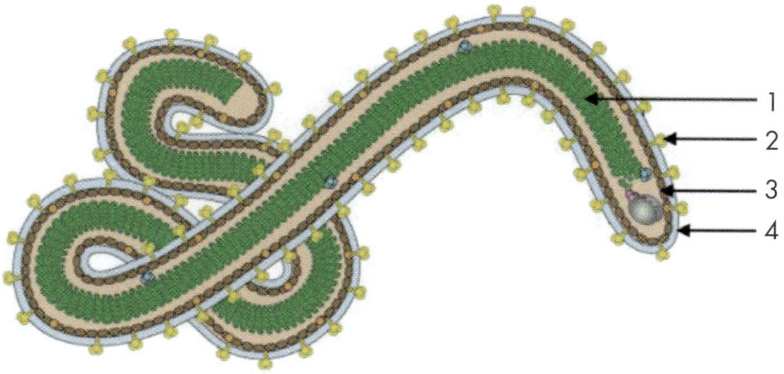

Document 2 schéma de la réponse immunitaire contre le virus Ebola

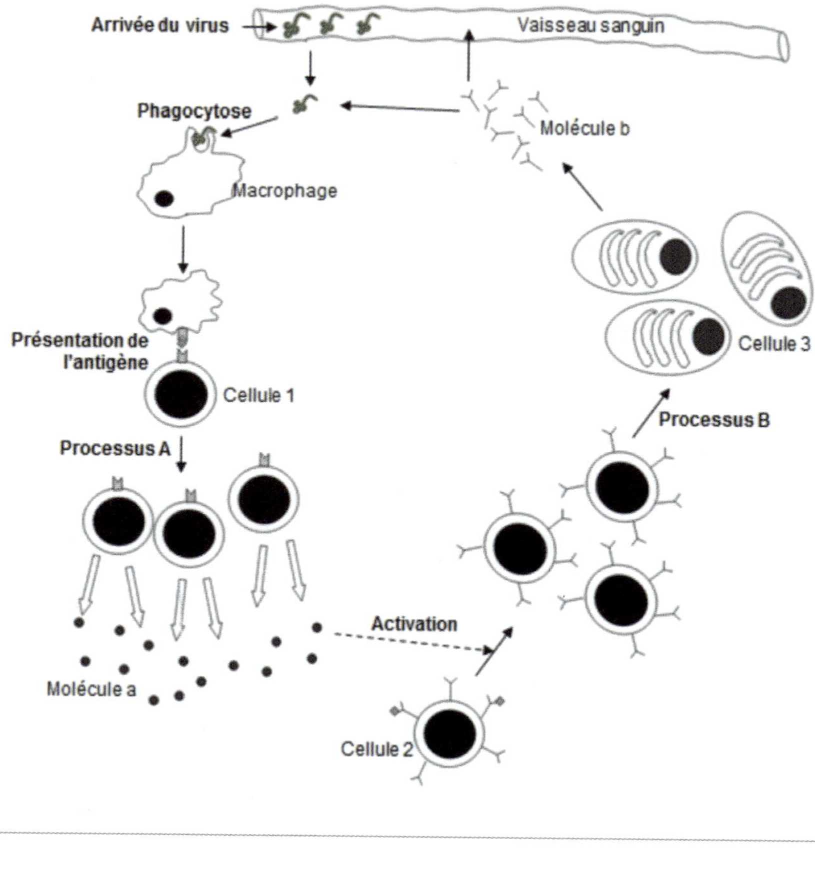

Document 3 microphotographies des cellules 2 et 3

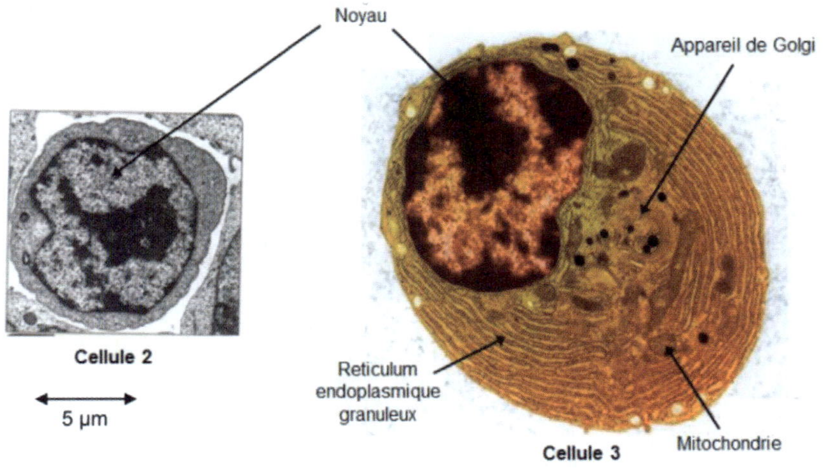

■ SUJET 3 : La cigarette électronique et le système immunitaire

> La cigarette électronique : un atout santé ? D'après les recommandations 2016 de Santé publique France, la cigarette électronique ou « e-cigarette » peut être considérée comme un outil d'aide au sevrage tabagique pour les populations fumeuses.

La « e-cigarette » comporte moins de substances cancérigènes et irritantes et présente l'avantage de pouvoir contrôler facilement le taux de nicotine délivrée.

Cependant, son usage n'est pas exempt de risques pour la santé.

> Afin d'évaluer l'effet de la « e-cigarette » sur l'immunité, des études ont été menées par l'université du Maryland en 2015. Ces études ont permis de déterminer l'influence de la cigarette électronique sur l'immunité contre le virus de la grippe.

Deux lots de souris ont été enfermés dans une enceinte close durant 1 heure 30, deux fois par jour, pendant deux semaines. Le premier lot a été exposé à la fumée de cigarette électronique dans cette enceinte. Le second lot a été exposé à de l'air dépourvu de fumée. Une heure après la dernière exposition, les souris des deux lots ont été infectées par voie respiratoire par le virus de la grippe. La mortalité de ces souris est mesurée et les résultats figurent sur le **document 2**.

Le **document 1** présente le cycle du virus grippal dans ses cellules-cibles, les cellules épithéliales respiratoires, au cours des jours suivant l'exposition au virus de la grippe.

1 Décrire succinctement chacune des étapes 1 à 6 du **document 1**.

Document 1 schéma du cycle du virus de la grippe dans sa cellule cible

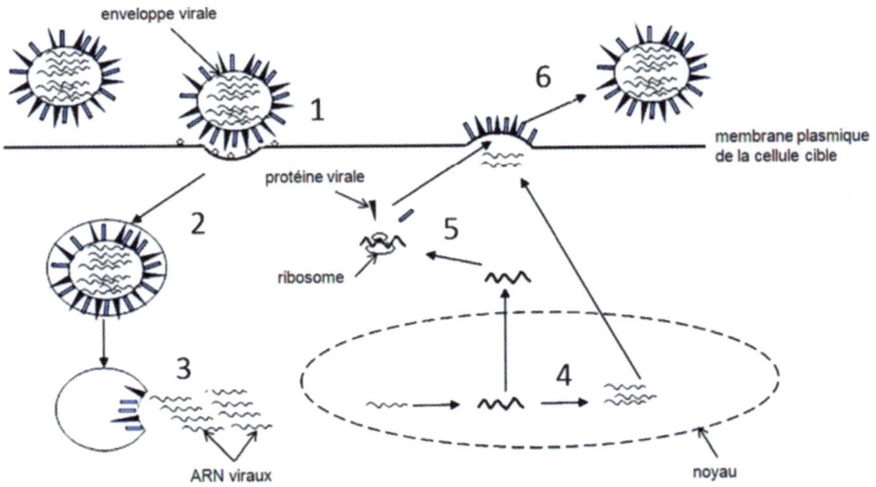

2 Analyser le **document 2** afin d'en déduire l'impact de la cigarette électronique sur la capacité de l'organisme à faire face au virus de la grippe.

> Une diminution du nombre et de l'activité des cils des cellules épithéliales respiratoires, cellules cibles du virus de la grippe, favorise l'infection.

3 Expliquer pourquoi l'atteinte des cellules ciliées facilite le développement du virus dans l'organisme. Émettre une hypothèse afin d'expliquer pourquoi l'infection par le virus de la grippe serait favorisée par l'« e-cigarette ».

Document 2 mortalité liée à la grippe de souris exposées à l'air ou à la fumée de « e-cigarette »

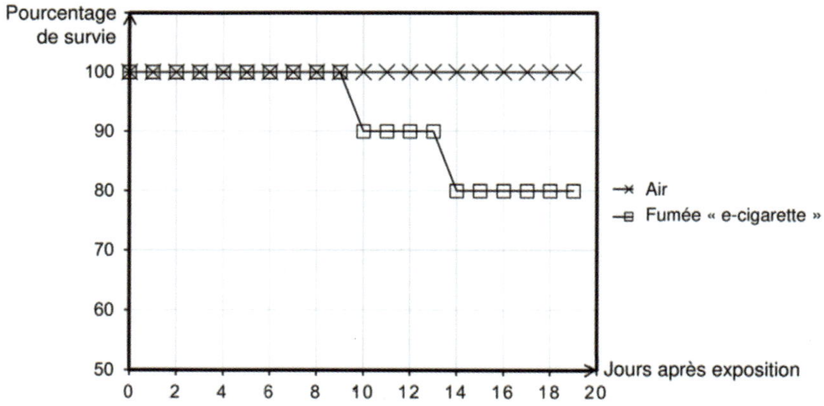

■ SUJET 4 : La réponse de l'organisme au virus de la grippe

> Des expériences sont réalisées dans le but de mettre en évidence l'implication de certains leucocytes dans la lutte contre le virus de la grippe.
Plusieurs lots de souris ont été infectés par le virus de la grippe. Pour les lots 2 à 5, des techniques appropriées ont permis de supprimer certaines catégories de lymphocytes.
Après l'infection, le temps nécessaire aux souris pour éliminer le virus est mesuré.
Parallèlement, le pourcentage de survie de chaque lot est estimé.
Les résultats sont rassemblés dans le tableau ci-dessous :

	lymphocytes T8	lymphocytes T4	lymphocytes B	temps requis pour éliminer le virus (jours)	taux de survie (en %)
lot 1	+	+	+	7 à 10	100
lot 2	–	+	+	10 à 14	50
lot 3	+	+	–	10 à 14	100
lot 4	+	–	+	non évaluable	0
lot 5	–	+	–	non évaluable	0

(+) signifie que le type cellulaire est présent chez la souris
(–) signifie que le type cellulaire est supprimé chez la souris
Remarque : tous les autres leucocytes non mentionnés dans le tableau sont présents chez les souris.

1 Le lot 1 est le lot témoin. Justifier son intérêt.

2 Analyser les expériences des lots 2 et 3. En déduire le type de réaction immunitaire le plus efficace pour lutter contre le virus de la grippe.

3 La coopération entre immunocytes est indispensable pour une réponse immunitaire. Justifier cette affirmation à l'aide des expériences des lots 4 et 5.

Boîte à outils

Fiches méthode

1 Les principales instructions et les mots-clefs 192

2 La terminologie biologique et médicale 194

3 Les principales grandeurs en biologie 196

4 Les dimensions, les sous-unités 197

5 Une échelle des tailles 198

6 L'observation des tissus au microscope optique ou photonique .. 199

7 Les tests de caractérisation des biomolécules 200

8 La démarche médicale 201

9 Les examens paracliniques ou complémentaires 202

10 Les traitements 203

Lexique 204

Fiche méthode

1. Les principales instructions et les mots-clefs

Dans cet ouvrage, dans les travaux proposés par vos enseignants et bien sûr dans les sujets d'examen, vous lirez des questions, proches ou complètement différentes les unes des autres.
Les possibilités de formulation sont infinies. En revanche, toutes ces questions sont construites à l'aide d'un nombre assez limité d'instructions et de mots-clefs. Il est indispensable de comprendre chaque instruction et chaque mot-clef :

- pour éviter le hors-sujet : les éléments non attendus ne sont pas pris en compte dans votre évaluation, même s'ils sont de qualité.
- pour éviter toute perte de temps : la durée de l'évaluation est limitée ; le temps passé à rédiger une réponse non évaluée est perdu pour une autre réponse qu'il faut développer.

AIDE
la colonne « exemple » renvoie à une question de l'ouvrage où l'instruction est utilisée, selon la forme suivante : P X = partie X / T X = thème X / Q X.X = question X.X

■ Citer, donner, indiquer, nommer, annoter

Ces instructions exigent une réponse courte, mais précise. Vous devez utiliser vos connaissances pour formuler votre réponse et ainsi éviter de reprendre les termes de la question dans votre réponse.

l'instruction	l'explication	un exemple
citer	rédiger une simple phrase associée à la liste d'éléments à *citer*	P 2 / T 4 / Q 1.4.
donner	souvent associé à un élément qui précise la question : *donner* un exemple, *donner* une explication, *donner* la signification de…	P 5 / T 2 / Q 2.3.
indiquer	souvent associé à un élément qui précise la question : *indiquer* le sens de circulation du sang, *indiquer* la cause de la maladie…	P 1 / T 1 / Q 2.1.
nommer	donner, citer le nom	P 1 / T 1 / Q 3.4.
annoter	nommer les éléments particuliers désignés par un trait fléché sur une illustration : un schéma, un dessin ou une photographie ; chaque trait est repéré par un numéro (ou une lettre). La question précise systématiquement : – *annoter le document* ou *compléter les annotations* : compléter le document, directement sur le sujet. – *reporter les annotations sur la copie* : établir une liste des numéros et des annotations sur la copie, en respectant l'ordre croisant des numéros (ou des lettres).	P 2 / T 2 / Q 1.1.

Remarque : l'instruction *légender* est parfois utilisée, à tort, à la place de *annoter*. Une *légende* n'est pas une *annotation*. C'est un texte court qui complète un schéma, qui donne la signification d'un symbole utilisé dans un tableau, un graphique, une illustration.

■ Présenter, expliquer, décrire, calculer

Ces instructions exigent une réponse construite, réfléchie et précise.

l'instruction	l'explication	un exemple
présenter	mettre en valeur vos connaissances sur le sujet : rédaction utilisant un vocabulaire adapté, effort d'explication, éventuellement d'illustrations ; cela demande un effort de présentation…	P 4 / T 4 / Q 2.2.
expliquer	faire comprendre la notion à l'aide d'éclaircissements ou de commentaires sur le sujet	P 2 / T 3 / Q 3.2.
décrire	– fournir des éléments détaillés, précis sur le sujet – limiter la réponse à une description, sans expliquer les éléments – peut s'appuyer sur l'aspect chronologique	P 2 / T 4 / Q 1.2.
calculer	– demande non seulement le résultat du calcul, mais aussi, et surtout, de présenter le raisonnement mathématique qui a permis d'aboutir au résultat – commencer par récapituler les données, les symboles ou lettres qui seront utilisés – établir la formule littérale en utilisant les symboles ou lettres définis – effectuer le calcul, c'est-à-dire faire une application numérique pour obtenir le résultat chiffré – associer ce résultat chiffré à son unité	P 4 / T 2 / Q 3.1.

■ Illustrer, justifier, préciser

Ces instructions exigent une réponse complète et argumentée.

l'instruction	l'explication	un exemple
illustrer	ajouter un dessin ou un schéma titré et annoté *attention : l'illustration ne constitue pas la réponse à elle seule*	P 2 / T 3 / Q 3.3.
justifier	ajouter un argument, une preuve pour compléter la réponse	P 2 / T 4 / Q 3.1.
préciser	ajouter des détails sur un élément que le sujet met en relief	P 1 / T 1 / Q 3.5.

■ Analyser, interpréter, conclure

Ces instructions nécessitent un temps de compréhension et un temps de réflexion. Tous les indices significatifs doivent être relevés et mis en relation.

l'instruction	l'explication	un exemple
analyser	décomposer un objet, un fait, une idée et connaître ses éléments essentiels et leurs rapports, puis recomposer pour donner un sens à l'ensemble et créer des liens	P 4 / T 2 / Q 2.2.
interpréter	mettre les résultats de l'analyse en relation avec des connaissances pour aller au-delà	P 4 / T 2 / Q 2.3.
déduire	une simple démarche logique, qui peut suivre une analyse ou une interprétation	P 5 / T 2 / Q 1.3.
conclure	rassembler l'essentiel des idées et apporter une éventuelle ouverture au sujet	P 4 / T 2 / Q 3.3.

■ Définir, comparer

Ce type de question peut avoir pour objectifs de restituer une notion en faisant appel à la mémoire, ou d'établir une synthèse à partir des connaissances. La réponse intègre la définition demandée dans une phrase simple et rédigée.

Dans le cadre de la terminologie médicale, il s'agit de définir une liste de termes numérotés ou de termes intégrés dans un texte, ou au contraire de trouver les termes qui désignent une liste de définitions. Dans ce cas, inutile d'intégrer les réponses dans des phrases. En revanche, le correcteur doit toujours pouvoir se repérer facilement dans les réponses.

l'instruction	l'explication	un exemple
définir	donner la signification d'un terme ou d'une expression	P 1 / T 2 / Q 4.4.
comparer	*concerne au moins deux éléments* identifier et mettre en relief : – les aspects communs aux éléments : les analogies – les aspects qui ne sont pas communs : les différences	P 3 / T 3 / Q 2.4.

Fiche méthode

2. La terminologie biologique et médicale

2.1. Une introduction

En biologie et en médecine, comme dans toute autre spécialité, il est nécessaire d'utiliser un langage adapté. L'ensemble de mots, termes ou expressions propres à ce domaine correspond à la terminologie biologique et médicale.
Parmi les mots utilisés en BPH, certains sont non décomposables, par exemple *le cœur, un anévrisme...*
La plupart sont décomposables en trois types d'unités de sens.
Ces unités de sens sont souvent dérivées de mots d'origine grecque ou latine.
La **RACINE** ou le **RADICAL** est la base du mot.
glyc(o)-: le glucose
Sa signification peut être modifiée ou précisée:
- par un **PRÉFIXE** placé avant la racine
  hyper-: supérieur à, en augmentation
- par un **SUFFIXE** placé à la fin de la racine
  -émie: le sang
  une hyperglycémie: une augmentation de la concentration en glucose sanguin

■ Quelques conventions:
- La grande majorité des unités de sens sont liées entre elles par un (o) dit de liaison phonique.
  Ce (o) est supprimé lorsque la 2e unité de sens commence par une voyelle.
  gastr(o)- + -pathie = une gastropathie (une affection de l'estomac)
  gastr(o)- + -algie = une gastralgie (une douleur au niveau de l'estomac)
- Les unités de sens sont en général accolées, sans trait d'union. Le trait d'union est parfois utilisé pour traduire la conjonction de coordination «et».
  une gastro-entérite: une inflammation de l'estomac et de l'intestin grêle.

2.2. Le vocabulaire médical

La liste qui suit propose les principaux préfixes et suffixes utilisés en Biologie et Physiopathologie Humaines du cycle terminal, ainsi que leurs définitions. Les unités de sens et les termes médicaux propres à chaque partie du programme sont définis à la fin de la partie concernée.

■ Les principaux préfixes

a-, an-	l'absence, le manque
anti-	contre, qui s'oppose à
brady-	le ralentissement
dys-	une difficulté, un trouble
en-, endo-	l'intérieur
eu-	la normalité, l'harmonie
exo-	l'extérieur
hémi-	la moitié

hyper-	une augmentation
hypo-	une diminution
macro-	grand
micro-	très petit
oligo-	peu
poly-	plusieurs, la multitude
tachy-	l'accélération

■ Les principaux suffixes

-algie	la douleur
-centèse	une ponction, piquer
-cide	la destruction, qui tue
-cyte	la cellule
-ectasie	la dilatation
-ectomie	une ablation, une exérèse
-émie	le sang

-gène	la production, qui engendre
-gramme	le tracé, une représentation graphique
-graphie	l'enregistrement
-ite	une inflammation
-logie	l'étude
-lyse	la destruction, la dissolution
-mégalie	un volume exagéré
-ome	une tumeur
-ose	un état, une dégénérescence
-pathie	une affection, une maladie
-pénie	une carence, une diminution
-plastie	la réparation, la correction de la forme
-plégie	la paralysie
-rragie	un écoulement important, un jaillissement
-rrhée	un écoulement
-scopie	l'observation, un examen par la vue
-stomie	un abouchement
-thérapie	un traitement
-tomie	une incision
-trophie	la nourriture
-urie	l'urine

Applications

1. Dans la liste des préfixes, en choisir 8. Construire un terme médical à partir de chacun de ces préfixes. Définir chaque terme.

le préfixe	le terme	la définition

2. Certains suffixes de la liste correspondent à l'une des notions proposées dans le tableau suivant. Classer ces suffixes selon la notion qui leur correspond.

la notion	les suffixes
la notion de symptôme et de maladie	
la notion d'examen	
la notion de traitement	

Fiche méthode

WEB
Le système international d'unités
lienmini.fr/10449-48

3. Les principales grandeurs en biologie

En biologie, les unités utilisées sont les sept unités du Système International et leurs dérivés.

la grandeur	l'unité	le symbole	des exemples
la longueur	le mètre	m	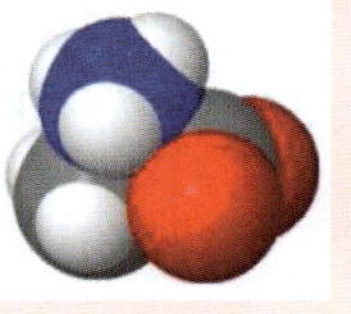 le diamètre d'un acide aminé : 0,5 nm à 1 nm, ou 5.10^{-10} à 10^{-9} m
			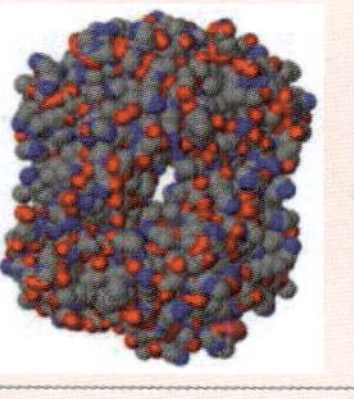 le diamètre d'une protéine (l'hémoglobine) : 15 nm, ou 15.10^{-9} m
			la longueur de l'intestin grêle : 6 m
la surface	le mètre carré	m^2	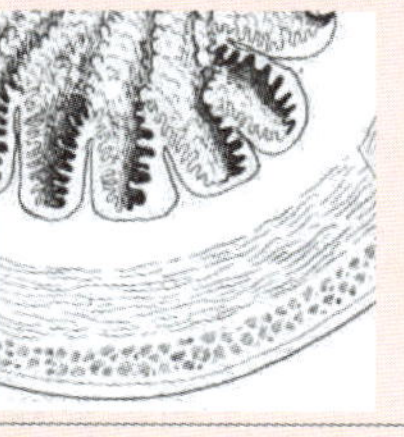 la surface d'échange intestinale : 300 m^2
le volume	le mètre cube le litre	m^3 L *1 L = 10^{-3} m^3*	le volume de l'estomac : – vide : 0,5 L – plein : 4 L
le temps	la seconde	s *1 h = 3 600 s*	la durée du brassage des aliments dans l'estomac : 2 à 8 h
la masse	le kilogramme	kg *1 g = 10^{-3} kg*	la masse moyenne d'un homme adulte : 70 kg
la température	le Celsius	°C	la température corporelle : 37 °C
le pH	–	–	le pH de l'estomac : 2 (acide) le pH de l'intestin grêle : 8 (basique)
l'énergie	le Joule	J	la dépense énergétique moyenne d'une adolescente : 11 000 kJ

Application

D'autres grandeurs et d'autres unités existent. Relier les grandeurs à leurs unités.

- la température 1
- la pression 2
- l'énergie 3
- la tension 4
- la quantité 5
- la concentration 6

a	la mole	mol
b	la calorie	cal
c	le Kelvin	°K
d	le Farenheit	°F
e	le bar	bar
f	le gramme	g
g	le millimètre ou centimètre de mercure	mm ou cm Hg
h	le gramme par litre	$g.L^{-1}$
i	l'atmosphère	Atm
j	le Pascal	Pa
k	le Volt	V
l	la mole par litre	$mol.L^{-1}$

Fiche méthode

WEB
Outils de conversion
lienmini.fr/10449-49

4. Les dimensions, les sous-unités

la puissance	le préfixe	le symbole
10^{24}	yotta-	Y
10^{21}	zetta-	Z
10^{18}	exa-	E
10^{15}	péta-	P
10^{12}	téra-	T
10^{9}	giga-	G
10^{6}	méga-	M
10^{3}	kilo-	k
10^{2}	hecto-	h
10^{1}	déca-	da
10^{0}	unité	
10^{-1}	déci-	d
10^{-2}	centi-	c
10^{-3}	milli-	m
10^{-6}	micro-	µ
10^{-9}	nano-	n
10^{-12}	pico-	p
10^{-15}	femto-	f
10^{-18}	atto-	a
10^{-21}	zepto-	z
10^{-24}	yocto-	y

Application

1. Convertir en micromètres, en utilisant les puissances de 10, les grandeurs suivantes.

- 0,5 mm : ....
- 3 nm : ....
- 0,6 pm : ....
- 7 cm : ....

2. Convertir en millimètres, en utilisant les puissances de 10, les grandeurs suivantes.

- 0,5 m : ....
- 3 nm : ....
- 0,6 cm : ....
- 7 pm : ....

Fiche méthode

5. Une échelle des tailles

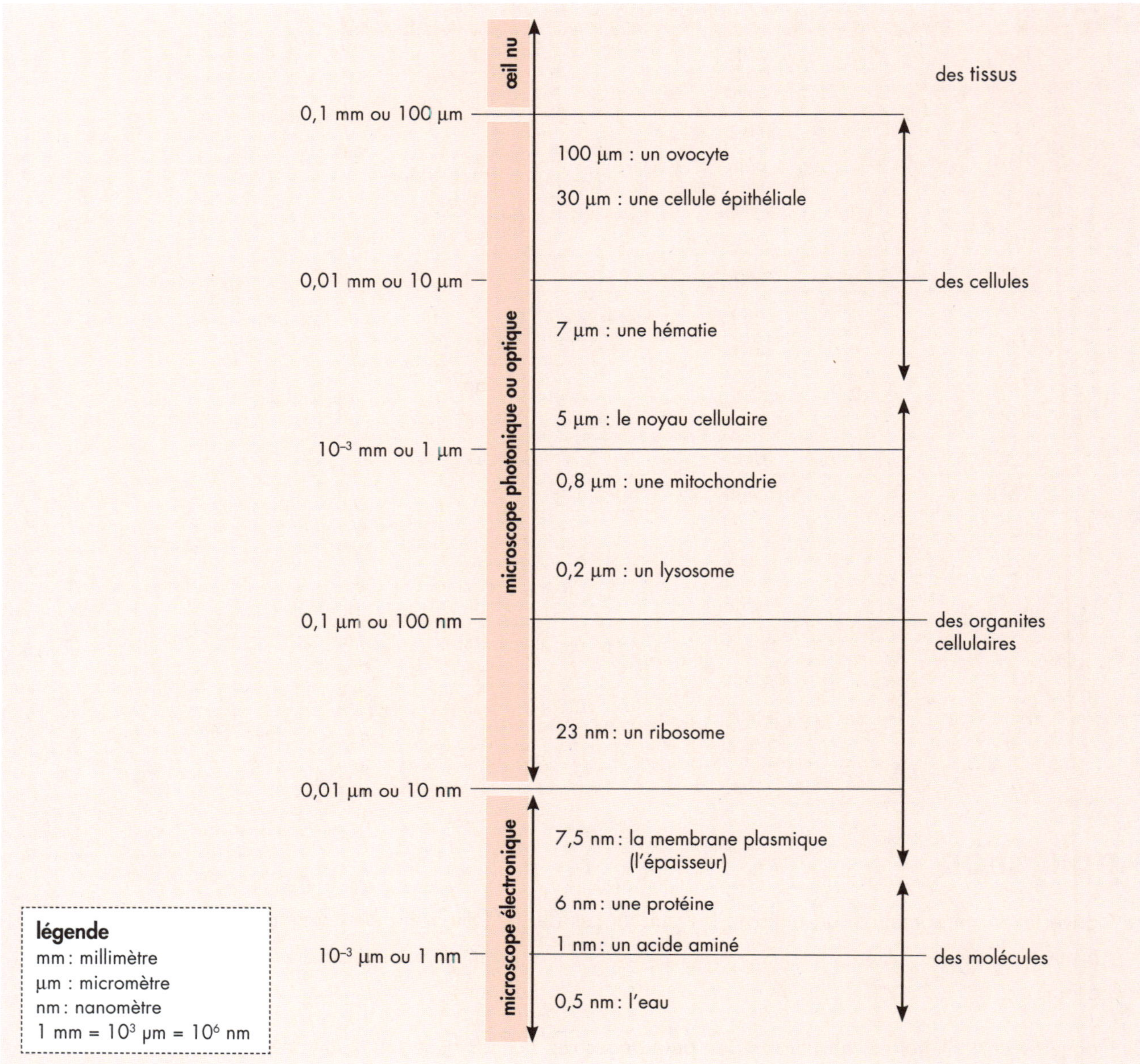

Application

1. Cocher les réponses exactes.

- la limite de visibilité à l'œil nu est de l'ordre de :

☐ 1 mm ☐ 0,1 mm ☐ 100 µm ☐ 10 µm

- le microscope électronique permet de voir des ultrastructures dont la taille est de l'ordre de :

☐ 1 µm ☐ 1 pm ☐ 1 nm ☐ 0,1µm

- la taille approximative d'une cellule est de l'ordre de :

☐ 1 mm ☐ 0,1 mm ☐ 100 µm ☐ 10 µm

2. Classer dans l'ordre de taille décroissant, en inscrivant le numéro dans la case.

☐ une puce (2 à 6 mm)	☐ une hématie	☐ un atome (10^{-10} m)	☐ un acarien (250 à 300 µm)
☐ une framboise	☐ un virus	☐ une souris	☐ une molécule de glucose
[1] un éléphant	☐ un cœur	☐ un chromosome	[12] un électron

Fiche méthode

6. L'observation des tissus au microscope optique ou photonique

Le microscope est un instrument qui sert à observer des structures de petite taille.

micro- : *très petit*

-scope : *un appareil destiné à une observation par la vue*

À une distance de 20 à 30 cm, l'œil humain est capable de distinguer des objets de 0,1 mm de diamètre environ. Un microscope photonique grossit jusqu'à 1000 fois : 7 à 15 fois pour l'oculaire × 10 à 100 fois pour l'objectif. Il permet donc d'observer des structures d'un diamètre égal à 0,1 mm/1000 soit 0,1 µm.

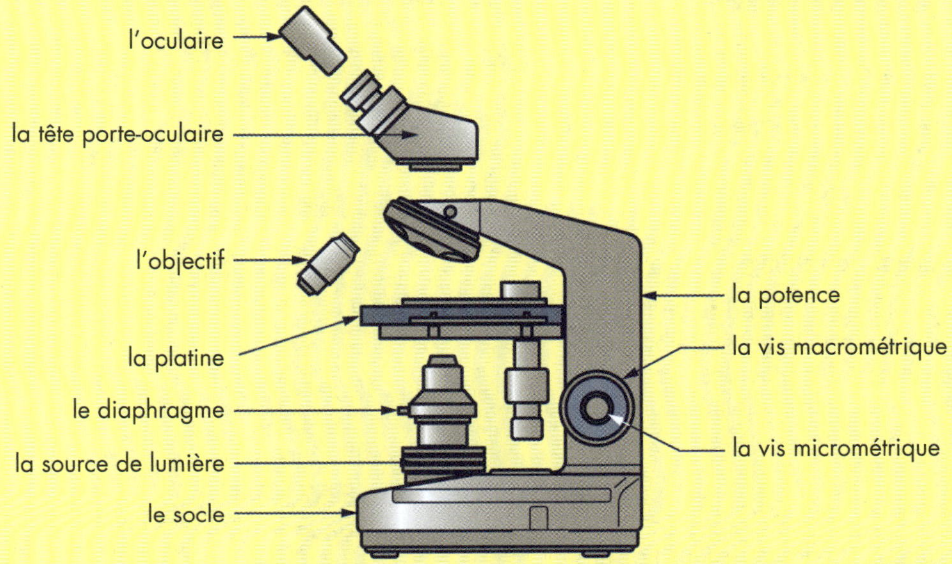

■ schéma d'un microscope optique ou photonique

Application

1. Nommer les composants du microscope qui répondent aux descriptions.

le composant	la description / le rôle
	un tube comportant plusieurs lentilles qui permettent de former une image réelle un grandissement de l'objet observé révélant des détails
	une loupe qui grossit l'image intermédiaire un grandissement de l'image sans révéler davantage de détails
	une mise au point approximative
	une amélioration de la mise au point
	un réglage de la profondeur de champ et du contraste

2. Décrire les étapes à suivre pour observer à l'objectif × 40 une lame déposée sur une paillasse de laboratoire.

. . . .

. . . .

. . . .

. . . .

. . . .

. . . .

. . . .

. . . .

. . . .

Fiche méthode

7. Les tests de caractérisation des biomolécules

le test du lugol

Le lugol, ou l'eau iodée, à froid, prend une coloration bleu sombre en présence d'amidon. Cette coloration est rouge lorsque l'amidon est partiellement hydrolysé, donc hydrolysé en molécules plus petites, les dextrines.

légende
① tube témoin réactif (lugol)
② tube témoin produit (amidon
③ tube avec réaction positive

les bandelettes réactives au glucose

Les bandelettes sont imprégnées d'une enzyme spécifique du glucose. Au contact du glucose, la bandelette se colore.

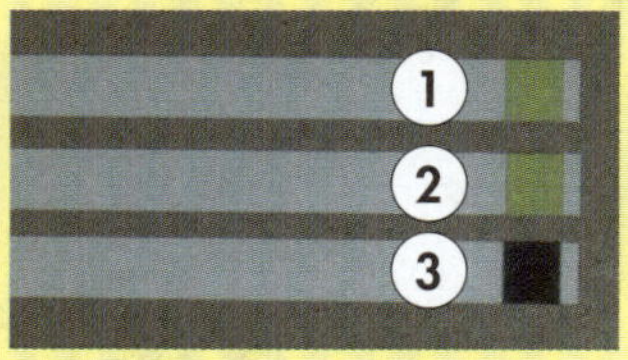

légende
① bandelette témoin
② bandelette avec réaction négative
③ bandelette avec réaction positive

le test à la liqueur de Fehling

La liqueur de Fehling, à chaud et en milieu basique, donne un précipité rouge brique en présence de certains glucides, appelés glucides réducteurs, tels le maltose (un dioside) et le glucose.

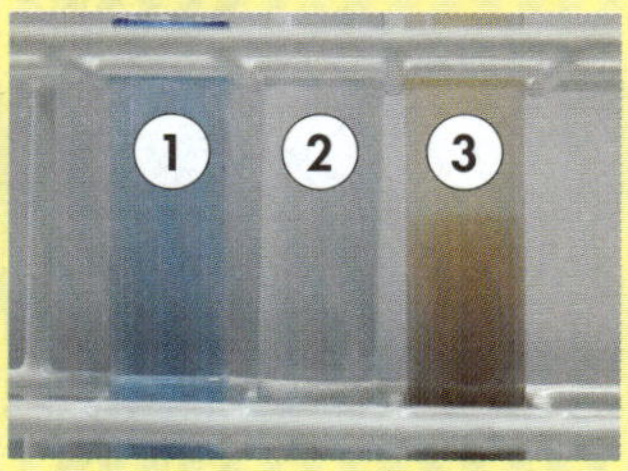

légende
① tube témoin réactif (liqueur de Fehling)
② tube témoin produit (amidon)
① tube avec réaction positive

le test du biuret

La réaction du biuret caractérise les liaisons peptidiques. L'intensité de la coloration bleu-violet obtenue augmente avec le nombre de liaisons peptidiques, donc avec la taille du polypeptide ou de la protéine.

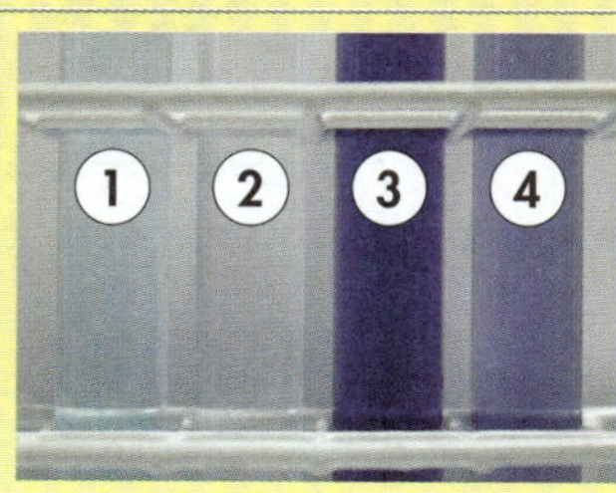

légende
① tube témoin réactif (biuret)
② tube témoin produit (ovalbumine)
③ tube avec réaction positive (ovalbumine)
④ tube avec réaction positive (ovalbumine partiellement hydrolysée)

Applications

1. Relier les molécules aux tests à mettre en œuvre pour les identifier.

- un acide aminé ❶
- l'amidon ❷
- le glucose ❸
- une protéine ❹

- ⓐ une bandelette réactive au glucose
- ⓑ un test du biuret
- ⓒ un test à la liqueur de Fehling
- ⓓ un test du lugol

2. Relier chaque test au résultat positif qui lui correspond.

- une bandelette réactive au glucose ❶
- un test du biuret ❷
- un test à la liqueur de Fehling ❸
- un test du lugol ❹

- ⓐ un changement de couleur
- ⓑ une coloration bleue sombre
- ⓒ une coloration bleu violette
- ⓓ un précipité rouge brique

Fiche méthode

8. La démarche médicale

Selon l'OMS (Organisation Mondiale de la Santé), la santé est un état de complet bien-être physique, mental et social, qui ne consiste pas seulement en une absence de maladie ou d'infirmité.
La démarche médicale est l'acte médical par lequel le médecin précise l'état de santé du patient, par lequel il détermine la nature de la maladie éventuelle de son patient. Il établit un diagnostic, qui permet de définir les traitements adaptés pour retourner à l'état de santé.

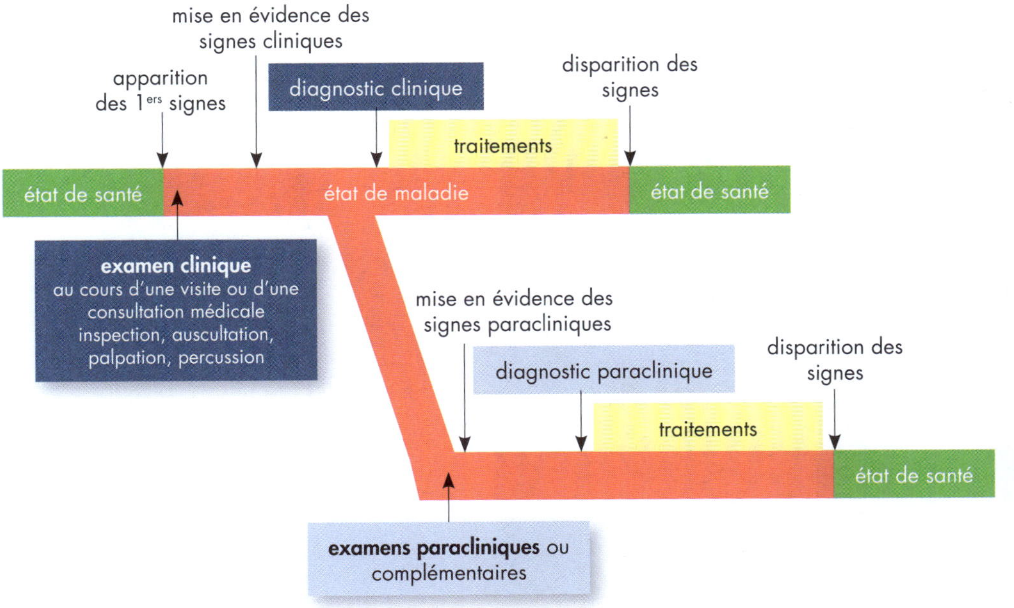

Application

1. Un signe clinique (ou un symptôme) peut être ressenti ou constaté par le patient lui-même. Associer chacun des signes suivants à sa définition donnée dans le tableau.
la pyrexie, une céphalée, un érythème, une rectorragie, une dyspnée, une hématémèse, une diarrhée, une rhinorrhée, une gastralgie, un prurit, une pyorrhée, une hématurie.

les symptômes	les définitions
	la fièvre, l'augmentation de la température corporelle
	une douleur localisée au niveau de la tête
	une rougeur passagère de la peau
	une difficulté ou une gêne respiratoire
	un vomissement de sang
	une émission fréquente de selles liquides

les symptômes	les définitions
	un rhume, une émission de liquide par les narines
	une douleur au niveau de l'estomac
	une démangeaison
	un écoulement de pus
	la présence de sang dans les urines
	une évacuation par l'anus de sang rouge provenant du rectum, une émission de selles rouges

2. La 1re colonne du tableau donne le nom des 4 temps de l'**examen physique** réalisé par le médecin. Associer chaque signe clinique de la liste ci-dessous au temps de l'**examen physique** qui lui correspond. Utiliser les connaissances acquises ou un dictionnaire pour définir chaque terme : *une hépatomégalie, un météorisme, une hypertension artérielle, une cyanose, une adénomégalie (ou une adénopathie), une cachexie, une aréflexie, une bradycardie.*

les temps de l'examen physique	les exemples de signes cliniques	les définitions des signes cliniques
l'inspection		
l'auscultation		
la palpation		
la percussion		

Fiche méthode

9. Les examens paracliniques ou complémentaires

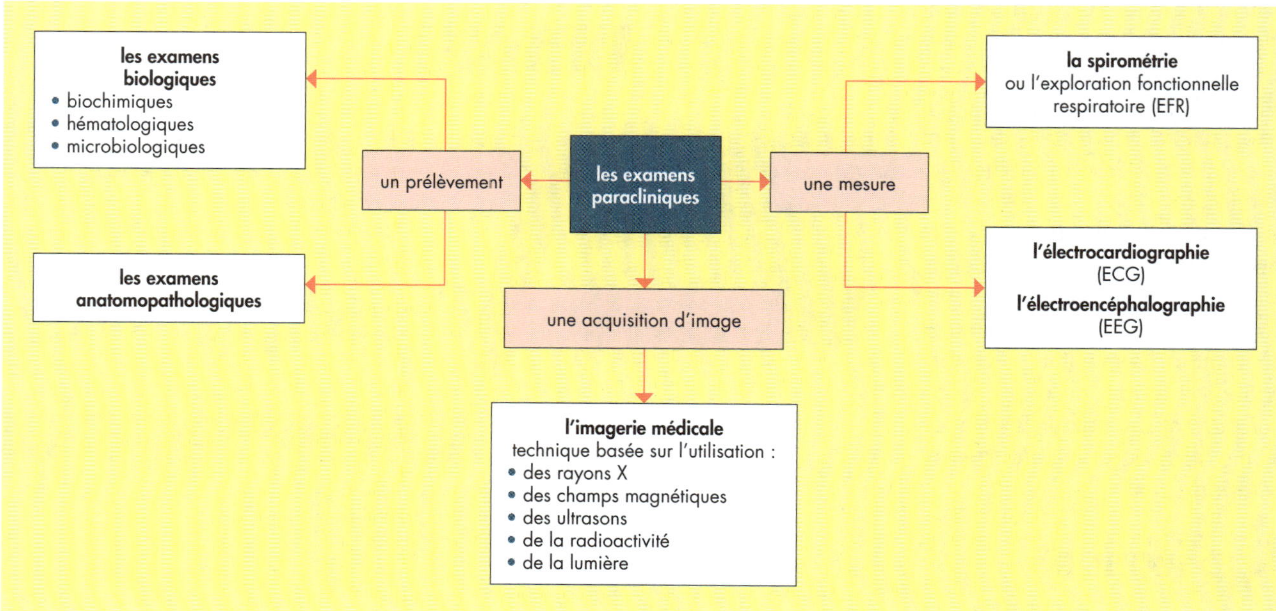

Les rayons X	la radiographie	la tomodensitométrie (TDM) ou la scanographie
le principe	une absorption différentielle des rayons X par les tissus, selon leur épaisseur et leur densité	
	une analyse de la zone examinée selon toute son épaisseur avec cumul des informations sur le cliché	une analyse de la zone examinée par plans successifs, grâce au déplacement de l'appareil en rotation et en balayage ; une reconstitution d'une série d'images en coupes par l'ordinateur
les intérêts médicaux	la détection d'anomalies liées à : • une affection pulmonaire (une opacité…) • un trouble ostéo-articulaire (une fracture, une arthrose…) • une tumeur (un kyste mammaire…) • une pathologie vasculaire (une athérosclérose…)	la détection : • de la présence de tumeurs • d'anomalies liées à des pathologies osseuses, abdominales, cérébrales
	l'exploration d'organes creux, après injection d'un produit de contraste radio-opaque	
les avantages	(1) la possibilité d'obtenir rapidement une image de l'intérieur du corps sans ouverture chirurgicale	(1) la sensibilité de la détection et la précision ; (2) une bonne résolution spatiale des images ; (3) la possibilité de production d'images en 3D
les dangers	(1) la nocivité des rayons X (dose et /ou fréquence) qui provoquent une altération des molécules d'ADN ; (2) une allergie possible aux produits de contraste	
les contre-indications	(1) la répétition de l'exposition aux rayons X ; (2) l'utilisation sur le fœtus chez la femme enceinte	

les champs magnétiques	une imagerie par résonnance magnétique (IRM)
le principe	l'utilisation des propriétés magnétiques de la matière ; l'enregistrement des signaux émis par les noyaux des atomes d'hydrogène placés dans un champ magnétique intense et stimulés par des ondes radio ; la différenciation des tissus en fonction de leur teneur en eau
les intérêts médicaux	• les explorations neurologiques (le cerveau, la moelle épinière) • l'étude ostéo-articulaires (les traumas)
les avantages	(1) l'obtention d'images avec des informations anatomiques et fonctionnelles très fines ; (2) une totale innocuité
les contre-indications	inutilisable pour les porteurs d'éléments métalliques ou électroniques : dispositifs médicaux non compatibles (un pacemaker, certains clips chirurgicaux intracrâniens), fragments métalliques après une projection accidentelle dans le corps

les ultrasons	une échographie	un Doppler
le principe	l'émission d'ultrasons réfléchis par les tissus sous forme d'échos, selon la densité du milieu rencontré par le faisceau d'ultrasons ; l'enregistrement des échos puis la construction d'une image	
	l'examen de structures immobiles	l'examen de structures en mouvement
les intérêts médicaux	• l'exploration des tissus mous avec une détection de calculs, de tumeurs, d'anomalies cardiaques • le suivi de grossesse • le contrôle de gestes médicaux (réalisation d'une amniocentèse)	• l'évaluation de la qualité de l'écoulement sanguin • la détection de pathologies vasculaires telles qu'une thrombose, une sténose, un anévrisme, une phlébite
les avantages	une exploration dynamique, en temps réel ; une totale innocuité	

la radioactivité	la scintigraphie
le principe	un enregistrement des rayonnements γ (gamma) émis par un isotope radioactif (un radiopharmaceutique) injecté au patient et utilisé spécifiquement par les cellules fonctionnelles à étudier
les intérêts médicaux	• une exploration fonctionnelle des organes • une étude de la vascularisation d'organe (le cœur, les poumons) • une détection de tumeurs
les inconvénients	l'utilisation d'une dose de radioactivité non compatible avec la proximité prolongée avec une femme enceinte ou un jeune enfant
les contre-indications	la grossesse et l'allaitement

la lumière	une endoscopie
le principe	l'introduction d'un endoscope par voie naturelle ou par une voie créée par une incision chirurgicale ; une transmission par réflexion totale de la lumière jusqu'à l'organe par un système de fibres optiques ; un retour de la lumière réfléchie à l'œil de l'expérimentateur ou un écran
les intérêts médicaux	• la détection de lésions, le suivi de leur évolution et leur cicatrisation • la réalisation de prélèvements (biopsies) • la réalisation de gestes thérapeutiques (ablation de polypes, électrocoagulation de saignements…) • la réalisation d'une échographie endocavitaire
les inconvénients	un examen invasif, nécessitant souvent une anesthésie (locale ou générale)

Fiche méthode

10. Les traitements

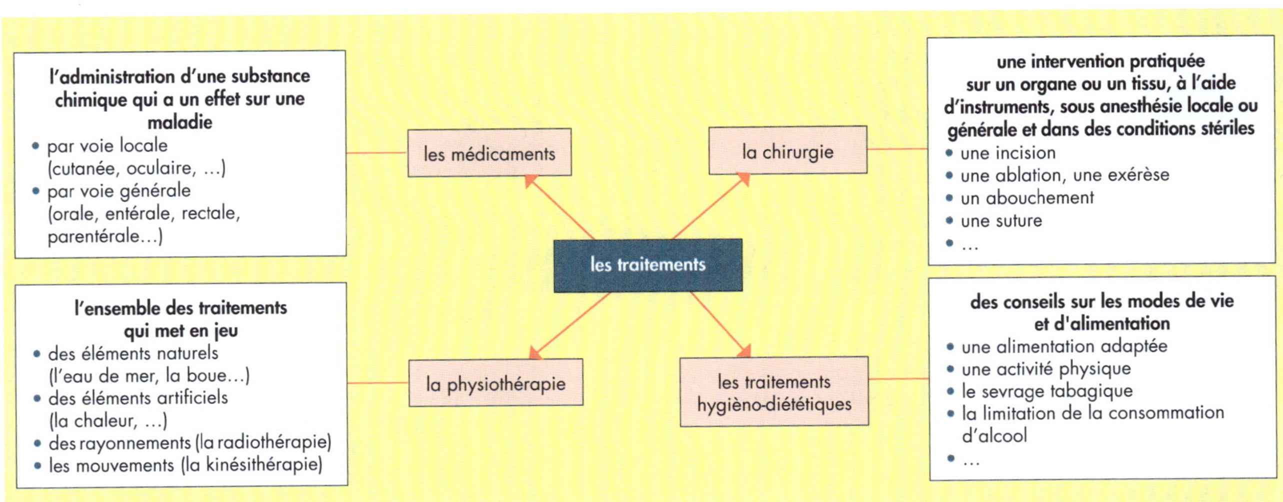

Lexique

anabolisme (nom masculin)
L'ensemble des réactions de synthèse cellulaire. En règle générale, l'anabolisme consomme de l'énergie.

anastomose (une)
Un acte chirurgical qui consiste à connecter deux structures tubulaires, physiologiquement non associées. *Exemple : un pontage coronarien.*

anatomie (une)
L'étude de la forme, de la disposition et de la structure des organes.

anesthésie (une)
Un acte médical qui cherche à supprimer pendant un temps donné et de manière réversible la sensibilité à la douleur. Elle est utilisée dans le cadre d'examens ou de traitements. L'anesthésie générale plonge le patient dans un état d'inconscience.

antalgique (un)
Un traitement (un médicament) qui lutte contre la douleur.

anténatal (adjectif)
Qui se réalise avant la naissance.

anticorps (un)
Une molécule immunitaire produite grâce aux lymphocytes B. Chaque anticorps s'associe de manière spécifique à un élément reconnu comme étranger à l'organisme : un antigène. Cette association neutralise l'élément étranger. D'autres acteurs du système immunitaire interviennent pour détruire l'élément étranger.

antigène (un)
La membrane de toute cellule présente sur sa face externe des marqueurs biologiques. Ils constituent en quelque sorte la « carte d'identité » de la cellule. Ces marqueurs sont spécifiques de la cellule. Ils sont tolérés par le système immunitaire de l'organisme. Chaque marqueur est un « marqueur du soi », un antigène cellulaire. Au contact d'un organisme différent, un antigène cellulaire peut être reconnu comme étranger : il ne correspond pas aux marqueurs de cet autre organisme. Le système immunitaire de l'organisme réagit : il tente de neutraliser ou de détruire l'antigène rencontré. (Le thème de l'immunité est développé en terminale ST2S).

ATP (une)
L'adénosine triphosphate est une molécule dite « riche en énergie échangeable ». L'énergie produite par les réactions cellulaires d'oxydation est récupérée sous forme de nombreuses molécules d'ATP. L'hydrolyse de l'ATP en ADP (adénosine diphosphate) libère de l'énergie utilisable par la cellule, pour les réactions de synthèse cellulaire, ainsi que pour d'autres activités cellulaires, comme par exemple la décontraction du myocyte.

bioéthique (la)
Une réflexion critique pluridiscipli-naire sur les comportements et les attitudes à adopter dans le domaine de la biologie et de la santé.

biomolécule (une)
Une molécule, utilisée ou produite, par un organisme vivant, et présente uniquement dans le monde vivant. *Exemple : le glucose.*

carcinome (un)
Une tumeur maligne au niveau d'un tissu épithélial.

caryotype (le)
Le classement des chromosomes d'une cellule par paires, selon la nomenclature internationale.

catabolisme (le)
L'ensemble des réactions cellulaires de dégradation. En règle générale, le catabolisme libère de l'énergie.

cathéter (un)
Une sonde constituée d'un tuyau flexible de petit diamètre (jusqu'à moins d'un millimètre) et de longueur variable. Le cathéter peut être placé dans un vaisseau sanguin ou dans une cavité de l'organisme (par exemple la cavité cardiaque).

cellule (la)
La plus petite unité du monde vivant, capable d'assurer sa survie et sa reproduction. Les animaux, les végétaux, les champignons et les bactéries sont des organismes cellulaires. Au contraire, les virus et les prions sont des entités acellulaires.

cholestérol (le)
Une molécule de la famille des lipides. Il est un constituant indispensable des cellules. Il est le précurseur de nombreux composés (progestérone, testostérone, etc.). Un excès est cependant néfaste. Le cholestérol est véhiculé dans le sang par deux systèmes de transport différents : les lipoprotéines HDL (lipoprotéines de haute densité) et LDL (lipoprotéines de basse densité).

chorion (le)
Le tissu conjonctif d'une muqueuse.

clone (un)
Un ensemble de cellules ou d'individus qui ont un patrimoine génétique commun. Au niveau cellulaire, un clone est obtenu après une succession de mitoses d'une cellule mère. Au niveau d'un organisme, des jumeaux homozygotes constituent un clone naturel.

collagène (le)
Une protéine de structure fibreuse, élément constitutif essentiel des tissus de soutien (tissu conjonctif, tissu osseux, tendons…)

contagion (la)
La communication ou la transmission d'une maladie, d'une manière directe ou indirecte.

contamination (une)
L'envahissement d'un organisme vivant par un agent pathogène ou par une substance toxique.

curatif (adjectif)
Un traitement curatif a pour objectif la guérison, ou le maintien d'une fonction vitale défaillante en attendant la guérison.

dégénérescence (une)
Une dégradation pathologique de la structure d'une cellule, d'un tissu ou d'un organe, avec perte de leurs caractéristiques et de leurs fonctions.

densité (la)
Une propriété physique caractéristique d'une substance. Un nombre sans dimension, qui correspond au rapport de la masse d'un volume V de substance sur la masse du même volume V d'eau pure, en général à une température de 4 °C et à la pression atmosphérique normale.

diagnostic (un)
Le diagnostic médical est posé par un médecin : il correspond à l'identification d'une maladie par ses signes cliniques et paracliniques. Le diagnostic infirmier est énoncé par un infirmier : il correspond à l'évaluation des besoins d'une personne, relevés à l'occasion d'un examen clinique, de soins, du traitement. Diagnostics médical et infirmier sont complémentaires.

diagnostic prénatal (DPN) ou anténatal (le)
La recherche *in utero* d'une affection ou d'une anomalie grave chez l'embryon ou le fœtus, grâce à des examens médicaux.

diploïde (adjectif)
Qualifie une cellule qui contient 2n chromosomes.

ectopique (adjectif)
Désigne une position autre que la position de référence.
Exemple 1 : une grossesse ectopique est une grossesse extra utérine.
Exemple 2 : un greffon ectopique est mis en place dans une localisation anormale.

eczéma (un)
Une inflammation de la peau non contagieuse, avec un prurit (une démangeaison) intense.

efférent (adjectif)
Qualifie un élément qui part d'une structure de référence.

emphysème (un)
Une destruction des alvéoles et des bronchioles, avec la présence d'un volume d'air excessif dans les poumons ; les alvéoles sont dans l'incapacité de se vider correctement, à l'expiration.

endocrine
Une glande est dite « endocrine » si la substance synthétisée est déversée dans le sang.

endémie (une)
La présence continue d'une maladie dans une région.

enzyme (un/une)
Un catalyseur biologique (ou biocatalyseur), c'est-à-dire une molécule qui accélère (jusqu'à des millions de fois) une réaction chimique qui se déroule au sein de l'organisme, dans le milieu intra- ou extracellulaire.

épidémie (une)
Une augmentation, brutale et limitée dans le temps, du nombre de cas d'une maladie parmi une population. Il est fréquent d'utiliser l'expression pic épidémique.

épidémiologie (nom féminin)
La spécialité médicale qui étudie les facteurs intervenant dans l'apparition d'une maladie et les éléments qui lui sont associés (sa fréquence, sa distribution, les facteurs susceptibles de l'influencer…). Historiquement, les maladies concernées étaient les épidémies liées aux maladies infectieuses, c'est-à-dire les maladies provoquées par un agent pathogène (bactérie, virus…). Actuellement, le terme s'étend à toutes les maladies qu'elles soient de nature infectieuse, dégénérative, tumorale, génétique…

étiologique (adjectif)
Un traitement étiologique cherche à supprimer la cause d'un symptôme, d'un signe clinique ou paraclinique. *Exemple : en cas d'infection bactérienne, un antibiotique détruit la bactérie.*

exocrine
Une glande est dite « exocrine » si la substance synthétisée est excrétée dans le milieu extérieur.
Exemple : les glandes salivaires déversent la salive dans la bouche. D'une manière générale, les glandes annexes du tube digestif sont des glandes exocrines.

fibrose (une)
Une formation tissulaire, pathologique, riche en fibres.

flore commensale (la)
L'ensemble des microorganismes présents à la surface de la peau et des muqueuses de l'organisme humain. Dans des conditions physiologiques, leur présence ne produit aucun trouble et apporte même un bénéfice à l'organisme, sur le plan digestif ou immunitaire en particulier.

frottis (un)
En médecine : une technique de prélèvement de cellules. En biologie : une technique d'étalement des cellules prélevées sur une lame de microscopie.

gène (un)
Une portion d'ADN contenant l'information nécessaire à la synthèse d'une protéine, d'un polypeptide ou d'un peptide.

gestation (la)
La période entre la conception et l'accouchement.
Synonyme : la grossesse.

haploïde (adjectif)
Qualifie une cellule qui contient n chromosomes.

hémolyse (une)
Une destruction des hématies, avec libération de l'hémoglobine dans le milieu extracellulaire.

homéostasie (une)
L'état d'équilibre dynamique du milieu intérieur.

hormone (une)
Une molécule sécrétée par des cellules spécialisées regroupées en une glande endocrine ; cette molécule est transportée par le sang jusqu'aux cellules cibles dont elle modifie l'activité.

iatrogène (adjectif)
Désigne les troubles provoqués par un traitement médical.

identité biologique (une)
Le caractère unique de chaque cellule (ou de chaque organisme), lié à la présence d'antigènes sur la membrane des cellules.

inconvénient (un)
Un effet indésirable qui ne remet pas en cause le choix de la technique.

immunité (une)
La capacité de l'organisme à prévenir et à lutter contre un agent pathogène.

incubation (une)
1. La période qui sépare l'entrée d'un micro-organisme dans un sujet et l'apparition des premiers signes de la maladie chez ce sujet. 2. Le temps de passage d'une culture cellulaire dans une étuve.

infection (une)
Une maladie liée à la transmission d'un micro-organisme vers un sujet.

inhalation (une)
L'absorption par les voies respiratoires.

inoculation (une)
L'introduction d'un élément dans un sujet. elle peut être accidentelle et provoquer une pathologie ; elle peut être faite dans un but thérapeutique : une vaccination.

insémination (une)
L'introduction de sperme dans le vagin au contact du col utérin, soit lors du coït, soit de manière artificielle.

IRM (une)
Une imagerie par résonance magnétique ou RMN (la résonance magnétique nucléaire).
Un examen paraclinique basé sur l'utilisation de champs magnétiques.

lésion (une)
Une modification de la structure normale d'un élément quelle que soit la cause : mécanique, physique, chimique, infectieuse…

létal (adjectif)
Un événement létal provoque la mort.

lysozyme (un)
Une enzyme digestive présente dans un lysosome.

matrice (une)
Ce terme fait référence à « la mère ». Une matrice est un support pour une synthèse ou un développement. Le brin transcrit de l'ADN est la matrice qui permet la synthèse d'un brin d'ARN messager ; la matrice utérine, autrement dit l'utérus, permet le développement de l'embryon.

ménopause (la)
Une période de la vie d'une femme marquée par l'arrêt du fonctionnement de ses ovaires.

métabolisme (le)
L'ensemble des transformations moléculaires et des transferts d'énergie qui se déroulent dans la cellule ou l'organisme vivant. Il s'agit de processus de dégradation (catabolisme) et de processus de synthèse organique (anabolisme).

molécule (une)
Un édifice chimique, électriquement neutre, formé par l'association de plusieurs éléments chimiques (atomes ou ions). La combinaison de deux ou plusieurs atomes au moyen de liaisons chimiques.
Exemple : le sel de table, une combinaison entre l'ion sodium et l'ion chlorure.
Remarque : en chimie, les composés ioniques sont définis comme des composés non moléculaires. La biologie les assimile aux molécules.

mucosité (une)
Un liquide visqueux recouvrant les muqueuses. Il est constitué de mucus produit par la muqueuse, de cellules mortes, de poussières et de micro-organismes.

mucus (le)
Une sécrétion visqueuse, qui protège la paroi de l'organe.

mutation (une)
Une modification d'un gène, donc de la séquence d'ADN qui le compose.

palliatif (adjectif)
Un traitement palliatif vise à améliorer la qualité de vie du patient par une prise en charge pluridisciplinaire. Cet adjectif est à distinguer de l'expression « fin de vie ».

pandémie (une)
La dissémination d'une maladie à la quasi-totalité de la population du globe.

parasite (un)
Un organisme vivant qui accomplit tout ou partie de son développement grâce à un autre organisme (l'hôte). Le parasite tire un avantage de cette interaction, alors que l'hôte peut être affaibli.

pathogénie (la)
Le mécanisme qui explique l'apparition d'une maladie.

pH (le)
Le potentiel hydrogène, une grandeur sans unité. Le pH d'une solution est lié à $[H_3O^+]$, la concentration molaire en ions hydronium H_3O^+ dans la solution, exprimée en $mol.L^{-1}$. La relation entre ces deux grandeurs est : $[H_3O^+] = 10^{-pH}$.

physiopathologie (la)
L'étude des effets d'une maladie sur le fonctionnement de l'organisme.

polymérase (une)
Une enzyme qui catalyse la synthèse d'un polymère à partir de plusieurs monomères.

ponction (une)
Un prélèvement du contenu d'une structure.

préventif (adjectif)
Un traitement préventif est effectué avant la transmission d'un agent pathogène ou le contact avec un facteur de risque responsable d'une maladie, ou avant l'apparition des symptômes.

prévention primaire (la)
L'ensemble des actes destinés à agir sur des risques, sur des comportements individuels ou collectifs, sur l'environnement, avant l'apparition d'une maladie pour diminuer l'incidence d'une maladie ; c'est-à-dire l'éducation à la santé.

prévention secondaire (la)
L'ensemble des actes destinés à réduire la prévalence d'une maladie, ou réduire son évolution, c'est-à-dire le dépistage (et le début du traitement).

pronostic (un)
La prévision de l'évolution d'une maladie, de son degré de gravité.

puberté (la)
Une période de la vie qui marque le passage de l'enfance à l'adolescence avec, en particulier, le développement des caractères sexuels primaires et l'apparition des caractères sexuels secondaires.

pyrogène (adjectif)
Désigne une substance qui produit une augmentation de la température corporelle, une fièvre.

récidive (une)
La réapparition d'une maladie malgré un traitement qui avait produit une première guérison.

rémission (une)
Une diminution des signes de la maladie, voire leur disparition. Elle peut être complète et aboutir à la guérison, ou incomplète et conduire à une récidive.

réplication (la)
Le mécanisme cellulaire qui permet la création de deux nouveaux brins d'ADN identiques à partir d'une double hélice d'ADN. Ce mécanisme, réalisé pendant l'interphase d'un cycle cellulaire, est nécessaire pour obtenir les chromosomes à 2 chromatides présents lors de la mitose.
Synonyme : la duplication

rétrocontrôle (un)
Dans un système régulé, le paramètre contrôlé, en changeant de valeur, modifie le fonctionnement du système de régulation.
Exemple : une forte concentration en œstrogène stimule la sécrétion de FSH et de LH avant l'ovulation (rétrocontrôle positif), alors qu'une faible concentration inhibe leur sécrétion (rétrocontrôle négatif).

sang (le)
Un tissu conjonctif liquide circulant dans les vaisseaux sanguins. Il constitué d'une fraction cellulaire (les érythrocytes, les leucocytes, les thrombocytes) et d'une fraction liquide (le plasma sanguin).

septicémie (une)
Une infection générale grave, due à la dissémination par voie sanguine d'un agent pathogène à partir d'un foyer d'infection ; une présence durable d'agent pathogène dans le sang.

stérilité (la)
1. L'état d'un organisme incapable de se reproduire.
Antonyme : la fertilité.
2. L'absence de micro-organismes ou tout agent infectieux dans un milieu ou sur une surface.

substitutif (adjectif)
Un traitement substitutif (ou traitement de substitution) repose sur l'administration d'une substance dont l'activité pharmacologique est similaire à celle qui manque dans l'organisme.
Exemple : l'insulinothérapie dans le cas du diabète de type 1.

synergique (adjectif)
Deux éléments synergiques ont chacun une action ou une fonction indépendante, mais leurs actions s'additionnent pour augmenter l'effet.

TDM (une tomodensitométrie)
Un examen paraclinique basé sur l'utilisation des rayons X. Le scanner est l'appareil utilisé dans le cadre d'une TDM.
Synonyme : la scanographie.

tolérance (une)
L'absence de réponse immunitaire à un antigène ; le système immunitaire est normalement tolérant au soi, sinon une maladie auto-immune se déclare.
Antonyme : une anaphylaxie.

toxine (une)
Une substance qui présente une activité toxique, c'est-à-dire qui provoque un trouble dans l'organisme. Une toxine est élaborée par une structure vivante, par exemple une bactérie ou des cellules de l'organisme lui-même. *Exemple : la toxine tétanique, produite par le bacille tétanique, provoque le tétanos.*

traitement (un)
Un moyen ou un ensemble de moyens administrés à un sujet par un soignant pour prévenir l'apparition d'une maladie, limiter ou supprimer des symptômes, ou permettre la guérison.

translocation (une)
Un échange de matériel chromosomique entre des chromosomes différents.

vaisseau porte (un)
Un vaisseau sanguin qui a la particularité de relier entre eux deux réseaux capillaires contenant un sang de même nature.
Exemple : la veine porte hépatique relie les capillaires entériques aux capillaires hépatiques.

valeur physiologique (une)
Une valeur de référence pour un paramètre (par exemple une concentration plasmatique) chez un sujet sain.

varicocèle (une)
La dilatation des vaisseaux sanguins d'un testicule.

vascularisation (la)
L'ensemble des vaisseaux sanguins présents au niveau d'un organe.

vascularisé (adjectif)
Dérivé du nom vascularisation. Il évoque la présence de vaisseaux sanguins dans un organe ou un tissu.

vecteur (un)
Dans le cas d'une maladie infectieuse, le vecteur est le sujet ou l'objet qui transmet l'agent pathogène. Dans le cas d'une maladie génétique, le vecteur est le sujet qui transmet l'allèle muté. en général, le vecteur ne présente pas de signe de la maladie qu'il transmet.

virulence (la)
La capacité d'un agent pathogène à se multiplier dans un organisme, et d'y libérer éventuellement des toxines.

Crédits photographiques : p. 8 : SPL / BSIP - p. 12 : Universal Images Group / BSIP ; KERMOAL / BSIP - p. 21 : SPL / BSIP - p. 22 : Science Source / BSIP - p. 46 : CMSP / BSIP ; SPL / BSIP; SPL / BSIP - p. 77 : ASTIER - CHRU LILLE / BSIP - p. 88 : FERNANDO DA CUNHA / BSIP - p. 89 : DAVID M. PHILLIPS / BSIP ; SPL / BSIP - p. 92 : WELLCOME PHOTO LIB. / BSIP - p. 96 : BIODISC / BSIP - p. 120 : WELLCOME PHOTO LIB. / BSIP ; WELLCOME PHOTO LIB. / BSIP - p. 140 : SPL / BSIP ; SPL / BSIP; B. BOISSONNET / BSIP - p. 142 : KESSEL & SHIH / BSIP ; SGO / BSIP; VISUALS UNLIMITED / BSIP; DR STANLEY FLEGLER / BSIP; MICHAEL ABBEY / BSIP - p. 144 : CHASSENET / BSIP - p. 145 : CAVALLINI JAMES / BSIP - p. 148 : HANK MORGAN / BSIP - p. 151 : CHASSENET / BSIP ; CHASSENET / BSIP - p. 153 : GODONG / BSIP - p. 156 : BIOPHOTO ASSOCIATES / BSIP ; SPL / BSIP - p. 164 : VISUALS UNLIMITED / BSIP - p. 166 : CMSP CARSON / BSIP - p. 168 : CMSP / BSIP ; CHRIS BJORNBERG / BSIP - p. 170 : A. BENOIST / BSIP - p. 176 : SCIENCE SOURCE / BSIP

Édition : Nicolas Waszak
Maquette : Didier Pavois
Mise en page : Cyrille de Swetschin et SCM
Illustrations : Philippe Godefroy, Valérie Goncalves, Marie-Christine Liennard, Christel Parolini
Iconographie : Virginie Dauvet

Achevé d'imprimer en mai 2025 par Sepec - 01960 Péronnas
N° d'éditeur : MAGSI20250072 - N° d'impression : 09467250316
Dépôt légal : avril 2020

IMPRIM'VERT®

FABRIQUÉ EN FRANCE

PEFC
10-31-1470